牡丹花は咲き定まりて静かなり花の占めたる位置のたしかさ　木下利玄

咲き定まりて

市川雷蔵を旅する

清野恵里子

集英社インターナショナル

咲き定まりて

市川雷蔵を旅する

目次

カバー　『眠狂四郎勝負』(三隅研次監督)
一九六四年(写真提供 KADOKAWA)

見返し　速水御舟《牡丹花(墨牡丹)》
一九三四年(山種美術館所蔵)

ブックデザイン　鈴木成一デザイン室

序章

「映画って、市川雷蔵ですか？」

猛烈な暑さが続いていた二〇一四年の八月。Kさんから一通のメールを頂いた。追伸に「私は明日、新宿で映画のはしごをいたします」と添えたメールへの返信である。

突然目に飛び込んだ市川雷蔵という名前。ネットで検索してみると、確かに新宿三丁目の映画館で「雷蔵祭　初恋」と銘打った市川雷蔵の映画特集が開催されていた。

あの日、何故、雷蔵映画を観ようと思ったのかわからない。翌日予定していたフランスのサスペンスものと、フレンチ・アルプスの山奥の修道院で撮影されたドキュメンタリー映画という、対照的な二本を合わせた上映時間は四時間半を超える。それに加えて重いテーマを扱った『破戒』はかなりハードである。なのに、ためらうことなく、雷蔵の『破戒』を「はしご」の三本目に決めていた。

『破戒』を観た翌日また新宿に足を向けた。幸いというべきか、最寄りの東横線の駅から新宿三丁目までは副都心線で二〇分余り。会期中、映画館に日参することになった私には、その便利さがとてもありがたかった。二日目に観たのは『炎上』である。連日の雷蔵映画にひとり興奮した。

市川雷蔵が帰らぬ人となった一九六九年、私は大学に入学した。

ほぼ一か月遅れて五月半ばに入学式は開かれたものの、立て看板の間をヘルメット姿の学生たちが行き来するキャンパスは騒然としていて、いっこうに授業が開かれる気配はない。


少しばかりのアルバイトと、自主ゼミと称してクラスの有志と開いた読書会をのぞけば時間はふんだんにあって、実にたくさんの映画を観た。

件《くだん》の映画祭は新宿文化ビル四階の角川シネマで開かれていたのだが、奇しくもこの場所には、学生時代から幾度となく通い続けたアートシアター新宿文化という洒落《しゃれ》た映画館があった。


一九六一年に設立された日本アートシアターギルド（ＡＴＧ）は、非商業主義的な「芸術映画」を製作、配給した会社である。一九六二年に公開されたポーランドのイエジー・カワレロウィッチ監督の『尼僧ヨアンナ』を皮切りに、当時の映画青年たちを夢中にさせた国内外の名作が次々とアートシアター新宿文化で上映された。

リアルタイムで観たものも少なくないが、すでに公開から時間の経過した作品を観るために、当時都内に点在した名画座や、国立近代美術館のフィルムセンター、各大学の映研などが主催する上映会などに足しげく通った。

新作、旧作、洋画、邦画を問わず映画三昧の日々。お茶の水にあったどこかの団体のホールで開催された今村昌平の六作品一挙上映などという企画や、池袋の立教大学タッカーホールのベルイマン特集など、朝から晩まで観ていた記憶がある。

情報誌「ぴあ」の創刊は一九七二年。情報収集はもっぱらスポーツ紙の映画欄だった。東映の任侠《にんきょう》もの、なかでも断然好きだった加藤泰《たい》作品や、日活時代の鈴木清順作品を観るために、浅草や川崎の映画館にも出かけた。

そんなふうだから、邦画もジャンルを越えて相当な数の作品を目にしていたはずである。しかし、雷蔵映画は、かなりマニアックな映画青年だった友人に薦められた『ある殺し屋』(森一生《かずお》監督作品)と『剣』(三隅研次監督作品)の二本だけ。市川雷蔵という役者については、『眠狂四郎』シリーズや『陸軍中野学校』など、数多くの娯楽映画に出演し、若くして亡くなった、飛び切り美しい大映スターという認識しかなかったと思う。

ところが、思わぬきっかけで、市川雷蔵という「ひとり」の役者への尋常ならざる傾倒が始まった。

映画祭で最初に目にした市川崑監督作品『破戒』。島崎藤村原作の、被差別部落出身の青年、瀬川丑松《うしまつ》の物語である。宮川一夫カメラマンが切り取るモノクロームの画面に映し出されたのは、懊悩《おうのう》に身をよじるひとりの青年だったし、三島由紀夫作『金閣寺』の映画化『炎上』のスクリーンに姿を現すのは雷蔵ではなく、国宝驟閣《しゅうかく》に火をつける吃音《きつおん》の青年、溝口吾市そのものだった。井原西鶴原作の『好色一代男』の主人公世之介の呆れるばかりの放蕩ぶりも堂に入っていた。

つまり、我々観客が映画館の暗闇の中で目撃するのは、いずれも市川雷蔵という役者が演じてみせたさまざまな男たちそのものの姿だった。

一九三一年生まれの市川雷蔵が、一九五四年、二十三歳で映画界入りして、三十七歳という早すぎる死を迎えるまでの十五年。実際はおそらく十四年にも満たないほどの短い歳月の間に出演した作品は百五十本を優に超え、ありがたいことに、私たちはそのほとんどをDVDやVHS（それも徐々にDVD化されている）で目にすることができる。

雷蔵祭が終わって間もなく、それら入手できる作品を取り寄せて、机の脇に用意した棚にずらりと並べた。

ほぼ毎日、五本の雷蔵映画を観ることが日課となって、市川雷蔵という役者に触れる旅が始まり、いつの間にか「雷蔵を書きたい」、そんな無謀な思いを抱くようになっていた。

タイトルの『咲き定まりて』は、白樺派の歌人、木下利玄《りげん》の歌集『李青集』に収められた「牡丹花は咲き定まりて静かなり花の占めたる位置のたしかさ」という歌の一節。前後の見返しに咲く牡丹は、速水御舟《ぎょしゅう》の「牡丹花（墨牡丹）」である。木下利玄は享年三十九、速水御舟は四十で、ともに帰らぬ人となった。

利玄の「咲き定まりて」の歌も、御舟の「墨牡丹」も、市川雷蔵という役者の姿にふさわしい、そう思った。

各稿の扉の頁には、映画の作品名もしくはシリーズ名を右に、その作品で市川雷蔵が演じた登場人物の役名を左に配した。引用文の旧仮名づかいはそのまま、旧字体で書かれているものは、新字体に改めた。

一九五四—一九五九

新・平家物語

一九五五

平清盛

溝口健二が雷蔵に見た、無形のきはく

一九五四―一九五九

雑誌「映画の友」一九五五年七月号掲載の映画監督、溝口健二と映画評論家、筈見《はずみ》恒夫の対談の中で、次回作『新・平家物語』の主人公、平清盛を誰にするのか聞かれた溝口が、こんなふうに答えている。

探している。色々売込みはあるがね。映画役者を使うのがいやになった。それは一応できますがね。いまの映画役者は、流行歌手岡晴夫のような「はやり唄」は歌えるのさ。しかし、オペラは仲々歌えない。オペラの歌えないやつは使うまいと思うのだ。

（『溝口健二著作集』オムロ、二〇一三年）

『撮影監督 宮川一夫の世界』（キネマ旬報社、二〇〇〇年）の巻末に添えられた解説には、「会社は鶴田浩二を引き抜き主演させようとしていたが、溝口は猛反対。溝口自身の強い希望で雷蔵に決定した」と書かれている。果たしてどんな経緯があったのか確かめようもないが、溝口作品『新・平家物語』の主人公平清盛を演じたのは、前年デビューしたばかりの市川雷蔵だった。

まだ梅雨の明けきらぬころに撮影入り、秋も身近に感ずる時分になってやっと完了した『新・平家物語』は私にとって一生忘れられない仕事になりそうである。

（市川雷蔵後援会誌「可美ぶり」一九五五年九月／『雷蔵、雷蔵を語る』飛鳥新社、一九九五年）

雷蔵は一九三一年京都生まれ。二十歳を迎えるまでの間に二度の養子縁組が交わされている。

生後六か月で最初に養子に行った先は、子供に恵まれなかった実父の姉夫婦のところ。養父は市川九團次を名乗る歌舞伎役者だった。

端午の節句の武者人形を背にした幼い頃や、真新しいランドセルを背負いピカピカの革靴を履いた制服姿の写真には、不自由なく愛情豊かに育てられたであろう竹内嘉男（当時の雷蔵の本名）の屈託のない愛らしい笑顔がある。学校の成績は極めて優秀で、進学したのは秀才たちが集まるとされた大阪の名門天王寺中学。とりわけ理系が得意な竹内少年は医者を志した。

住まいを京都から大阪に移していた一家は、戦火を逃れ再び京都に疎開するのだが、ここで十五歳の少年の心境に一大変化が訪れ、父と同じ歌舞伎の世界に足を踏み入れる決意を固める。

養父、九團次はもともと歌舞伎好きが高じて役者になった人であり、生涯脇の役者だった。歌舞伎が門閥のやかましい社会であることはよく知られている。努力すれば大きな役を獲得できるというような生易しい世界では断じてない。

父の前名、市川莚蔵《えんぞう》を継いだ十代半ばの初舞台はかなり遅かった。九團次は、最初から息子を歌舞伎役者にするつもりはなかったのかもしれぬ。成績優秀な我が子の将来を思えば、自分と同じ辛酸をなめさせることへの抵抗があったとも考えられる。

それでも、自らの意志で歌舞伎役者になることを選んだ雷蔵は、同じような境遇で志がありながら役に恵まれない青年俳優たちとともに勉強会「つくし会」を立ち上げた。

脚本の朗読から立稽古、さらには地方興行の公演後の舞台を借りて発表の場を設けるなどさまざまに精進を重ねるうち、武智鉄二《たけちてつじ》の知遇を得、氏が主催する関西実験劇場公演（のちに武智歌舞伎と呼ばれる）にも参加した。

武智と出会えたことの幸運は、幾度となく雷蔵本人によって語られる。武智のもとに集まった当代一流の教授陣から指導を受け、本来ならば望むべくもない大きな役で同世代の好敵手たちと舞台を勤めることが叶った絶好の機会。当時の市川莚蔵にとって心躍る充実した日々だったに違いない。

やがて、雷蔵の研鑽《けんさん》ぶりに注目していた市川壽海《じゅかい》から養子縁組の申し出を受ける。壽海には後継者がなかった。

養父、九團次は覚悟する。歌舞伎の世界で生きていくことを決めた息子にとっては、自分のもとに置いておくより重鎮、市川壽海の御曹司となることが得策と考えた苦渋の選択だった。

しかし、母、はなにしてみれば、養子とはいえ乳飲み子の頃から溺愛した息子との別れは身を切られるようにつらく、その悲しみようは尋常でなかった。

ほどなく養子縁組が成立し八代目市川雷蔵を襲名したものの、壽海の養子となってもなお、雷蔵には相変わらず代わり映えのしない役しか回ってこない。一説によれば、未熟な身に、やたらと大役を与えないという壽海の教育方針によるものであったとか。後年、芸術院会員となり人間国宝ともなった壽海だったが、そもそも東京から活動の場を関西に移した人であり、上方歌舞伎で一時冷遇されていた時期があったと聞く。それゆえ養子となった雷蔵にも大きな役が付かなかったとも考えられるが、いずれにしても雷蔵の落胆ぶりは相当なものだったはずである。

当時、歌舞伎界から映画の世界に移った同世代の仲間たちがいて、雷蔵にも映画会社から声がかかった。

ついに雷蔵が動く。二組の養父母がそれぞれ抱くに違いない複雑な思いを、雷蔵に理解できないわけはない。重々承知のうえ、いわば退路を断つ覚悟で臨んだ映画界入りだった。

壽海と養子縁組が成立したのが一九五一年の四月。そのわずか三年後の一九五四年八月、大映入社第一作目の『花の白虎隊』（田坂勝彦監督作品）が公開された。[*1]

『新・平家物語』の公開は一九五五年九月。雷蔵にとっては、『花の白虎隊』から数えて十二本目となる出演作品である。

撮影を前にした雷蔵のさまざまなエピソードが、製作に参加したスタッフによって披露される。溝口監督は、大部屋から体格のいい柔道の有段者を見つけ裸にして雷蔵に見せたという。要するに体を作れということである。背もさほど高くはなく、華奢な体つきの雷蔵である。もちろん衣裳部は、肉襦袢などでそれらしく見せる工夫も考えたようだが、十分な準備期間もない中、雷蔵はいつの間にか筋肉をつけそれなりのいい体になって現場に現れた。撮影当時衣裳部に所属し、その後眠狂四郎に至るまで数多くの衣裳を担当した萬木利昭は、「たいしたものだと思った」と語る（DVD『眠狂四郎魔性の肌』特典映像）。六十年も前のことである。今のようにボディメイクのプログラムを組んでくれるトレーナーがいるわけではない。負けん気の雷蔵のこと、人知れず努力したのだろう。

スタッフクレジットに名前を連ねる美粧、小林昌典とともに作り上げた若き清盛の「顔のこしらえ」についても興味深い話がある（DVD『眠狂四郎悪女狩り』特典映像）。

それまで映画俳優たちはほとんど例外なく各々楽屋の鏡に向かい自分でメイクをしていたが、作品を作るうえで主人公をはじめとする登場人物たちの顔づくりも重要な要素であると、一部の監督たちがこだわるようになった。

日本画を勉強していた小林に、最初声をかけたのは稲垣浩監督だった。当時としては珍しいメイキャップデザインの依頼。そのことがきっかけとなって、実際の俳優のメイクも手掛けるようになった小林はやがて大映に入社して、雷蔵と出会う。

小林にとっても、『新・平家物語』の雷蔵のメイクの仕事は記憶に残るものとなった。

雷蔵は小林と相談しながら顔をこしらえ監督に見せにいくが、監督はただ黙って首を振る。白く塗った顔に「白すぎる」、あるいは「眉が細い」と言葉少なにダメ出しを繰り返す。白塗りをやめ、顔を黒くし次第に眉も太くした雷蔵に、「描いた眉だろう」と監督からのひと言。これには小林も雷蔵も頭を抱えてしまった。

そこで小林は名案を思いつく。近くにあった熊の毛皮を手に取ってはさみでチョキチョキと切り、雷蔵の眉に一本一本植えて、いかにも雄々しく立派な眉をこしらえ監督に見せた。

最後に溝口監督から発せられた「少し太すぎる」という言葉。小林はピンセットで抜いて太い眉を整え、あの清盛の印象的な太い眉を完成させた。


タイトルバックの文字が消え姿を現すのは、都の市場に集う人々の群れ。その圧倒的な数と、人々が身にまとう衣裳のディテールに感動する。

殿上人の絢爛《けんらん》ではなく、たくましく生きる庶民が身にまとう襤褸《らんる》である。夥《おびただ》しい数の役者やエキストラが身に着ける被り物や衣裳の、具象的な柄や図案化された文様を染めた布に目がとまる。幾度となく水をくぐって褪せた色味が*2スタンダードサイズの画面に、素晴らしいバランスで配されていた。汗にまみれボロボロになってもなお美しい浅葱《あさぎ》や朱が、絶妙の力を発揮する。

一九五四—一九五九

ファーストシーンから、衣裳考証の上野芳生、撮影、宮川一夫、美術、水谷浩ら、溝口監督のもとに結集したスタッフたちの揺るぎない仕事ぶりに目を瞠《みは》った。
一九五四年に映画界入りしてそれまでに十一本の作品に出演したとはいえ、そんな撮影現場に臨んだ二十四歳の青年、雷蔵には胸の高鳴る光景の連続だったろう。

ほとんど芝居らしいことをさせてもらわなかったと本人が語る歌舞伎界で過ごした八年の歳月。しかし、武智鉄二との出会いにより、八代目坂東三津五郎、地唄舞の四世井上八千代、義太夫の豊《とよ》竹山城少掾《たけやましろのしょうじょう》ら優れた教授陣から学んだという代えがたい貴重な時間もある。この時期が雷蔵にとっての最初のメルクマールであるとすれば、映画の世界に入って二年目、溝口作品『新・平家物語』の清盛役への抜擢は、まさに二度目に訪れた幸運なメルクマールだった。

ベネチア映画祭の常連であり、幾度も大きな賞を獲得した溝口健二の輝かしいフィルモグラフィに綺羅星の如く並ぶ作品と比べると、『新・平家物語』の影がやや薄いという大方の見方も大いに頷《うなず》けるところではある。女、それも運命に翻弄される凄まじい女たちを描かせたら天下一品の溝口健二である。若き清盛の成長の物語は、溝口得意の領域とはいえまい。

朝日新聞、週刊朝日にQの筆名で映画批評を執筆し、溝口が誰よりもその批評を聞きたがったという津村秀夫は、著書『溝口健二というおのこ』（芳賀書店、一九七七年）の中で、津村が溝口と並んで試写を観たときのエピソードを書いている。

暗い室内で緊張して鑑賞していると、そばの溝口はときどき独りごとをいった。弁解めいたことばを洩らした。

「荒ッぽい映画だね……」とか「荒ッぽい仕事ですよ」とか自嘲的に、あるいはよそごとのようにいっていた。

溝口は『新・平家物語』のあと一本『赤線地帯』（一九五六年公開）を撮り、その翌年、『大阪物語』（四〇頁）の製作準備の半ばで逝ってしまう。一九五六年八月二十四日、享年五十八だった。もし、雷蔵の映画界入りが一年遅かったなら、おそらく溝口作品への出演はなかった。

誤解を恐れずにいえば、雷蔵にとっての『新・平家物語』は、絶好のタイミングで雷蔵に与えられた壮大なワークショップのような存在だったと思い始めている。

『新・平家物語』冒頭、西国征伐から都に戻った平氏の一行の中に、父忠盛（大矢市次郎）のあとに続く、騎乗の清盛の姿があった。美粧、小林昌典の苦心の作、熊の毛を植えた眉が、雷蔵の面長な顔立ちと微妙なバランスの悪さを見せ、そのアンバランスな様子が、正体のわからぬまま、青年、清盛の心の奥に潜むざわざわとした思いを浮かび上がらせる。

若き清盛は、乱世にさまざまな懊悩を繰り返し平氏の嫡男たる確固とした意識に目覚めていくのだが、その成長の物語は清新な清盛を演じてみせた雷蔵自身の成長とも重なって見えた。

雑誌「時代映画」一九六〇年十月号の特集「市川雷蔵研究」に、出演作について雷蔵本人が語った「一歩一歩また一歩」というコラムがある。雷蔵はちょうど『大菩薩峠』（一〇四頁）撮影中の頃である。

私の代表作になった今は亡き溝口監督の「新・平家物語」はデビュー作品とともに、忘れられない作品です。この清盛は線の太い、たくましい役柄で、それまでのいわゆる白塗りの二枚

新・平家物語
平清盛

目とは違った役で、この作品で私は演技者としての情念というものに目覚めたと云えるかも知れません。しかし溝口先生とはこれ一本で終ったことが、かえすがえすも残念でなりません。

『新・平家物語』のクライマックスシーン。三基の神輿を担ぎ猛り狂う僧兵たちを前に、鎧《よろい》に具足姿で仁王立ちする清盛。この場面の撮影秘話が残されていた。

手に手にたいまつを掲げ、山道を下りる僧兵の列。この撮影のために準備されたエキストラの大学生の数は八〇〇名、撮影隊の総員約九〇名、膨大な量の撮影機材の運搬費や弁当代などを含めた総費用は当時の金額で八〇万円ほどかかったとされる。現在の貨幣価値に換算すれば、二〇〇〇万近くになろうか。この日一日のためだけにかかった費用というのだから、さすが溝口作品、想像を絶する規模の大群衆撮影である。

ところがあいにくの曇り空。製作費はそれまでもかなり予算を超過している。現場に居合わせた製作部長は、太陽が顔をのぞかせる瞬間をじりじりしながら待った。製作部長の心の内も語られている。

何しろ相手はヒトスジナワで行くようなシロモノでない。うっかり怒らせたら大変。これが溝口でなければ、脅したり泣きの一手に出たりで、何んとかモノにして終うが、どうも相手が悪い。

（『溝口健二というおのこ』）

やり直しの危機を免れどうにか無事撮り終えたラストシーン。「週刊朝日」一九五五年九月十八日号の表紙の写真は、清盛が、叡山の僧兵にかつがれた神輿に矢を射込む場面を撮影しているとこ

一九五四―一九五九

ろである。溝口監督が語っている。

ここは、この映画のいわゆるクライマックスなので、リズムを強く高く盛り上げるのに苦労した。清盛が堂々たる英雄振りを発揮するのだが、見た目の勇ましさだけでは、主題からはずれる。仕上げた上でないと分らないが、清盛の無形のきはくが、僧兵たちの武力を、圧倒するように、演出したつもりである。

（『溝口健二著作集』）

夥しい数の荒れ狂う僧兵たちを前に、ひとり進み出た清盛が神輿の頂に輝く鳳凰をめがけ矢を放つ。「無形のきはく」を演じ切ることで、雷蔵は溝口の期待に応えた。

＊1　雷蔵は一九五四年、まずは三作の出演として大映と仮契約し、四作目では新東宝の製作、美空ひばり主演の『歌ごよみ お夏清十郎』に出演。その後、大映と本契約に至り、以降、亡くなるまで大映製作の映画合計一五八本に出演した。

＊2　スタンダードサイズとは、横縦比が1・375：1の画面サイズのこと。長らく映画のスクリーンの標準サイズだったが、同じ横縦比をとったテレビとの差別化のため、横縦比がおよそ2：1以上の横長の画面サイズへと移行していった。アメリカでは一九五三年に初のシネマスコープの『聖衣』が公開。20世紀フォックスがシネマスコープを登録商標したことを受け、日本では一九五七年四月、東映が『鳳城の花嫁』を「東映スコープ」として初めて公開。大映も同年十月「大映スコープ」として『雪の渡り鳥』を製作し、シネマスコープへと移行した。さらに大映は映画ならではの大画面の迫力を追求し、七〇ミリ映画『釈迦』（一九六一年）、『秦・始皇帝』（一九六二年）を発表。雷蔵は両作品に出演している。

一九五五
いろは囃子
薊平太郎

平太郎の流転

いろは囃子
薊平太郎

スクリーンにくぐもったようなモノクロームで映し出されるのは、江戸、深川あたりの町並み。わずかに調子を変えながらたたみ込むように流れるテーマ音楽の、どこか古風な旋律が控えめに添えられた。

雷蔵扮する薊《あざみの》平太郎、やくざである。悪い仲間が仕組んだ火付けの見張り番に加わり、追われる身となって迷い込んだ先が矢場の裏木戸だった。

矢場とは、楊弓場《ようきゅうば》。表向きは男たちに楊弓で的を射させて遊ばせる遊技場であるが、店裏では売春宿を営み女たちが客を取る。平太郎を女郎部屋に匿《かくま》った女は、明らかに年上の矢場女のお仙（山根寿子）。意に染まぬ客を取らされ身を売って生きるしかないおのれの暮らしに、いいかげん嫌気がさしている女である。迷い込んだ若い平太郎に心底惚れた。

黒繻子《くろじゅす》の襟をかけた羽織の柄は杜若《かきつばた》。そんな派手な女ものを肩に掛け、柱にもたれて新内を爪弾く平太郎の様子が心憎く、「離れたくない」とすがる年増女の一途な気持ちもわかる。

袖をたくし上げた二の腕に、焼け火箸で平太郎、おせんと相手の名を刻み、惚れた証にと誓い合うものの、そんな関係が長く続くはずはない。再び追われる身となった男に女が寄り添うように続いた。

所詮行く当てなどないふたり。さんざん思いあぐねた末に決意した心中も、通りがかった船に別々に引き揚げられ心ならずも助けられる。

皮肉なことにこのふたりにはひどく捻じれた再会が待ち受けるのだが、そんな先のことなど知る由もない。

雷蔵には持って生まれた「品格」があり、ふとしたたたずまいにもそうした品の良さを感じさせる。だから雷蔵が演じる主人公のやくざ者が「実は大店の若旦那」であったり、あるいは「実はお殿様」などというとんでもないなりゆきになったとしても、観る者は深く頷くばかりで、「そんな馬鹿な」と首を傾げたりはしない。

実は平太郎、深川の材木問屋の惣領息子である。やくざの世界に足を踏み入れ勘当されて以来、何年も家には戻っていない。幼い頃から思いを寄せる許嫁《いいなずけ》、母親同士が姉妹という従妹お菊（峰幸子）が、健気《けなげ》にも辛抱強く従兄の帰りを待っていた。

運よくと言うべきか、命をとりとめ勘当を解かれた平太郎は、次第にまっとうな暮らしを送るようになって、掘割に浮かぶ材木を前に、そこで働く男たちと言葉を交わしながら、帳面を手に病に伏せる父に代わって商売に励む。

「兄さん」と呼んで一途に慕うお菊から純な思いを向けられて、平太郎の身についたやくざの垢は次第に洗い落とされていくかのように見える。汚れきった過去との決別を覚悟したある夜、二の腕に残るおせんの三文字を消そうと再び焼け火箸を当てた。

すっきりと町人髷に結い上げ、店の印半纏《しるしばんてん》を羽織った様子はいかにも材木問屋の若旦那の風情であるが、やがて平太郎はかたぎに戻ることのむずかしさを思い知らされることになる。

お菊に横恋慕するものの一向に相手にされないある大店の若旦那が、ごろつきを雇いお菊をかどわかすという暴挙に及ぶ。

無理やり駕籠に押し込めた振り袖姿の町娘を、河岸から船に乗せ連れ去ろうとする一部始終を目撃していたのは、襤褸舟《ぼろぶね》を漕ぐ胡散臭そうな船頭と女房。心中の片割れを引き揚げた船頭と、今ではその女房となったお仙である。

腕っぷしも強く悪知恵にも長けた相当なワルと思しきこの亭主は、かどわかされたお菊を助けると見せて実はおためごかし、娘の家から法外な謝礼をせしめることを思いつく。

お菊がかつての愛しい男の許嫁であることも、金を手に入れようと押しかける先が平太郎の実家であることも知らず、亭主に言われるまま材木問屋の木戸を叩いたお仙は、死んだとばかり思っていた平太郎と再会を果たす。

お仙の顔には未練がのぞくが、平太郎の二の腕からおせんの文字は消えている。

目論んでいた金も当てがはずれ、女房の昔の男と知って逆上した亭主から刃を向けられた平太郎は、すったもんだの挙句お仙の亭主を殺《あや》めてしまう。

よんどころない事情があったとはいえ、凶状持ちとなった平太郎の戻れる場所といったら古巣以外にはない。南妙法蓮華経と書かれた祭り行灯を掲げた男たちが練り歩く人込みの中に、すっかりやくざのなりに戻って悪ぶる薊平太郎の姿が浮かぶ。

ラストシーンの幻想的な祭りの宵。スタンダードサイズのスクリーンに映し出されたモノクロームの映像が、えも言われぬほどに美しい。

映画界入りから二年目、『新・平家物語』のすぐあとに公開された『いろは囃子』。初期の雷蔵の魅力を存分に堪能できる小品である。

一九五六
柳生連也斎
秘伝月影抄

柳生兵介

勝新と雷蔵、相まみえる

ともに一九三一年生まれという勝新太郎と市川雷蔵は、ほぼ時を同じくして大映に入社し、デビュー作も同じ『花の白虎隊』という浅からぬ縁がある。

雷蔵の養父は歌舞伎界の重鎮、市川壽海。いわゆる梨園の御曹司である雷蔵と勝では、最初からその待遇に差があった。

勝の父は長唄三味線方の名手、杵屋勝東冶。その次男として生まれ、二歳上の兄は城健三朗（のちの若山富三郎）である。勝自身も十代半ばの頃から三味線の師匠として深川の芸者衆に稽古をつけていたというから、若いとはいえ花柳界の水にも馴染み、人並み以上のプライドを持っていたことも大いに想像できる。

雷蔵には、最初から黒塗りの迎えの車が用意され、歌舞伎役者の時代から何くれとなく世話をする付き人もいる。同期の勝が、これに複雑な思いを抱いたとしても不思議はない。撮影所の帰り、大勢の役者やスタッフたちとバスに乗り合わせることに納得がゆかず、雷蔵のハイヤーに対抗し、自前でタクシーを予約していた。のちに勝自身がそう語る（勝新太郎「風景に負けなかった座頭市と狂四郎」／『市川雷蔵とその時代』徳間書店、一九九三年）。

柳生連也斎
秘伝月影抄
柳生兵介

『花の白虎隊』から数えて四作目の共演作となる『柳生連也斎《れんやさい》 秘伝月影抄』である。デビューから三年目、この時期までに雷蔵は、勝のほぼ倍近くの出演本数をこなし、ポスト長谷川一夫という会社の期待に応えて、着実に美男スターの道を歩み始めていた。

原作は五味康祐《ごみやすすけ》の同名小説『柳生連也斎』。主人公は、尾張藩初代、徳川義直（三津田健）に仕える近習、鈴木綱四郎光政（勝新太郎）と、兵法指南役柳生兵庫介の三男、柳生連也斎厳包《としかね》（呼び名は兵介　市川雷蔵）。尾張の三虎のうちに数えられるほどの剣の遣い手であったふたりが、さまざまないきさつを経て、運命の「天白が原の決闘」に向かう物語である。

剣豪小説なるものを少しばかりのぞいてみようと五味康祐の原作を読み始めると、思いもよらずその物語にぐんぐん引き込まれていった。

何よりも主人公、綱四郎と兵介の描写が魅力的で、そのコントラストが、勝新太郎と市川雷蔵というふたりの若者の、異なる在りように鮮やかに重なって見えた。

原作ではふたりに歳の差があり、綱四郎が五歳ほど年上なのだが、映画の兵介と綱四郎は、同い年の幼馴染。ことごとく対照的な剣豪として描かれている。

綱四郎の剣の筋を見込んで厳しく教導するのは、宮本武蔵（黒川弥太郎）。一方、連也斎が師と仰ぐのは、言うまでもなく父、柳生兵庫介（佐々木孝丸）である。

尾張の地を訪れて兵法指南役を志願し、剣の腕前を披露した武蔵を、「無類の強さながら、持ち前の気力が前に出過ぎる。自らの力を誇ってしたり顔するようでは……」と、柳生兵庫介が藩主に進言し、武蔵の仕官が叶わなかったという経緯があり、武蔵を範とする綱四郎は大いに憤慨して、次第に柳生憎しの澱を積もらせる。

普段から温厚な性格で派手な振る舞いを嫌う寡黙な兵介である。その性格が周囲の人々には好も

一九五四
—
一九五九

しく映る。綱四郎が一途に思いを寄せる女もまた、思慕するのは兵介なのだからなんともやっかいで、綱四郎の憎悪の切っ先はひとえに兵介に向けられた。

そうしたある日、兵介のもとに綱四郎から果たし状が届けられる。

綱四郎が腹の中に滾《たぎ》らせる複雑な思いを、当の兵介は一向に気づかない。幼馴染と何故討ち合うことになるのか腑に落ちぬ兵介は、綱四郎のもとに赴き問いただすのだが、固く口を閉ざすばかり。兵介は、不承不承果たし合いの申し出を受ける。

ともに尾張の三虎のうちに数えられる剣の遣い手、技倆《ぎりょう》の伯仲する綱四郎と兵介ふたりの果たし合いである。討たれるのは自分かもしれぬと考えた兵介には、数日の間にやっておかねばならないことがあった。

兵介は君主徳川義直の嫡男光義（林成年）の指南役として江戸に詰めていた時期があり、同じ年の光義とは主人と家来という関係を超えて心を交わした。国詰めとなって江戸を離れ、果たせなかった光義への新陰流の印可相伝が、兵介にはただひとつ心残りである。光義への暇乞いもあった。

尾張から江戸までの九十里。夜を徹し何頭もの馬を乗り継いで、突然光義のもとに参じた兵介にただならぬ事態があると察した光義は温かく迎える。

人払いした江戸屋敷内の稽古所。兵介は柳生新陰流の表太刀、裏太刀を一切の手加減なく光義に伝授して無事印可相伝を済ませると、再び早馬を駆って、父、柳生兵庫之介の岡崎の隠居所へと向かう。

綱四郎が師と仰ぐ宮本武蔵から受けた剣理は、「見切り」。見切りとは、相手の太刀先と我が身の間に一寸の間を測ること。この見切りで、敵が打ち下ろそうが、突こうが相手の太刀が我が身に触れるものではなく、いたずらに敵を避ける必要はない。逆に敵の構えの崩れに乗じて討つことがで

柳生連也斎
秘伝月影抄
柳生兵介

きるというもの。綱四郎は、武蔵から伝授された見切りの秘太刀で天白が原に臨む。

隠居所を訪ねた兵介に父、兵庫介から伝えられたのは「見切りを制するには影を斬ること。必ず相手の影を斬れ」、ただこの教えのみだった。

「影を斬れ」の秘剣を会得できぬまま決闘の地に現れた兵介だったが、背後から照らす朝日におのれの影を見たとき、その意味を知る。相まみえる綱四郎と兵介。互いに構えた太刀は一向に動かず、朝日を背にした綱四郎の影が兵介の前にのびる。次第に昇る太陽にわずかずつ縮まってゆく影を兵介の足先がとらえて執拗に追う。

試合の勝敗の行方に息を詰める者たちの中に、武蔵と兵庫介の姿があった。一方の武蔵は、太陽を背にした綱四郎に勝ち目のないことを理解する。しかし、雲に太陽が消されれば、形勢は逆転して綱四郎の「見切り」が勝利する。もう一方の兵庫介はそれを怖れた。

太陽がわずかに昇るかと思うと雲が近づく。すべては天体の運行に託された。

雲が太陽に追いついたと思われた瞬間、兵介と綱四郎の太刀が閃き、わずかな時を置いて綱四郎の体がどうと地面に斃《たお》れた。

一九五四 — 一九五九

兵庫介が、武蔵を評して「持ち前の気力が前に出過ぎる。自らの力を誇り、したり顔をする」と語った言葉は、そのまま勝新太郎という役者を言い当てているようにも思える。

これこそが勝新の真骨頂であり、大きな魅力であるのだが、この「したり顔」が真価を発揮し大向こうから喝采を浴びるまでに、なお数年の月日を要した。一九六〇年『不知火検校』を皮切りに、翌年から『座頭市』『悪名』と勝の代名詞のように語られるシリーズが始まると、まさに独壇場でぐっと前に出る独特の存在感は遺憾なく発揮され、観客の心を鷲掴《わしづか》みにした。

晩年の勝はどうだったのかと、最後の出演映画となった『浪人街』（一九九〇年公開、黒木和雄監督作品）を観た。勝が扮したのは赤牛弥五右衛門。例の、「持ち前の気力を思いきり前に出す」勝の芝居は少しも変わることなく健在で、呑んだくれの破天荒な浪人がスクリーンで暴れた。

作品ごとに、同じ役者が演じているとは思えないような姿でスクリーンに登場し続けた市川雷蔵と、デビューからほぼ十年が過ぎて、ようやく圧倒的な存在感にぴたりとはまる役どころに恵まれ異彩を放った勝新太郎。同じ年に生まれ、同じ年に映画界入りした不世出のふたりが、『柳生連也斎 秘伝月影抄』で資質の違いを際立たせた。

柳生連也斎
秘伝月影抄
柳生兵介

一九五六

浅太郎鴉

板割浅太郎

雷蔵の身体

浅太郎鴉
板割浅太郎

一九五七年のあるインタビューで、身長、体重を尋ねられた雷蔵は、「五尺六寸五分、一五貫五百」と答えている。つまり、身長は百七十センチを少し超える程度、体重は五十八キロほど、中背で痩《や》せ型というところか。

時代劇で二枚目を演じる役者としてはやや華奢ではあるが、すっきりとしたこしらえに仕上がりそうな理想的な体型である。

スクリーンに登場する雷蔵は、伝統的な日本建築の寸法にぴたりと収まって、さまざまな役を自在に演じてみせた。

面長な輪郭に形の良い鼻梁、強い意志を秘めた一重の眼は、一見すると平凡な顔立ちにも見えて、その実、変幻自在いかようにも表情を変える。

いずれも生来、雷蔵に恵まれた肉体的条件であり、一九五四年の映画界デビューから、まさに順風満帆でスターの座に上りつめたかのように見える。しかし、そうばかりではなかったことが、映画監督の三隅研次によって語られる。

雷蔵の没後一年が過ぎた一九七〇年に出版された追悼本の中に、三隅がいかに市川雷蔵という役者を愛したかがうかがえる一節がある。
因みに三隅研次は雷蔵より十歳年上の一九二一年生まれ。雷蔵が逝って六年が過ぎた一九七五年、享年五十四で鬼籍に入った。

雷ちゃんの脚は明らかにX型でしたし、尻の肉も貧弱で、足はべた足とマイナスの条件が揃っていましたから、ふわふわと宙に浮くような歩き方も故ないことではありません。三尺もので尻をからげて歩くと、膝のあたりから、よれてもつれるような感じがしました。立回りをやっても腰が決まらず、よろけたりするのです。

大映でスタートした頃は股旅*ものが盛んでしたから、そういう役を演ずることが多く、そのたびに会社も心配して、弱い下半身を目立たさぬように撮れとやかましく言ったものです。われわれの方も俳優のいろいろな欠点を探り出して、それをカバーした撮り方を工夫し、よい面のみを強調してゆくのがスターづくりに欠かせないことと心得ていましたから、雷ちゃんの膝あたりが隠れるようなポジションを、しきりに捜したものです。そういうとき、雷ちゃんが知ってはつらかろうと気を使って、キャメラマンとひそかに打合わせするのですが、間もなく雷ちゃんの方で感づくようになり、ピリッと嫌な表情が顔を走るのでした。

スターとして売り出そうというときに、肉体上の大きな欠点を自覚することは、どんなにつらかったでしょう。その欠点を克服しようと、ずいぶん努力もしたようですが大半は徒労に終わったようです。そのかわり、一時期をすぎると、そうしたことに対する嫌悪感が払拭され、特別なポジションにも表情にかげりの現われることがなくなりました。慣れたこともありましょうが、それよりもスターとして俳優としての実力と自信が培われた結果、肉体的欠陥はそれとして甘受し、なおそれを乗り越えるものへと指向していったように思えます。後には立回りで思うように動けず失敗すると、「わあーっ、脚がもつれるわ」と言ってスタッフを笑わせるようにさえなりました。持ち前の稚気が苦さにとってかわったのです。

（三隅研次「未完成におわった〝闇の弥太っぺ〟」／『侍　市川雷蔵その人と芸』ノーベル書房、一九七〇年）

浅太郎鴉

野沢一馬による三隅の評伝『剣　三隅研次の妖艶なる映像美』（四谷ラウンド、一九九八年）によれば、一九五六年の一月半ば、三隅は企画の高桑義生から一冊の脚本を渡され「三月の終わりまでに」と公開のタイミングを告げられる。ガリ版刷りの表紙にはタイトルの『浅太郎鴉《がらす》』。瑳峨三智子、黒川弥太郎の出演に加えて、主演の浅太郎役に、目下売り出し中の市川雷蔵という配役も決められていた。

三隅にとって、初対面の雷蔵は、黒っぽい縁の眼鏡をかけたどこにでもいるようなごく平凡な若者といった印象で、華奢な体つきになで肩と、いささか頼りない。ところが、撮影が開始されると、レンズの向こうの雷蔵の、予想を大いに裏切る変わりようの鮮やかさに驚かされた。

雷蔵は、一九五四年八月に封切られたデビュー作『花の白虎隊』から一年半ほどの時間の経過の中で、一九五五年の『新・平家物語』の主演を機に、日増しにその存在感を増していた。

三隅を慌てさせた雷蔵の「尻をからげた」股旅姿は、『浅太郎鴉』の撮影の折のエピソードである。

板割浅太郎

脚本家比佐芳武《ひさよしたけ》が、雷蔵に当て書きした主人公は、国定忠治の子分、板割《いたわりの》浅太郎である。

史実に残る浅太郎は、実の名を浅次郎。忠治の開いた賭場の情報を関東取り締まりの役人に密告したとの嫌疑が伯父、三室勘助にかけられる。浅次郎自身も賭場にいなかったことで、忠治から伯父と共犯と疑われる。勘助は「二足の草鞋《わらじ》」。つまり博徒でありながら、お上のご用、十手も預かるというやくざである。親分への義理立てから、身の潔白を証明するため、伯父殺しに及び、勘助が抱いて寝ていた幼児、太郎吉も手に掛けるという凄惨な話がベースになっている。

のちの大衆演劇や映画は、あくまでも忠治贔屓《びいき》で描かれた世界である。浅次郎は浅太郎と名を変え、残された太郎吉を殺めることなく、おぶって赤城山に籠る忠治のもとに戻る。ずいぶん昔の歌謡曲ではあるが、丸眼鏡をかけた東海林太郎という歌手が直立不動で「泣くなよしよしねんねしな」と歌う「赤城の子守唄」の主人公がこの板割浅太郎だった。

比佐芳武が雷蔵の持ち味に合わせて書き上げた浅太郎という若者を、本格的な股旅ものに初挑戦の雷蔵は清々しい姿で演じた。

伯父殺しに出立する浅太郎がつらい思いを滲《にじ》ませるシーン。レンズの向こうの雷蔵の、予想を大いに裏切る変わりようの鮮やかさに驚かされたという三隅研次を想像した。

雷蔵の出演作品を俯瞰《ふかん》して見る。その中には、メルクマールとされる特別な作品も少なくはないのだが、三隅作品、とりわけ『大菩薩峠』以降の作品は、明らかに異彩を放つ。雷蔵にとって三隅が、三隅にとっても雷蔵という役者が、互いに余人をもって代えがたい存在であったことは間違いない。

そのふたりが出会った最初の映画『浅太郎鴉』である。

＊　股旅ものとは、劇作家、小説家の長谷川伸が切り開いた任侠の世界に生きる渡世人の、旅から旅を股にかける、浮草のような生き方を描いたジャンル。長谷川が一九二九年に発表した戯曲「股旅草鞋」で「股旅」という言葉を編み出し、以後、『沓掛時次郎』『瞼の母』『関の弥太ッペ』などを発表、映画化作品も多く人気のジャンルとなった。社会の底辺で彷徨うしかない男たちの宿命を描いたものが多い。

浅太郎鴉
板割浅太郎

一九五七

大阪物語

忠三郎

短躯《たんく》の鴈治郎の、達者

大阪物語
忠三郎

「小癋見《こべしみ》」という能面がある。口角に力を入れてぎゅっと唇を結んだ異形の面である。初めて目にした『大阪物語』。吝嗇《りんしょく》の果てに狂った大店の両替商の主が見せる小癋見のような顔があまりに凄まじくて、なかなか「もう一度」という気になれぬまま二度目を観ずに時が過ぎた。

それなのに、原稿を書き始め、雷蔵の映画界入りから気になる作品を時系列に並べてみたら、『大阪物語』に手招きされたような気がして、思わずＤＶＤを手に取った。

思いがけず見どころ満載の名作だった。主人公に扮した短軀の中村鴈治郎の、達者な吝嗇ぶりは、何年かあとの増村保造監督作品『好色一代男』（一二二頁）でも大いに発揮されるのだが、凄まじさにかけては『大阪物語』が大きく水をあける。

役者たちの間でやり取りされる西の言葉が、たまらなく心地よい。脚本を書いたのは、溝口健二が絶大な信頼を寄せた依田義賢《よしかた》。京都生まれの依田がネイティブスピーカーの関西弁の魅力を余すところなく引き出した。

井原西鶴の複数の作品をもとに溝口健二が翻案して撮影の準備が進められたものの、『新・平家物語』の公開からおよそ一年が過ぎた一九五六年の八月、溝口が白血病で急逝。溝口に代わって吉村公三郎が監督を務め、『大阪物語』は一九五七年三月に封切られた。

物語は襤褸に身を包んだ近江の百姓一家が、庄屋や代官から容赦なく年貢を取り立てられ、万策尽きて夜逃げするという気の毒な場面から始まる。

一家が逃げ延びた先は大阪。堂島川に沿って並ぶ米蔵に次々と運び込まれる米俵は、ひもじさに耐える一家にとっては夢のような光景である。男たちが担ぐ俵からパラパラと落ちる米粒をじっと見つめる親子四人。

こぼれ落ちた泥まみれの米粒を、夜陰に紛れてせっせと掻き集めて財を成したという、塵も積もれば山となるということわざ通りの物語。呆れるほどの倹《つま》しさで身代を築いた近江屋の主人仁兵衛の、吝嗇の権化のような守銭奴ぶりは総毛立つほどで、家族は身を縮めて暮らす。

主が神棚に祀り、毎日祈りを捧げる何本かのくたびれた「手箒《てぼうき》」は、かつて一家が毎夜荷揚げ場に忍び込んでは落ちた米粒をかき集めた「救いの神」ともいうべき御神体である。

すっかり金の亡者と化した夫のもとで、年頃の娘にわずかばかりの贅沢もさせてやれぬと嘆く女房のお筆に扮したのは浪花千栄子。大阪出身の友人は、この人の大阪弁を聞くと懐かしい風景が浮かぶという。東国に生まれた私のようなものでも、浪花千栄子の柔らかな声と独特な抑揚で話される科白《せりふ》の美しさに酔うことはできる。

近江屋の娘、おなつ（香川京子）と番頭の忠三郎（市川雷蔵）は相思相愛の仲である。父仁兵衛はそんな娘の気持ちなど忖度することなく、油問屋鐙屋の女主人、お徳（三益愛子）と損得尽くの縁談話を勝手に進めてしまう。三益愛子が演じたお徳のけちん坊ぶりも見事なもので、ふたりが算盤を挟んで持参金だの結納金だのと押し問答を繰り返すシーンは見どころである。

縁談の相手、お徳が溺愛するひとり息子の市之助に扮した勝新太郎は、思わず吹き出してしまうくらいぐっと前に出る相変わらずの芝居。母親に隠れて廓《くるわ》三昧の日々を送り、いつの間にかおなつ

大阪物語
忠三郎

の兄、吉太郎（林成年）を廓に引っ張り込んで、太夫の見受けの金まで工面させるというちゃっかりぶりを好演する。

この見受けの金子《きんす》を、吉太郎が仁兵衛の蔵から持ち出したことから物語は急転。ひとり残された仁兵衛は小癋見の面そっくりのぎょろりとした目を異様に光らせ、金は誰にも渡さぬと蔵に閉じこもってガチャリと錠をおろす。

『山椒大夫』『近松物語』と溝口健二作品に出演した香川京子。溝口は亡くなる前年に収録された雑誌の対談で、香川について語っている（『溝口健二著作集』）。

『近松物語』のヒロイン、おさんに扮する香川を、浪花千栄子のところに預け勉強させた。『山椒大夫』の香川を観察していて、成長した顔ができると思ったという。同じ対談で『新・平家物語』の清盛の妻、時子役を香川に頼んであるとも言っている（因みに、実際に時子を演じたのは、香川ではなく久我美子であり、落ちぶれたとはいえ平安貴族の家に生まれた誇りを匂わせた久我の時子も良かったと思う）。『新・平家物語』で平清盛を清新に演じて、新境地を開いた市川雷蔵が、それから一年半の時を経て公開された『大阪物語』では地味な役どころに挑んでいる。

もちろん上方言葉はお手のものであろうが、常に前かがみの上目遣いであたりの風景に紛れてしまいそうな受けの芝居に徹した。主への忠義と思い人への恋心を切なくのぞかせる番頭の控えめな風貌は、目下売り出し中の二枚目スターとはにわかに信じがたい姿である。

一九五四年の映画界入り、五五年『新・平家物語』『いろは囃子』、五六年『柳生連也斎　秘伝月影抄』『浅太郎鴉』、そして五七年『大阪物語』、このあとには『源氏物語　浮舟』が続き、平安の貴公子を演じる。これまでのほぼ三十本に及ぶ出演作において、さまざまな人物を演じてみせる市川雷蔵は、このあたりですでに驚くほどの自在さを手に入れている。

溝口健二の遺志が随所に感じられる『大阪物語』、噛めば噛むほど味わい深い。

一九五七
源氏物語 浮舟
匂宮

長谷川一夫の心中やいかに

源氏物語 浮舟
匂宮

一九五七年四月に公開された『源氏物語 浮舟』。光源氏亡きあと、源氏に縁のある美しい貴公子ふたりの、浮舟（山本富士子）をめぐる物語である。

雷蔵は百五十本を超える出演作品中、「最も危険な男」を演じた。男の名は匂宮。『源氏物語』第三部「宇治十帖」に登場するふたりの貴公子のひとりであり、もうひとり、薫の君に扮したのは「永遠の二枚目」の名を欲しいままに、トップスターとして不動の存在であり続けた長谷川一夫である。

『浮舟』公開の翌年、五十路を迎える一九〇八年生まれの長谷川と、一九三一年生まれの雷蔵には親子ほどの年の差があった。

長谷川と同じく歌舞伎の世界から、一九五四年、ポスト長谷川一夫という大きなミッションを担って映画界入りした雷蔵。デビューからの三年間で出演作は相当な数になり、新しい美男スターの地位を着実に固め始めていた時期である。

薫の君は、光源氏の次男。実は、源氏の正妻女三宮と頭中将の息子柏木との間に生まれた不義の子であり、幼い頃から自らの出生に疑念を持つ。長谷川は、内省的で高潔な人物像を浮かび上がらせた。

一方、雷蔵が扮するのは、今上帝の第三皇子、匂宮である。母は光源氏の娘、明石の中宮、つまり源氏にとっては外孫にあたる。薫とはことごとく対照的で、有り体《てい》にいえば漁色家、かなりなプレイボーイとして描かれている。

常日頃何かと、薫に敵対心を燃やす匂宮のこと、薫が思いを寄せる浮舟に目を付けぬはずはない。薫に焦がれる浮舟にしてみれば、高潔さに心惹かれながら、時には一歩踏み出してほしいと願う切実な女心もある。そんな間隙を縫って触手を伸ばす匂宮。狙った獲物を逃さぬ執拗さで浮舟の周囲の者たちを籠絡し、強引に浮舟の寝所に忍び込む。

物語の結末は、匂宮を受け入れてしまった女の性の罪深さに、浮舟が入水して果てるというもの。華麗なる王朝文化を再現する美術や衣裳の色彩にも目を奪われないことはないのだが、正直いえば、興味の対象は、長谷川一夫に堂々と対峙する雷蔵に絞られた。

それまでも、そしてこの作品以降も、長谷川の主演映画に、雷蔵はたびたび顔を出している。いずれの作品でも、決まって長谷川は、圧倒的な存在として中央に聳《そび》えていた。

それが『浮舟』では、ふたりの美貌の貴公子が、スクリーンに大写しになり美しさを競い合う。五十歳を目前にした長谷川が、次代を担って輝く二十五歳の雷蔵と極めてリスキーな対決を余儀なくされる。この顔合わせ、果たして長谷川の心中はいかなるものであったのか。

長谷川一夫が出演した数多くの作品に関わった製作スタッフは、長谷川が「被写体としてのアングル」にとことんこだわったと証言する。

長谷川一夫は並外れた名優である。雷蔵のポテンシャルを見抜けないはずはない。そんな長谷川の複雑な思いを十分に感知して、いわばモンスターともいうべき若者は、一層残酷な光を放ったように見えた。

一九五四—一九五九

牛車の帳《とばり》を分けて匂宮が現れるシーン。冠を付け、指貫袴《さしぬきはかま》に黒袍《くろほう》姿の雷蔵は、まさに匂うがごとき美しさである。薄く刷いた置き眉やお歯黒は、雷蔵の面長な顔立ちに少しの違和感なく収まる。ゆったりと艶のある声音と相まって、刻薄な笑いを浮かべる貴公子が見事に完成された。

匂宮は、数多《あまた》の役をわがものとした雷蔵の中でも異彩を放つ。奔放で、おのれの欲望のままに生きながら「虚《うつ》ろ」を肉体に宿す、平安の皇子を好演した。

源氏物語 浮舟
匂宮

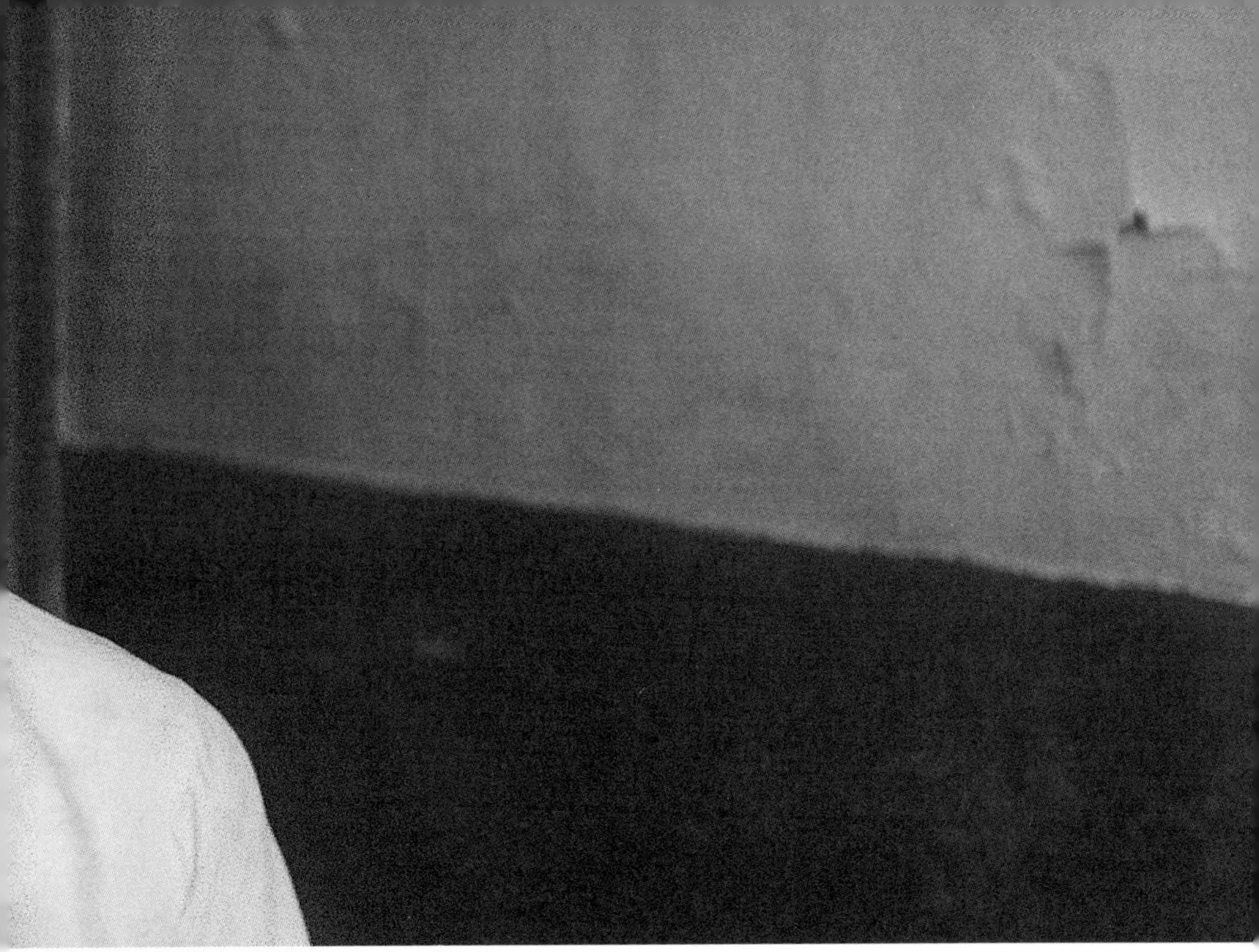

炎上

一九五八

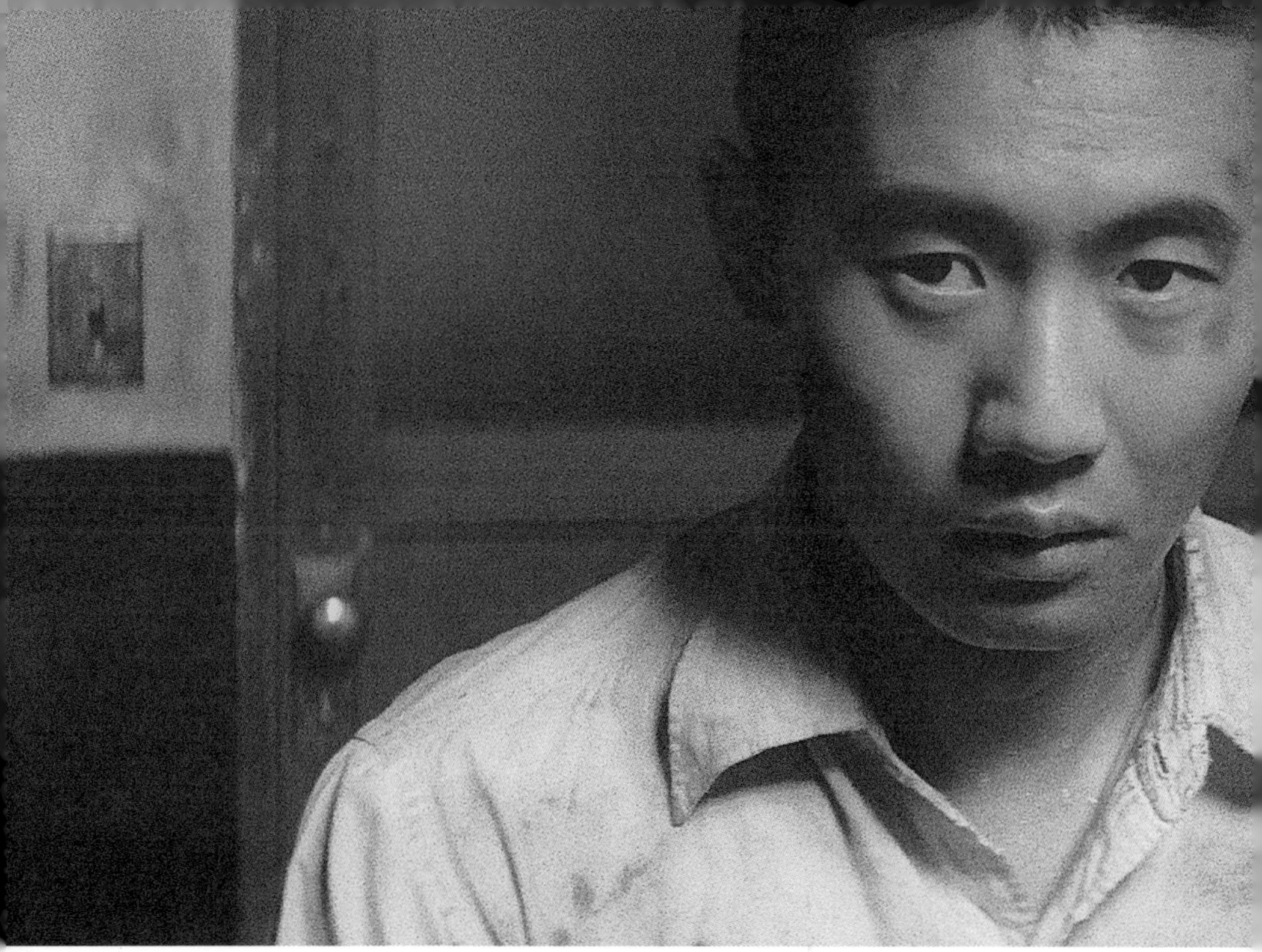

溝口吾市

市川崑監督にモノ申す

一九五四
―
一九五九

『炎上』のスタッフクレジットに、美粧小林昌典という名前がある。

雷蔵のメイクには、デビュー当時からしばらくの間、大先輩である長谷川一夫の影響が見られるものの、やがて雷蔵独自の化粧術に変わる。作品ごとに微妙な変化をつけて工夫する雷蔵の顔のこしらえには定評があった。

しかし、雷蔵が何本かの「特別な作品」で新たな役作りに挑戦するときなど、前述の小林昌典と入念な打ち合わせを重ねメイクアッププランを練り上げたことが、後年小林へのインタビューで明かされる。

たとえば、溝口健二監督作品『新・平家物語』で、若き日の清盛を演じた雷蔵の印象的な太い眉。前述した通りあれは、数回にわたって監督から「違う!」というダメ出しを受けた小林が一計を案じて熊の毛を鋏で切り、一本一本接着剤で眉に植えて作り上げたものである。

雷蔵から全幅の信頼を寄せられた小林は、やがて市川崑監督作品『炎上』の撮影にも参加する。国宝金閣に火を付けた見習い僧という役作りのため、雷蔵は潔く五分刈りになった。当時の人気力士、千代の山、栃錦、若乃花の三横綱による、花形スターの賑々しい断髪式はさぞかし話題をさらったに違いない。

坊主頭にはなったものの、十七歳から二十一歳までの青年を演じる雷蔵の実年齢は当時二十七歳。額の生え際に曖昧さをとどめる十代とはだいぶ様子が違う。小林と雷蔵はそれを「分別くさい顔」と思い、「こんな分別くさい顔の奴が金閣に火を付けたりしない」と考えた。

クランクインを前に小林は、十七歳の青年の坊主頭に仕上げるため、濃い鉛筆で毛髪を描き足すという苦肉の策を思いつく。雷蔵はといえば、小林に主人公の顔のこしらえのすべてをゆだねて撮影に臨んだ。

その翌日、雷蔵の部屋を訪れた小林を驚かす光景があった。鏡台前に静かに座る雷蔵と、その前にきれいに削って並べられた五本の鉛筆。その光景は毎日少しも変わることなく撮影の最終日まで続いたという。ビデオインタビュー（DVD『眠狂四郎悪女狩り』特典映像）の中で、小林は懐かしそうに当時を振り返った。

応永四（一三九七）年、室町幕府三代将軍足利義満により創建された鹿苑寺《ろくおんじ》。臨済宗相国寺派の山外塔頭である鹿苑寺の名称は、義満の法号、鹿苑院殿に因んだものであるが、庭園内に立つ楼閣建築の壮麗な舎利殿、金閣によって金閣寺の名で親しまれている。

舎利殿金閣は、一九二九年七月一日の国宝保存法施行に伴い、国宝の指定を受けるが、二十一年後の一九五〇年七月二日の未明、焼失。鎮火後に行われた現場検証の結果、不審火ということになって関係者が取り調べられ、金閣寺見習い僧侶の林養賢の犯行と断定された。発見時の林は、金閣寺裏の左大文字山の山中で、薬物カルモチンを飲み胸にナイフを刺して自殺をはかったものの、死にきれず意識が朦朧《もうろう》としていたと伝えられる。

終戦から五年、金閣寺で修行中の二十一歳の青年僧による国宝金閣の放火事件は、大いに世間の耳目を集めるところとなり、一九五六年に三島由紀夫は『金閣寺』を上梓。事件から三十年近い時間が経過した一九七九年、水上勉は、自身のフィールドワークの集大成ともいうべき『金閣炎上』を完成させた。

日活から大映に移った市川崑の初監督作品が、一九五八年八月に公開された『炎上』だった。原作は三島由紀夫の『金閣寺』である。

監督はこの主人公の役に、当初川口浩を考えていたというが、大映の社長、永田雅一が頑として首を縦に振らず、考えあぐねて声をかけたのが雷蔵だった。

一九五四年、歌舞伎の世界から映画界入りして四年経ち、第一作『花の白虎隊』から四十本を超える作品に出演していた雷蔵は、時代劇における美男ぶりで多くのファンを獲得。ポスト長谷川一夫という会社の期待に応えて看板スターへの道を歩み始めていた大切な時期である。「坊主頭の放火犯などとんでもない」そんな上層部からの抵抗を予想した監督は、雷蔵への直接交渉に及ぶ。すると、雷蔵から思いもよらぬ「やりまひょか」という拍子抜けするほどの即答。かくして『炎上』の製作が始まった。

修辞をちりばめた点描画のような三島文学の、極めて観念的な世界を映像化することの難しさが、脚本作りを始めていた市川崑、長谷部慶治《けいじ》の前に立ちはだかる。そこで急遽、市川崑夫人の和田夏《なつ》十《と》が助っ人にかり出され、原作よりもむしろ、プロデューサーから提供された三島の取材ノートをもとに脚本は作り上げられたという。

〔青年が〕何で放火したかといえば、美への嫉妬とかそんなもんじゃなくて、やっぱし父親と母親と、自分が置かれた境遇と、もう一つは、これはまあ実在の人物とは違うと思うけど、伝統の象徴面《づら》したような和尚の存在ですよね。そういった人々への愛憎や反発や、自分の孤独感がからみ合い、ぶつかり合ったあげくに、衝動的に火をつけた。ぼくはシンプルにそう考えたわけです。

夏十サンの脚本、これがまた素晴らしかった。トップはとにかく警察の取調室から始めようというんで、ぼくはハーッと思った。


(市川崑「『炎上』から『雪之丞変化』まで」/『市川雷蔵とその時代』)


脚本家、和田夏十のアイデア通り、『炎上』は取調室から始まる。

鉄柵を嵌《は》めた窓は開けられているものの空気が動いている気配はない、高温多湿の京都の夏。検事、刑事部長、捜査係長、三人の男たちの額にも汗がにじむ。

刑事部長が調書を読み上げ、そこに記された「小刀による胸の傷」を検事に見せようとした取調の刑事が、汗染みが浮く汚れたワイシャツのボタンに手をかけても、わずかに顔をそむけるだけで沈黙を続ける放火犯。幼さの残る青年、二十一歳の溝口吾市がそこにいた。

溝口吾市という吃音の青年を演じるにあたり、雷蔵は、いったいどのような時を過ごして撮影初日を迎えたのだろうかと想像する。

取調室で見せた虚ろな表情には、さまざまな感情を心の奥深くに封じ込めたままで辿り着いてしまった果ての静けさがあった。あれは確かに放火犯そのものの姿だったと思う。あの雷蔵の表情に出会うだけで、すでに『炎上』という作品の完成度を予感させた。役者のすごさである。

「金閣寺放火事件」の犯人の真の動機については、誰も解き明かすことができてはいない。

『金閣炎上』を執筆した水上勉は林養賢と生まれ故郷が近く、偶然だったようだが面識もあったとか。少年時代を相国寺の塔頭で過ごしたという自身の経験から、この青年に長年にわたり執着し続けた水上ですら、大作を書き終えたあともなお、その行為につながる本当の理由については「わからない」と述べている。

極めて観念的な三島の世界から離れ、脚本がひとつの物語を作り上げたとしても、金閣を焼いてしまった生身の青年を演じる役者は、その身体に青年の血を通わせ、否応なく犯罪に導かれる青年を生きるという過酷さを担う。

『炎上』の中で、金閣寺は双円寺、物語の中心的存在となる壮麗な金閣は国宝驟閣《しゅうかく》として登場し、周辺に配された人物たちとのさまざまな軋轢《あつれき》によって、溝口吾市は次第に驟閣に放火するという終焉に向かうことになる。

双円寺住職田山道詮に、中村鴈治郎。目を覆いたくなるほどの卑屈さを見せて吾市にすがる母を演ずるのは、北林谷栄。肺を病んで、終生驟閣をこの世で最も美しいものと崇拝し、息子の行く末を案じながらかつて修行仲間であった双円寺住職に託す父に浜村純。信欣三扮する自己保身の塊のような双円寺の副司《ふうす》（執事）は、さまざまな局面で溝口を追い詰める。

一九五四—一九五九

溝口が唯一心を開く同僚の見習い僧、鶴川（舟木洋一）。溝口と鶴川の関係は、三島の作品でしばしば遭遇する「陰と陽」であろうし、「陽」としての存在である鶴川は、ほかの三島作品と同様、宿命的な死を迎え溝口の前から姿を消す。

溝口が進学した大学で出会う男、戸苅。脚本には「強度の内翻《ないほん》足《そく》」とある。仲代達矢が演じるこの戸苅の、存分にデフォルメされた存在感もまた、「三島的なるもの」として観る者に映った。

市川崑は前出の『市川雷蔵とその時代』の中で、『炎上』撮影当時のことを振り返る。雷蔵のそれまでの出演作に目を通したうえで、経歴や芝居のくせなど撮影所のスタッフから情報を収集し、「初日が肝腎だから、いきなり嫌な、いちばん難しいところから撮影に入った」。

仲代（達矢）ちゃんという新劇の俳優をぶつけてみた。下宿で仲代ちゃんが雷ちゃんに罵詈雑言を浴びせかけるところです。普通はなるたけラクなところから入るものなんだけど、ここは逆に、新劇の役者といっぺん勝負させてみよう、雷ちゃんもまだチョンマゲかぶったままみたいだし、ここは一つ、学生服姿で勝負してみなさい、と。

ところがこれが全然動じなかった。平然とやってのけました。当時の仲代ちゃんは新劇の若手のバリバリで、非常に嘱望されていた人ですよね。それと対等に渡り合って一歩もひけをとらなかった。それはね、演技というんじゃないんだな。それが計算してのことだったら大変な役者だと思ったけど、いってみれば無手勝流のクソ度胸ですよ。演技をどうするこうするといった計算があってのことじゃなくて、ただ生身《なまみ》でそこにいて、何も考えないでバーンと受け止めている。それはそれで大変な度胸ですけどね。（前掲書）

「無手勝流のクソ度胸」とは、監督目線のいささか乱暴な分析であるように思う。興味深いのは、監督が仲代達矢の演技を高く評価しているところである。おそらく大きく意見の分かれるところだと思うが、少なくとも私には、戸苅への「新劇的」で過剰なアプローチに対しては、正直違和感をぬぐえなかった。

監督はさらに続ける。

新京極の市場を溝口〔略〕が野良犬の後をついて彷徨《さまよ》うシーンなんかも見事だったけど、あれも演技というんじゃない。ああいう繁華街の雑沓を、どうにもならない気持を抱えて、ただ茫漠と歩く。そこをうろつく野良犬に自分を重ねて、だから一層やるせなく、孤独感に圧し拉《ひし》がれる。ま、そういう場面なんだけど、監督は現場でそんな小難しいこと、口にしませんからね。

「雷ちゃん、そこ歩いてよ。犬がいるから、その後をついて行ってや」

てな指示するだけで、余分なこと、ヤボなことは一切いわない。〔略〕

一九五四—一九五九

コマドリ

それでキャメラを回してみて、ぼくは、ハーッと思った。雷ちゃんの顔見て、舌を巻きました。（前掲書）

雷蔵の死後、さまざまな形で出版された追悼本の中で、雷蔵の演技、とりわけ暗い翳を背負うようなシーンで見せる雷蔵の表情について、雷蔵の周辺の人々は彼の生い立ちや境遇を重ねて語る。市川監督も、野良犬の後ろについて夜の街を彷徨う溝口の、思わず息をのむような表情を、その生い立ちゆえの「演技を通り越した何か」と分析したようだが、果たしてそうなのだろうか。

『炎上』の公開から七年後の一九六五年、三十代半ばの雷蔵は同志社大学で学生を前に「人間が人間を創造する時」と題した特別講義を行っている。その中のほんの一部ではあるが、雷蔵自身が語った言葉の中に、その回答を見つけた。

演技者は脚本を読んだり、疑ったり感心することも大切ですが、一番重要なことは、〝やってみせる〟ということなのです。〔略〕監督の演出プランに共鳴できても、つまり頭でいかに理解しえたとしても、やってみせる技術がないと演技者としては成立しません。もちろんここではこうでなければならないという演技の整理や選定は当然監督の演出プランと重要な関係があります。これはむしろ監督と演技者の両者がお互いに創造してゆくものだというべきでしょうが、これも最終的には演技者の領分だと私は考えています。

監督がいくら叩《たた》き上げ、しぼってみても、何にもないものから引き出すことはできません。逆にいうなら、ひどく叩かれ、しぼられるほど、たとえシズクの一滴でも余計に出るという余

裕が演技者には必要であるというように考えております。〔略〕先程も申し上げましたが、演技者はとにかくやってみせる技術がないと成立しないのは当然でありますが、作品における人間創造とは、言葉をかえていうとその主人公になり切るということでしょう。

（『雷蔵、雷蔵を語る』）

要するに、市川雷蔵は、監督に「演技をどうするこうするといった計算があってのことじゃなくて、ただ生身でそこにいて、何も考えないでバーンと受け止めている」と思わしめたほど、生身の主人公溝口自身になり切っていたということではないか。

『炎上』を旅するにあたって、原作である三島由紀夫の『金閣寺』、水上勉の『金閣炎上』、いずれにも目を通した。前にも触れたが、修辞的な三島文学から溝口吾市像を浮かび上がらせることは難しく、水上勉が丹念に取材して描いた青年にもっぱら熱中した。

昭和二十五（一九五〇）年七月二日未明、金閣が炎上。林養賢は放火犯として逮捕される。「放火並に国宝保存法違反事件」として同年十二月二十八日京都地方裁判所の法廷で、京都市上京区金閣寺町一番地鹿苑寺内、大谷大学生　林養賢（当二十一歳）に懲役七年の刑が言い渡される。林養賢は父と同じく、早くから結核を患っていて、収監後も病状が悪化。昭和二十八（一九五三）年三月には、極度の精神疾患と肺結核のため加古川刑務所から東京都下八王子の医療刑務所に移送されている。

その後、恩赦減刑によって刑期満了の日が近づいた三十（一九五五）年十月のはじめ、八王子から京都刑務所に移送され、十月三十日釈放されるが、病状は重篤で洛南病院に緊急入院。翌年の三十一（一九五六）年三月七日、多量の喀血とともに死亡。享年二十六だった。

亡くなる少し前、養賢を訪ねた教誨師によれば、最初のうちは頑なだった養賢が、母のことをとつとつと話すようになって、会いたい会いたいと泣いたという。

林養賢の母、志満子は昭和二十五（一九五〇）年の事件当日、息子に面会を拒絶され、失意のうち北陸本線に乗って実弟とともに帰宅の途中、保津峡に身を投げて果てる。養賢に母の死が告げられたのはずい分あとのことであったという。

水上の『金閣炎上』の最終章に、林志満子、養賢母子の墓を訪ね歩くくだりがある。養賢が破門になった金閣寺にふたりの墓があろうはずはなく、早世した父が埋葬されている、生まれ故郷成生の実家の寺の墓地にも見つからない。苦労のすえ、水上がようやく辿り着いたのは、養賢が東舞鶴中学に進学してから、下宿していた父の実家、林家のある安岡の共同墓地だったと記されていた。

『金閣炎上』を読み終えた頃、林養賢と溝口吾市、それに市川雷蔵が、すっかり重なってしまうという不思議な感覚にとりつかれるようになっていた。

そのうち、水上勉が見つけた母子の墓を、どうしても訪ねたい衝動に駆られ、ある朝一番の新幹線に乗って京都に向かい、八時三六分発の東舞鶴行の特急列車に飛び乗った。

東舞鶴はあいにくの雨。タクシーで養賢の生まれ故郷成生に向かった。

成生は小さな漁師町で、拍子抜けするほど静かで慎ましい集落だった。入江に沿って、伊根の舟屋のように家屋の一階に船が収納されている。そんな家の間に続く細い路地を進むと、養賢の生家、今は無住の西徳寺があった。

かつて養賢が通ったという小学校、その後、父の実家に下宿して通った東舞鶴中学（現高校）にも立ち寄って、いよいよ母子の墓を探すことになったのだが、なかなか見つからない。

郵便局員に聞いても、付近の家で尋ねてもわからない。最後に、道端で出会った人に声をかけてみたのだが「たとえ知っていても教えられない」伏し目がちに口をつぐむ。事件から六十年以上の歳月が経過してもなお、この土地の人にとってはタブーであるのか、あるいは、もしかすると養賢の近親者だったのかもしれない。半ば諦めながら、でもせっかくここまで来たのだからと、車から降りて付近を歩いてみた。民家が軒を並べる裏側に赤土の斜面が続き、その一角にいくつかの墓石が見えた。タクシーの運転手さんが開けてくれた鹿や猪よけの柵の入り口を抜け、雨で滑る傾斜を夢中でよじ登った。

墓石に刻まれた何々家という文字を目でなぞるうち、寄り添うように並ぶ二基の墓石が現れた。片方の墓石に養賢の文字。知らぬ間に涙が溢れていた。「正法院鳳林養賢居士」、側面には死亡年月日も刻まれている。もう一基は母志満子のものだった。「慈照院心月妙満大姉」昭和二十五年七月三日、養賢との面会が叶わず、ひとり保津峡に身を投げた日である。

お参りに訪れた人の形跡があった。慎ましい野の花の供花もあり、墓石も荒れてはいない。思いがけない展開に、いつの間にか昂ぶっていた心がとても穏やかになっているのを感じた。そうして、ようやく私の『炎上』の旅は終わった。

一九五九

薄桜記

丹下典膳

隻腕の剣客、丹下典膳の悲劇性

森一生監督作品『薄桜記』の公開は一九五九年。その三年前、一九五六年に製作された『柳生連也斎 秘伝月影抄』と同じく、五味康祐の剣豪小説の映画化である。

高田馬場の決闘に韋駄天《いだてん》走りで駆けつけた浪人、中山安兵衛が、のちに赤穂藩に仕える堀部家の養子となり、時を経て大石内蔵助のもと吉良邸に討ち入るという、世に知られた赤穂浪士の話を伴走させながら、旗本、丹下典膳の波瀾に富む人生を浮かび上がらせる。

『薄桜記』は文庫版で七百頁にも及ぶ長大な作品である。錯綜する物語は複雑極まりなく、二時間に満たない映画一本の台本にまとめることの大変さは相当なものだったと想像する。

脚本を担当した伊藤大輔は、原作からさまざまなエピソードを拾い上げ、つなぎ合わせて大胆な翻案を試みた。

知行三百石の旗本、丹下典膳（市川雷蔵）は並ぶ者のない白皙《はくせき》の美男であり、知心流道場で師範代を勤めるほどの腕前を持つ。そんな典膳が、道場の朋輩たちから謂われなき恨みを買い、公儀御用で京都に赴き留守の折、新妻、千春（真城千都世）を凌辱されるという事件が起きる。千春は上杉家重臣、長尾権兵衛（清水元）の息女である。

妻の不義密通の噂は市中に広まるが、江戸に戻った典膳の機転で、屋敷に棲まう古狐の仕業として始末。口さがない世間の人々の蜚語を終息させ、千春の名誉を守るには守った。典膳には、罪のない新妻を責めるつもりもなく、千春への執着もないわけではない。しかし、武士の身であるおのれの気持ちの落としどころがなく、離別の理由をいっさい告げずに妻を実家に戻す決意を固める。わけも告げられずに娘を戻された舅は怒りを露わにし、気性の激しい義兄、竜之進（北原義郎）はさらに激昂して、押し黙ったまま無抵抗で目を伏せる典膳の右腕を斬り落とす。典膳の隻腕のいきさつである。

この一連の物語のさまざまな場面で典膳と出会い深い絆で結ばれるのが、中山安兵衛こと、のちの堀部安兵衛（勝新太郎）である。

徳川の幕政が敷かれてほぼ一世紀が過ぎた元禄。泰平の世になれた多くの武士たちはおのれの身の保全に汲々とし、身を律して剣の道を貫く者を、時代錯誤と嘲笑する風潮すらある。典膳も安兵衛も、間違いなく身を律しおのれの行くべき道を貫く剣客である。それゆえに出会いからお互いを深く理解するものの、ふたりの行く末には思いもよらぬ明と暗が待ち受ける。

雷蔵映画の中でも、『薄桜記』はつねに人気ランキングの上位に入り、とりわけ、片腕を失ったうえに脚を射抜かれて満身創痍となった丹下典膳の、壮絶極まりない立ち回りのシーンは深く印象付けられる名場面として語られるのだが、正直、この「名場面」がどうしても腑に落ちなかった。

「時代映画」一九五九年十月号所収の『薄桜記』のシナリオには、「『薄桜記』原作のあらまし」と題して伊藤がまとめたダイジェストが一緒に掲載され、付記も添えられた（『伊藤大輔シナリオ集Ⅲ』淡交社、一九八五年）。

付記によれば、脚本の脱稿までに五十日。そのうちの十日あまりは高熱のため病臥して、とても執筆どころではなく、その結果「遂に力及ばず、安易な、常套的な方式論に従って糊塗する始末となった」とつづられている。

原作者の五味から「どの様に改変されても差し支えない」との言質を得て「歪曲と換骨奪胎を敢えてした」という伊藤だが、付記の最後、「こんな殺され方では死にきれないねエ」典膳の亡霊にこんな痛い言葉を吐かせた。忸怩《じくじ》たる思いがあったのか、完成した台本に、伊藤自身が納得していなかった様子がうかがえる。

伊藤大輔が、典膳の亡霊に吐かせた「こんな殺され方」が登場するのが、短筒で脚を射抜かれた隻腕の典膳が戸板で七面社の境内に運ばれ、大勢のならず者相手の斬り合いの末、無残な最期を遂げるというあの名場面である。

谷中七面社境内で、隻腕、隻脚の剣客丹下典膳が相手にするのは、かつて典膳の妻を凌辱し、あたかも不義密通があったかのように市中にふれ回ったならず者たち。同じ道場に通った朋輩なのだから、そんなやつらに嬲《なぶ》り殺しにされたのでは、典膳は到底死にきれまい。

『薄桜記』は、産経新聞夕刊に、一九五八年七月より翌年の四月まで連載された五味康祐の時代小説である。二〇〇七年に改版された新潮文庫に、作家荒山徹が「本物だけが放つ本物感」と題する解説を寄せた。

荒山は、五味康祐の作品の中でも『薄桜記』を「比類なき一代傑作」と呼び、この大作は「ラストの雪が霏々《ひひ》と降りしきる谷中七面社境内での剣戟《けんげき》場面に尽き」、そのわずか数ページのために

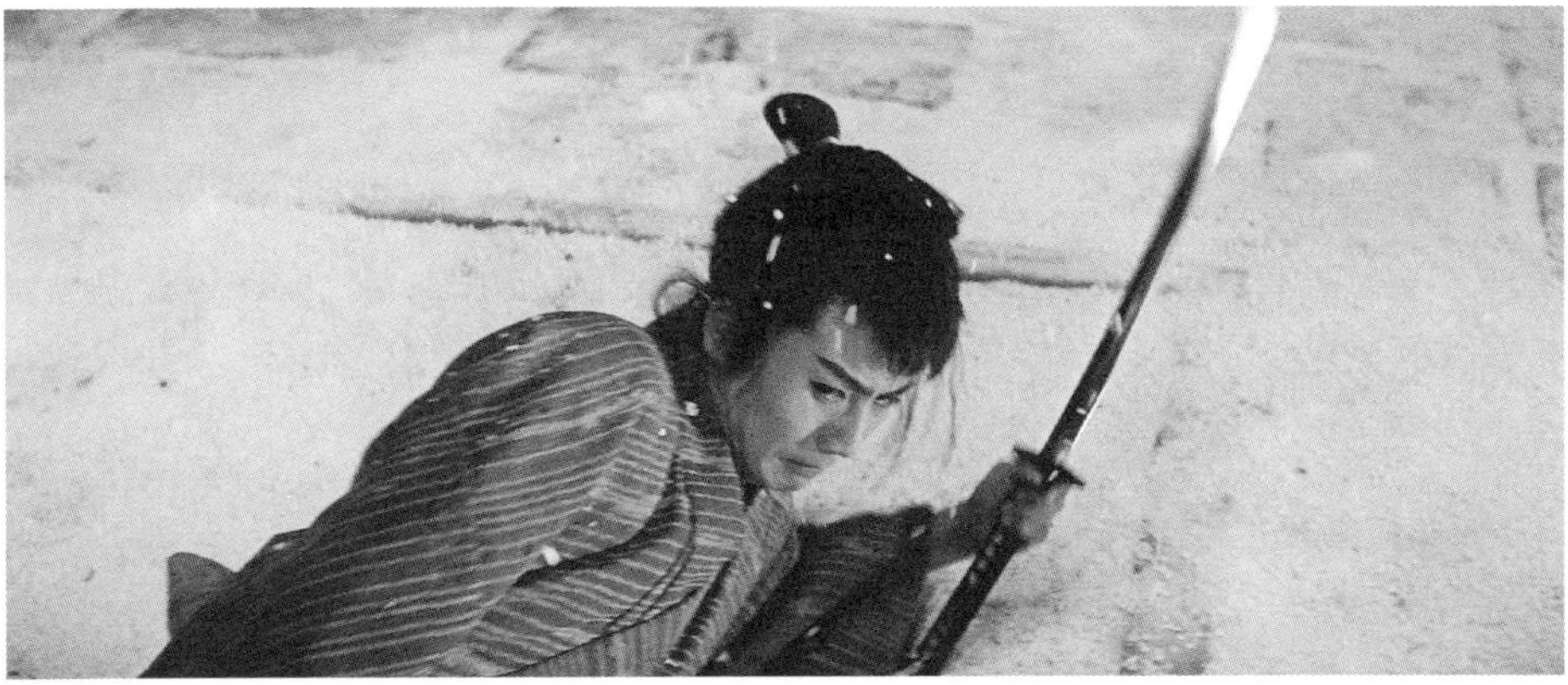

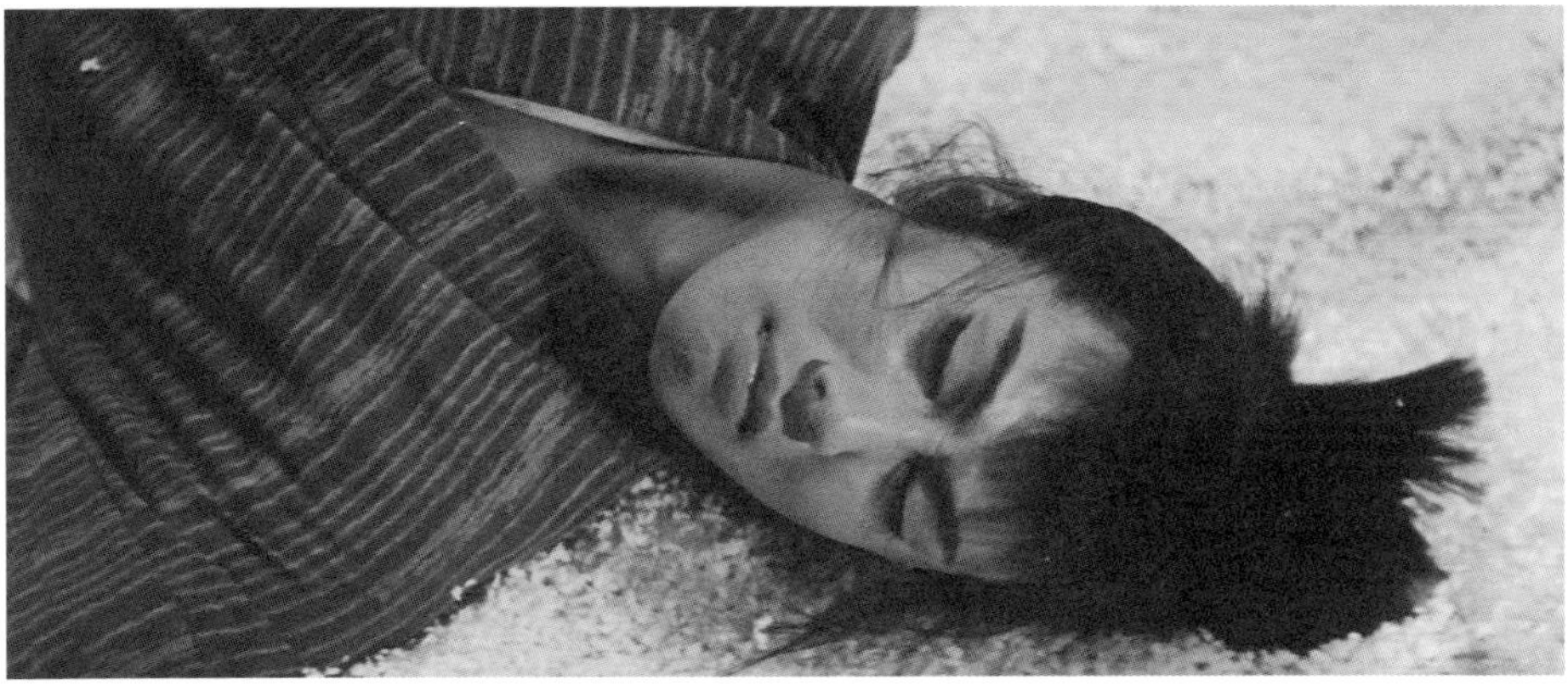

この長い物語があるとまで言い切る。

〝勧善懲悪〟の面白さでもなければ、弱い者が強い者にどう打ち勝つかといった血湧《わ》き肉躍る一種の成長物語でもなく、〔略〕伎倆較《ぎりょうくら》べの興趣とも無縁。その他、仇討《あだう》ちや友情ゆえの加勢とか、ミッションとしてとか、そんな要素とは懸隔した剣戟でありながら、剣を把《と》る必然が、それら以上に強い必然としてあり、しかも有象無象を冠絶した、悲壮な美しさを全編に漲《みなぎ》らせた剣戟小説は、古今東西、この『薄桜記』あるのみである。

（荒山徹「本物だけが放つ本物感」／『薄桜記』新潮文庫、二〇〇七年）

『薄桜記』は美しいとしか他に言いようのない剣戟小説であるとする、荒山徹の『薄桜記』礼賛ぶりも相当なものだが、私自身も、この小説の最後の展開に心底酔った。

映画と原作とはまったく別物である。その通りだと思う。異論を挟む気などさらさらない。しかし、伊藤大輔が、自ら書いたシナリオに原作の「あらまし」を付け、そのうえ、言い訳めいた「付記」まで添えてしまった映画『薄桜記』からは、残念としか言いようがないほどに、物語最大の魅力が抜け落ちている。

小説『薄桜記』最大の見せ場は、恩義を受けた上杉家家老、千坂兵部（香川良介）への義理からやむなく吉良の附け人となった典膳が、深く結ばれた友、堀部安兵衛の刃を受けるという、討ち入前夜の一部始終である。

師走十三日、吉良邸で年忘れの茶会が開かれる前日の夜。降りやまぬ雪が銀一色に変えて静まり返る七面社の境内で待つ典膳の前に、安兵衛ほか数人の同志が現れる。翌日の大望を前にした浪士たちを無駄死にさせたくはないと考えた典膳は、安兵衛ひとりを相手にと言葉をかけ、安兵衛はそれに応えた。

安兵衛の剣尖《けんせん》が、気合をひそめて上下にゆるく浮沈しはじめた、心地流星眼の構えの儘《まま》で。典膳の片手下段が、すると徐々に青眼に上げられ、尋《つい》で同じく剣尖に波をうたせ出した。両者は、それを互い違いに上下させつつ次第に接近しはじめていったのである。

雪は乱舞しつづけた。

境内は森々《しんしん》と静まり返っていた。

声にならぬ気合が双方の口から同時に出た。二条の銀蛇が雪の一片を切り閃《ひら》めいた。

「典膳」

声を発したのは安兵衛の方である。典膳の片手がだらりと太刀を下げた。典膳はよろめいて枝に白く雪の積った傍《かたえ》の桜の木まで、蹌踉《そうろう》と歩み寄り頭蓋《ずがい》から血を奔《ふ》いてくるりと一回転して雪に倒れた。

（五味康祐『薄桜記』新潮文庫）

堀部安兵衛の刃を受ける日の朝、典膳は人を介して唯一の縁者である叔父に、夕刻、遺骸を引き取りに来るよう伝えていた。もとより安兵衛に斬られる覚悟で臨んだ勝負である。典膳には何よりも剣をとらねばならぬ必然があった。

身を律する武士の姿などとんと見かけない泰平の世、主君の仇討ちにすべてを賭した滅私の者た

一九五四—一九五九

ちに民衆は熱狂した。その熱狂の陰でひっそり息を引き取る隻腕の侍、丹下典膳。伊藤がなぜ典膳の亡霊に「こんな殺され方では死にきれないねエ」、こんな痛い言葉を吐かせたかといえば、元禄の世に、明暗を分けたふたりの剣士、とりわけ丹下典膳の悲劇性を描き切れなかったという自責の念からではないか。

当時、週替わりの二本立てで上演される日本映画の全盛期。驚くほどタイトなスケジュールで量産される娯楽映画、プログラムピクチャー*の一本に数えられる『薄桜記』である。長大で複雑極まる物語を上映時間一一二分の映画にまとめることは容易ではなかったはずであるが……。

雪が霏々と降りしきる谷中七面社境内で、堀部安兵衛の一太刀を受ける丹下典膳を演じ切って見せる市川雷蔵を見たかった。

* もともとは、一九年三〇代のアメリカで二本立ての興行が生まれたとき、映画館の毎週の番組（プログラム）を埋めるために量産される映画（ピクチャー）として生まれた言葉。日本映画界でも黄金期を迎えた一九五〇年代、映画はほぼ二本立ての週替わりで上映されて、一九五〇年から五一年には年間約二〇〇本だった映画製作本数が、五年後には五〇〇本へと増加。予定された上映スケジュールを埋めるために娯楽作品の量産体制が敷かれることとなった。言葉の定義は一律ではなく、その意味も時代とともに変遷していったが、本書ではそのように撮影所システムにより量産された娯楽作品一般の意で用いている。

一九六〇—一九六二

ぼんち

一九六〇

喜久治

原作者 山崎豊子の嘆き

一九六〇
―
一九六二

『炎上』の公開から一年半余り経った一九六〇年四月に封切られた『ぼんち』。雷蔵にとって二作目となる現代劇である。監督は市川崑、脚本和田夏十、カメラ宮川一夫、照明岡本健一、美術西岡善信など、『炎上』とほぼ同じ布陣で製作された。

一九五四年のデビューから六年。雷蔵の出演作品はすでに六十本を超える。その中には『新・平家物語』『炎上』など印象に残る特別な作品があり、『ぼんち』もそんな一本に数えられる。

この年は、十三本の映画出演のほか、久々の大阪新歌舞伎座公演もあった。養父、市川壽海との親子共演という話題性も加わってかなり人気を博したようである。しかし、猛暑の八月。昼夜続けて同演目を三本ずつ、つまり六本すべてに主演として出ずっぱりで、二十八日間連続興行というスケジュールは、たとえ歌舞伎役者であったとしても尋常なことではない。

しかも、公演の直前まで『安珍と清姫』（島耕二監督・若尾文子共演）の撮影があり、直後には『大菩薩峠』が控えていたはず。人気俳優、市川雷蔵の過酷な仕事ぶりが見えてくる。

大映の看板スターの一翼を担う存在に駆け上がっていった雷蔵が、時折「ご褒美」として会社に強く望んだ特別な作品のひとつが『ぼんち』だった。

かねてから『好色一代男』の映画化を考えていた雷蔵は、小説『ぼんち』の連載が始まるとすぐに自ら企画を立てた。

『侍　市川雷蔵その人と芸』に寄せた山崎豊子の追悼文によれば、大映からの映画化のオファーが、雷蔵自身の強い要望によるものであったことを知った山崎が、〝雷蔵ぼんち〟を即答したと記されている。

『ぼんち』の舞台となるのは、大阪の船場という数百年の歴史を持つ特殊な街であり、雷蔵は格式のある商家特有の風習の中から生み出された主人公を演ずることになる。役作りのため、雷蔵は意欲的な姿勢を見せた。

山崎豊子の生家は、船場の老舗の商家である。当時、『ぼんち』の主人公のモデルのような山崎の実の兄が存命で、山崎を伴い花街に雷蔵を案内したという。その折の逸話も披露されている（『侍市川雷蔵その人と芸』）。

雷蔵は洋服姿だったというから、スーツにネクタイのごく普通のサラリーマンのようなスタイルだったと想像する。お茶屋に上がり、「『ぼんち』を地で行くような遊び」に興じながら、「ふと、『どうだす、ぽんた〔作品に登場する芸者の名前〕とはこんな工合でっしゃろか』と、傍らの若い妓を抱き寄せた」所作が美しくて、洋服の雷蔵が見せた、着流しの若旦那のような粋な姿に山崎は息を呑む。

その後も、矢継ぎ早に届けられる雷蔵からの注文や質問に、山崎が快く応えた様子がつづられる。たとえば、作品に出てくる新町のお茶屋に上がり、地の芸者に接してみたいという雷蔵を、兄の行きつけの店に案内し、贔屓の芸者たちを揚げたときのこと。

お座敷へ上がった雷蔵さんは、最初のうちこそ、盃を傾けていたが、すぐ芸者の着物の着付けや所作を些細に見入り、ついには芸者に帯を解かし、長襦袢の伊達〆めの締め方を見、「なるほど、お座敷着の着付けも、京都の芸者とは違いますね」と云い、さらに「小説の中の幾代が七色の腰紐を結ぶ、というあたりは、どういう工合に結びますのやろ」と聞いた雷蔵さんの芸熱心には、眼を瞠った。

（山崎豊子「雷蔵ぼんち」／『シネアルバム 市川雷蔵』芳賀書店、一九九三年）

原作者、山崎豊子の雷蔵に対する手放しの絶賛ぶりである。確かに、大阪の良き時代の名残をとどめる花街の座敷で、雷蔵が「やってみせた」ぼんちの酔態は、さぞかし美しかったに違いない。

かくして映画化始動となるわけであるが、原作者山崎豊子は、一九六〇年四月号の「時代映画」に、「ぼんちの映画化雑感」というタイトルで痛烈な監督批判を展開した。

小説『ぼんち』は上下巻で、千枚もある長編小説である。それを簡潔にまとめ上げた和田夏十、市川崑の分析力と力量に感服したと書く一方で、シナリオに描かれた「ぼんち」に山崎の「ぼんち」がまったく見られないと嘆いた。

山崎によれば、「ぼんち」とは、根性がすわり、地に足が付いたスケールの大きなぼんぼんのことをいい、たとえ放蕩を重ねても、ぴしりと帳尻の合った遊び方をする男性に対する敬愛を込めた呼び名である。船場という特殊な社会から生み出された人間像であるがゆえに、たっぷりとした豊かさと気品を兼ね備えた、大阪人の憧れの存在であって、ぼんぼんの中でも、ひときわスケールの大きな器量の優れたもののことを指すのだが、その「ぼんち」たるエッセンスが抜け落ちてしまっているというのである。

映画『ぼんち』。市川監督お得意のスタイリッシュなタイトルバックに、芥川也寸志の軽快な音楽が流れ、やがて、ビルの谷間に取り残されたような問屋街の一角に慎ましく暮らす主人公、喜久治（市川雷蔵）が登場する。放蕩の末の零落、いかにもそんな風情である。

映画と原作は別物である。だがしかし、『ぼんち』の原作者の嘆きは、もっともなことだと理解する。

映画『ぼんち』の評判は決して悪くはなく、むしろ、名作として語られる。市川崑の映画特集が組まれればラインナップに入っているし、確かに、華やかな名女優たちをずらりと揃えた見どころ満載の映像は魅力的ではある。

物語の最初、一糸まとわぬ湯上りの喜久治の後ろ姿。天花粉をたたき、仕立て上がりの肌着から長襦袢、藍大島の袷を着せ掛け、博多献上の角帯をしゅっと絹音をさせて貝ノ口に締める奥女中お時（倉田真由美）の姿にはインパクトがある。つっつっと連れ立って廊下を進む母（山田五十鈴）と祖母（毛利菊枝）の白足袋の映像も、ワクワクしながら眺めてしまうのであるが、観終わってみると、残念なことに「ぼんち」であるはずの喜久治の存在が誠に希薄なのだ。

小説『ぼんち』は、大阪の由緒ある花街で放蕩を重ねる足袋問屋の惣領息子、喜久治の物語であり、放蕩の相手となる女たちが華やかに登場する。

和田夏十と市川崑は、この放蕩にフォーカスした。権高な祖母や、家付き娘の母を含め、女たちをどう動かすか。しかも人気も実力も伯仲する女優たちが相手である。いずれも目を奪われるほど

の女優たちが妍《けん》を競う。市川崑自身の言葉で語ってもらえば、

もっともぼくは雷ちゃんより女優さんのほうにかかりっきりでね。京（マチ子）ちゃん、若尾（文子）ちゃん、玉緒（中村）ちゃん、草笛光（子）ちゃん、コーちゃん（越路吹雪）と、懸命になってあれだけ女優さんを揃えたんだから、いろいろキャラクターを生かしてやらなきゃならん。みんなそれぞれ火花を散らしているわけですよ。ぼくとしてはそれを利用すればいいんで、さして苦労はしなかったんだけど。それぞれの持ち味をどれだけ出すか、みんなそれなりの美しさがあるんで、それをどう生かすかということです。

（『市川雷蔵とその時代』）

脚本の和田夏十と市川崑監督は、千枚にも及ぶ長編小説『ぼんち』の映画化にあたり、前述の「放蕩の果ての喜久治」いわばプロローグにあたるこの導入の場面と、エピローグのような次のラストシーンを付け加えた。

「だんさんは、ぼんぼん育ちでおましたけど、根性のしっかりした男はんでしたんや。船場にお生まれでなかったら、あないに優しいお心を持っておられなんだら、立派なぼんちになれたお人やった」

つまり、〃「ぼんち」になり得なかった〃主人公喜久治の真の姿を、生涯喜久治に仕えた河内屋の上女中お時に語らせることで、ひとりの男の物語を完結させたのだ。

山崎が描いた喜久治は、「たとえ放蕩を重ねても、ぴしりと帳尻の合った遊び方をする男性」であり、「大阪の船場という数百年の歴史を持つ街と、格式のある商家の特殊な風習の中から生み出された人間像」であった。

筋のすべてを追う必要も、登場する女の数にこだわることもないが、テーマを変えてもらっては困ると、原作者の山崎が憤慨した理由がここにある。女たちの華やかなエピソードを支える「ぼんち」が不在なのだ。

登場するすべての女たちと関わる喜久治の「ぼんちぶり」がまったくと言っていいほど描かれていない。『ぼんち』を読んで「是非、映画化を」と熱望し、おそらく喜久治の役作りをさまざまに考えていた雷蔵の「やってみせる」場がなく、帳尻合わせのように登場する喜久治では残念極まりない。なんと言っても雷蔵に気の毒だった。

雷蔵自身は前出の「時代映画」一九六〇年十月号で、それまでの出演作品のすべてを語り、『ぼんち』についても自ら分析している。

原作は山崎豊子さんの評判小説で、いろいろな問題を投げかけた作品だが、シナリオでも喜久治が描けていなかったと思うし、市川監督も喜久治を中心にしていなかった。原作の面白み、ねちこさがなかったし、僕自身も、また市川監督としても失敗作ではなかったかと思う。興行的にはヒットしたが、これは、原作のネームバリウが大きくプラスしていたんでしょう。

本人が強く望んでいた作品だけに、雷蔵としても残念な結果だったろう。

それでも、スチール写真で目にする、羅紗の吾妻ゴートを羽織って、ポケットに両手を入れ、やや背を丸くして歩く喜久治の姿に「ぼんち」とはかくなる姿かと、今さらながら船場の物語に思いを馳せる。

ぼんち
喜久治

一九六〇

歌行燈

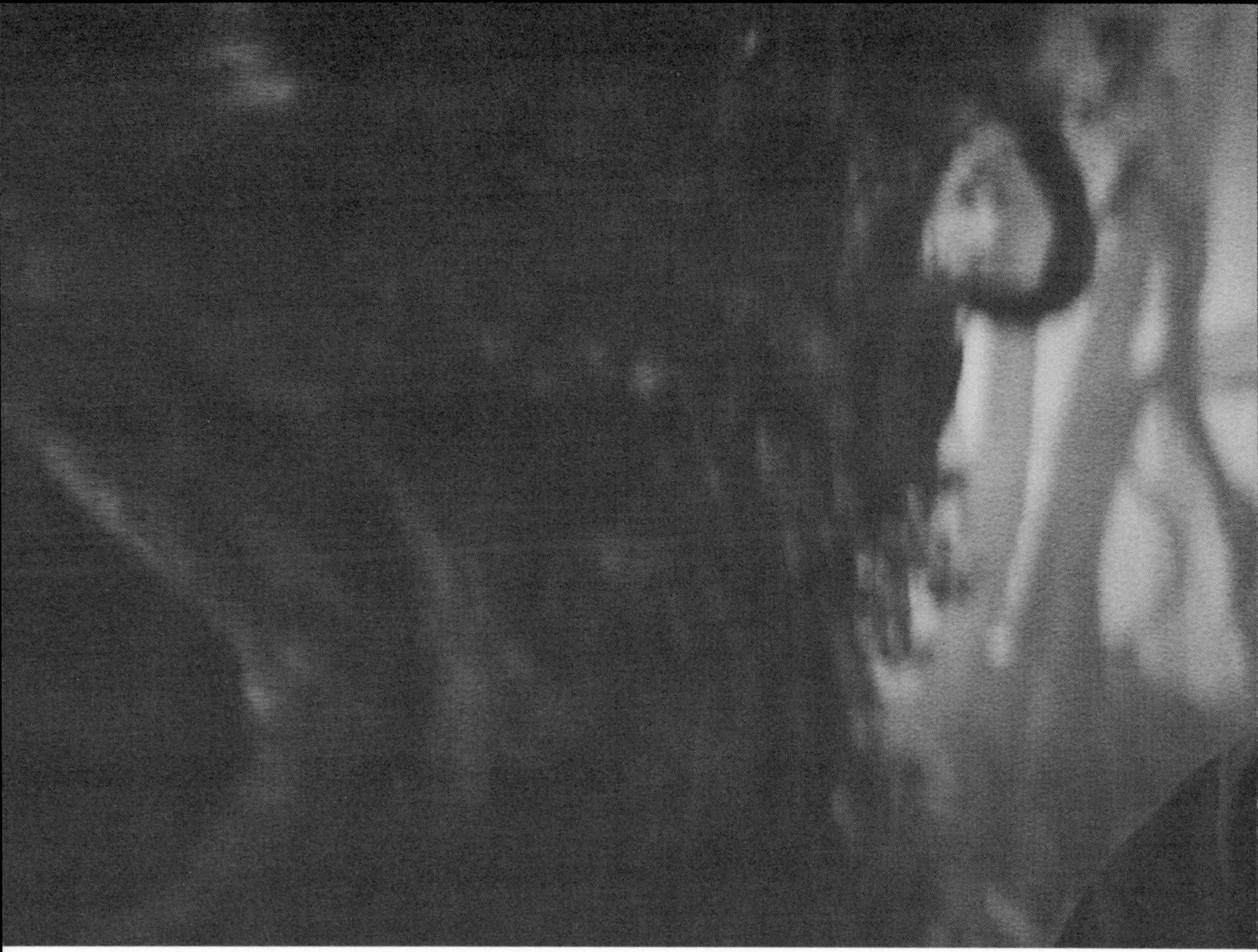

恩地喜多八

伊勢路、恩愛の物語

一九六〇—一九六二

橋掛かりから現れた赤頭のシテ。祝言の能「猩々《しょうじょう》」である。鏡板の松に「歌行燈《あんどん》」の三文字が重なって、心地よい謡と浮き立つような囃子に誘われるまま物語の舞台、明治三十年代の伊勢、山田の町へ。

衣笠貞之助監督作品『歌行燈』の公開は一九六〇年五月。泉鏡花の同名小説を、衣笠貞之助、相良準が脚色した。

スクリーンに映し出される配役の最初に登場するのは山本富士子ひとり。市川雷蔵の名前はトメ、つまり最後にある。『歌行燈』の主役は山本、雷蔵はヒロインの相手役といった役どころを演じた。

山本富士子扮する主人公、お袖。かつて按摩《あんま》を生業としていた父、宗山（荒木忍）は、玄人はだしの謡を買われて旦那衆に教えるようになり、立派な構えの家に、正妻のように振る舞う地味なりの女と色香を漂わす女、ふたりの女を同居させている。身の丈を超えて尊大に振る舞う父に複雑な思いを抱くお袖は、夜の街を流す父の手を引いた昔が懐かしい。わざと垢《あか》抜けぬ姿のまま遠慮がちに暮らした。

ある日のこと、「ごめん」と玄関でよく通る男の声。声の主は、恩地喜多八（市川雷蔵）だった。

冒頭、スクリーンに映し出された伊勢神宮の奉納能で「猩々」のシテを勤めた宗家、恩地源三郎（柳永二郎）は喜多八の父である。

宗山は、東京から伊勢神宮の奉納能に招聘《しょうへい》された家元親子のことを快くは思っていない。伊勢に宗山という謡の名人がいるというのに、何故東京からと、すこぶる機嫌が悪いのだ。稽古にやって来る弟子たちも、「先生に比べたら、恩地親子の謡など」と、盛んに宗山を持ち上げる。

父、源三郎を貶める宗山の驕《おご》った言動が耳に入れば、喜多八も面白くはない。評判の謡を是非聞かせてほしいと、身分を隠して宗山の家を訪ねた。

お袖に手を引かれ姿を見せた宗山。言葉を交わすうちに相手が関東者と知って、恩地親子の謡を悪しざまに言い、さる伯爵から「松風」の謡を当代一と絶賛されたと自慢げに続けた。もちろん、謡を聞かせる相手が、恩地喜多八であることなど知る由もない。

宗山の謡、件の「松風」が始まると、たかが一介の田舎謡曲師と侮っていた喜多八の顔色が変わる。思わず立ち上がり棚の小鼓を手に取って、謡に合わせ打ち始めるのだが、驚いたのは宗山である。目の見えない宗山には相手が何者かわからない。

只者《ただもの》とは思えぬ鼓の音に、肌が粟立つ思いで不安を募らせる。

　ふたりの一調は次第に果たし合いのような様相を示すが、程なく謡が乱れ始め、あぶら汗を滲ませた宗山は、肩を落としてがっくりと頽《くずお》れた。

　日頃、若先生と持ち上げられ、次期宗家としての自負も力もある気鋭の若手能楽師、恩地喜多八には、宗山が許せない。哀れな姿を見せて追いすがり何者かと尋ねる宗山に、容赦のない言葉を浴びせ「知りたければ東海道を上って恩地の台所からでも来るがいい」と驕慢《きょうまん》な態度のまま姿を消した。

　才走って怖いもの知らずの若者の矜持《きょうじ》が、実は諸刃の剣であることを気づかぬ喜多八の仕打ち。取り乱した宗山は庭の古井戸に落ちてこと切れる。

　宗山の憤死の真相を知った父から勘当を言い渡され、一門からも破門の身となった喜多八は、旅立つ前にせめてもと、線香を手向けるため宗山の家を訪れる。ひと目惚れのように強く惹かれながら宗山の囲われものと勝手に思い込んでいたお袖が、実は宗山の娘であることを知った喜多八。お袖もまた喜多八に思いを寄せていたものの、亡き宗山を思えば敵同士。結ばれることなど到底無理な話である。

一九六〇
―
一九六二

　お袖と喜多八の宿命的な出会いと別れ、伊勢路を廻《めぐ》る恩愛の物語『歌行燈』の幕が上がる。

　父の死後、お袖はふたりの継母から酷い仕打ちを受けて芸者に売られる。なまじ謡がうまかったばかりに惨めな最期を遂げた宗山のことを思い、三味線も唄も踊りも、習い事の一切を拒み続けるお袖。ただ美しいばかりで芸のできぬ芸者などどこに行っても相手にされず、厄介者扱いで転々と宿替えを繰り返す。一方、喜多八は幼い頃から一筋に続けてきた謡を父源三郎に禁じられ、名古屋、大阪、神戸と流れて、博多節の門付《かどづけ》に身を落としていた。

ガス灯に灯りがともり、左褄《ひだりづま》を取った芸者衆がカラコロと駒下駄の音を響かせて行き交う路地の裏手。流しの喜多八が地回りから難癖をつけられ傷を負ったところに、朋輩と座敷に向かう芸者姿のお袖が通りかかる。時を経て、ふたりが再会したのは桑名の新地である。

過ごした歳月の過酷さ、とりわけ謡を禁じられたつらさの滲む喜多八の姿を前にしたお袖。謡と仕舞、その厳しさを自分に教えてほしいと、それまで拒み続けてきた芸事へのお袖の頑《かたく》なな心に変化が訪れる。

父から禁じられた謡であるが、宗山の娘、お袖に教えることを父は許してくれよう。贖罪《しょくざい》ともなる、自分も生まれ変われるかもしれぬ。そう考えた喜多八は、お袖に稽古をつけることを誓う。

早朝、ふたりが待ち合わせたのは、鬱蒼と生い茂る伊勢神宮の神聖な森と、ひと続きであるかのような幻想的な木立の中。あたりに立ち込める朝靄《もや》にふたりの姿が浮かぶ。

喜多八がお袖に教えたのは、能「海士《あま》」の玉の段である。初心者が稽古するには、ずいぶん難しそうな曲であるが、これには原作者、泉鏡花に事情があった。十歳の折、母を享年二十九で失った鏡花にとって、亡母憧憬は永遠のテーマ。大臣藤原房前と母、海士乙女の恩愛の物語、能「海士」には、特別な思いがある。だとすれば、あえて『歌行燈』にこの曲を登場させたとしても不思議はない。

最初のうちはおぼつかなかったお袖の謡や仕舞も、一日、二日、三日と稽古を重ねて九日目。喜多八はお袖に、十日目となる翌朝ふたりの門出の舞を舞おうと約束する。

しかしその夜、門付に出た喜多八は土地のやくざに絡まれてもみ合いになり、傷害の罪で留置所に収監されてしまう。

牢に入れられていることなど知りようもないお袖には、以前から置き屋の主人から勧められている身請けの話があった。いつまでも待つという寛容な相手に、なんとか身請けの日を先延ばしにしてきたものの、主人の手前、そういつまでも待たせるわけにもいかない。帰らぬ喜多八に心を残しつつ身を裂かれる思いのお袖は、ある日、台所の隅に置かれた猛毒の砒素の入った猫いらずの袋を仕舞扇の間にしのばせ、戻らぬ覚悟で料亭湊屋に向かった。

お袖が自死の覚悟で臨んだ湊屋。幸いというべきか、この夜身請けする約束の客は、急な用事で上方に発っていた。なすこともなく立ち尽くすお袖に、湊屋の女将が声をかける。この日、芸者衆が出払って誰もいない、静かな年寄りふたりの座敷に顔を出すだけでいいからと手を合わさんばかり。お袖は、女将が続けた「お能の人らしい」のひと言に息を呑んだ。

もとよりお袖は死ぬ覚悟である。その夜の客はお能に関係の老人ふたりと聞き、喜多八と会えぬまま旅立つ前にせめて今生の思い出にと、幼い頃から喜多八が精進を重ねた能の世界に縁のあるふたりの前で、教えられた仕舞を披露する。

ふたりの客とは、喜多八の父、恩地源三郎と、鼓の名人逸見雪叟《せっそう》（信欣三）である。

舞い始めて程なく、源三郎がお袖に声をかけ地謡を申し出ると、雪叟もまた、傍らの革鞄から鼓を取り出した。

このあたりの源三郎と雪叟のやり取りのいかにも洒脱なさまが、たまらなくいいのであるが、このくだりはそのまま原作にもある。衣笠貞之助好みの科白だったに違いない。

たとえば、源三郎が雪叟の鼓に「破格のお付き合い」と恐縮すれば、「相変わらずの未熟」と雪叟。さらに雪叟が「流儀に対して失礼」と座布団を脇にのければ、源三郎もそれに習う。柳永二郎と信欣三が演じる、老能楽師と小鼓の名人ふたりが交わす科白の絶妙の間が、このシーンの格調を見事に支えた。

源三郎の地謡、雪叟の鼓という贅沢極まりない当代一流の名人を相手に舞い始めたお袖の帯の間からぽとりと、猫いらずの袋が落ちる。やがて泣き崩れるお袖。

端《はな》から源三郎はお袖が宗山の娘であることをわかっていた。ひと目見れば舞い手の心の内も手に取るようにわかる。しかも間違いようもなく息子喜多八が教えた謡と仕舞である。宵闇の彼方から、聞き覚えのある喜多八の謡が聞こえてくる。

〽あの波のあなたにぞ。我が子は在るらん父大臣もおわすらん。さるにてもこのままに。別れ果てなん悲しさよと涙ぐみて立ちしが又思い切りて手を合わせ。

謡の詞章が、喜多八の心のうちに重なった。

源三郎は座敷の障子を開け放し、亡き宗山への手向けに今一度舞ってほしいとお袖に声をかける。喜多八の父の求めに、お袖が舞い始める。

〽南無や志度寺の観音薩埵の力を合わせて賜び給えとて。大悲の利剣を額に当て龍宮の中に飛び入れば。左右へばっとぞ退いたりける

清らかな月の宵。裏木戸から現れた喜多八の姿に歓喜するお袖。感に堪えない様子で見守る恩地源三郎と逸見雪叟のふたり。

明治の情緒漂う伊勢路を舞台に描かれた、男と女、父と子、父と娘の恩愛の物語である。

雷蔵と同じ一九三一年生まれの山本富士子。初代ミス日本という鳴り物入りの大映入りは、雷蔵より一年早い一九五三年である。

一九五五年の『婦系図 湯島の白梅』、一九五八年の『白鷺』、一九六〇年の『歌行燈』、一九六一年の『みだれ髪』という泉鏡花原作の四作品の監督はいずれも衣笠貞之助。そのすべてが山本富士子主演で製作され、女形の役者出身だった衣笠監督自ら演じてみせた。

『歌行燈』の最初、父が囲う女たちに気兼ねしながら遠慮がちに暮らす主人公、お袖。正直いえば、この若い娘を演じる山本に違和感がないわけではないのだが、終章、死を覚悟したお袖には、山本持ち前の大輪の牡丹のような艶やかさにすごみが加わった。

雷蔵が演じた恩地喜多八は、いかにも都会育ちの御曹司の風情を漂わす。無地のお召しの着流しに、きりりと締めたねずみ色献上の垢抜けた様子や、黒の紋付に仙台平の袴姿の若き能楽師の姿も堂に入り「泉鏡花原作の作品に出るのも、また、いわゆる芸道物に出たのも初めてだったが、抵抗を感じないで、スムースに乗れた作品だった」（「時代映画」一九六〇年十月号）と本人が語るように、雷蔵の真骨頂を発揮した。

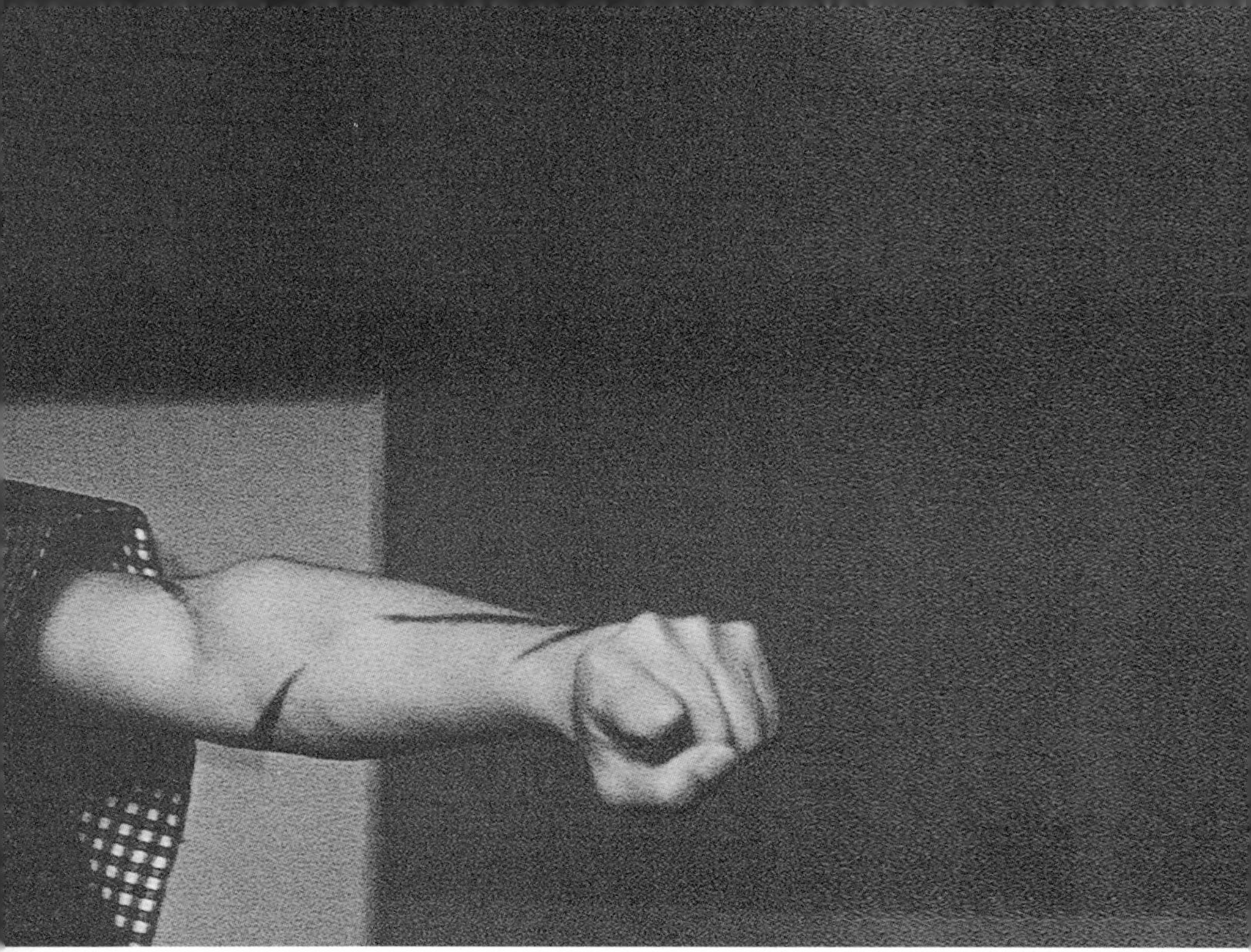

一九六〇 切られ与三郎

与三郎

市川雷蔵の「にん」

一九六〇―一九六二

江戸末期、幕府の財政立て直しに向けた天保の改革によって、庶民の娯楽に多くの制限が加えられる中、衰退の憂き目に遭った歌舞伎は、八代目市川團十郎というひとりの役者の出現により息を吹き返す。

歴代の團十郎には見られぬ面長の美貌に、えも言われぬ品の良さ、おっとりしていて愛嬌があり独特の色気もあったというのだから、團十郎目当てにやってくる婦女子たちの熱気に、芝居小屋がどれほどヒートアップしたか容易に想像できる。

その團十郎の当たり狂言となった出し物が、嘉永六（一八五三）年の五月、江戸中村座で初演された「与話情浮名横櫛《よはなさけうきなのよこぐし》」だった。ところが、江戸における成功のあと、大阪に舞台を移して迎える初日を前に、團十郎は謎の自殺を遂げてしまう。享年三十二（満三十歳）、嘉永七（一八五四）年のことである。

以来、久しく上演されることのなかったこの演目が、明治の末、十五代目市川羽左衛門の登場により復活した。八代目市川團十郎と十五代目市川羽左衛門には、ともに与三郎役にふさわしい「にん（仁）」があったと伝えられる。

「にん」とは、役者の持ち味、あるいはその役にふさわしい雰囲気とでも言おうか。生まれ持っての資質に、修錬を重ねて蓄積された芸の力で観る者を唸らせる様子や立ち姿など、そのあたりのことを指す。

「花の橘屋」とその美貌を謳《うた》われた十五世羽左衛門と、お富役の六代目尾上梅幸との共演は評判を呼び、「与話情浮名横櫛」は歌舞伎の人気演目のひとつに数えられるようになった。

記憶に残るところでは、片岡孝夫（のちの片岡仁左衛門）の与三郎と、坂東玉三郎のお富のコンビが挙げられる。つまるところ、与三郎役の思わず息を吞むような圧倒的な魅力が、物語を成立させるうえでの大事な条件となる。

三代目瀬川如皐《じょこう》によって書かれた「与話情浮名横櫛」。もともとの作品には十幕近い場面展開があるのだが、序幕の「木更津浜辺の場」と三幕目「源氏店《げんやだな》妾宅の場」の、二幕ものとして上演されることが多い。

二幕ものの「与話情浮名横櫛」の筋書はこんなふうである。

江戸の大店の若旦那、与三郎はわけあって木更津の縁者に預けられている。潮干狩りの時分、うららかな陽気にふらふらと浜を歩く与三郎の前に現れるのが、土地の親分の妾、お富である。ふたりはあっという間に恋仲となってしまうものの、やがて情事は露見して、与三郎は総身に三十四か所もの傷を負う。一方お富は入水するが、沖を通りかかった船に助けられ、囲われものとなって源氏店の妾宅で暮らす。三年後、与三郎とお富が再会したところで、「いやさこれお富、久しぶりだなあ」とお馴染みの名科白。要するに、与三郎と宿命の女、お富の恋話である。

一九六〇年七月公開の『切られ与三郎』。監督、脚本はともに伊藤大輔、撮影、宮川一夫、美術、西岡善信で製作された。

歌舞伎の演目「与話情浮名横櫛」を翻案し、木更津で出会う与三郎とお富、与三郎が総身に受けた三十四か所もの傷、妾宅での与三郎とお富の再会など、さまざまなモチーフを残しながら、まったく異なる物語に仕上げられた映画『切られ与三郎』である。監督の伊藤大輔が雷蔵に当て書きした主人公、与三郎は随所で飛び切りの美しさを披露した。

出し物の絵看板を掲げ、色とりどりの幟《のぼり》を立てた中村座のおもて。舞台で演じられているのは「明烏《あけがらす》夢泡雪《ゆめのあわゆき》」、浦里雪責《ゆきぜめ》之段である。

時折合いの手を入れながら、新内三味線を弾くのは雷蔵扮する鶴賀与三呂こと与三郎。黒御簾が降りるのを待ちかねたように「上方きっての人気女形か知らねえが、なんて大根なんだい」と遊女浦里役の女形を扱《こ》き下ろす。

大根役者相手のお勤めなんざあまっぴらとばかりに、翌日から代役を立ててほしいと太夫に願い出る。道楽が高じ舞台に上がって新内のタテ三味線を弾く、大店の若旦那の驕慢さがちらりとのぞく。

場面は変わって長屋のたたずまい。表札には鶴賀与三呂の名がある。先刻とは打って変わっておっとり構えた与三郎は、纏《まとい》印を染め抜いた藍地のお召しの粋ななりで、長火鉢の脇に横たわり盃を傾ける。

実は与三郎、名字帯刀を許された将軍家御用達の蠟燭問屋、伊豆屋の惣領養子である。与三郎が養子に迎えられたあと、跡継ぎに恵まれなかった伊豆屋に男の子が誕生する。義理堅い伊豆屋の主人が遠慮して自分に跡目を継がせようとすることを察した与三郎は、わざとぐれたふうを装って家を飛び出し、ばあや（浦辺粂子《くめこ》）とふたり長屋暮らしを続けている。

傍らでかいがいしく世話をやくばあやの坊ちゃん贔屓が微笑ましい。ばあやに返す言葉の端々に、いくら悪ぶって見せても隠しようのない与三郎生来の愛嬌が見えた。

そこに現れたのは、与三郎をお兄様《あにい》と慕う義理の妹、お金《きん》（冨士眞奈美）。父親から与三郎を連れてくるようにと言いつかって迎えにやって来た。帰ってほしいと泣きながら訴える十五、六の娘の心の内に、与三郎は気づく様子もない。

跡継ぎの一件を案じ、自分さえいなくなればと与三郎は江戸を離れる覚悟を決める。家財道具一切の処分をばあやに託し、三味線一丁を小脇に抱え、象牙の撥《ばち》を薄紫の袱紗《ふくさ》に包み懐に忍ばせて行き先も告げず旅立った。

流れ着いた木更津で出会うのが、網元の囲われものお富（淡路恵子）である。見るからに野卑で田舎者の旦那は、連夜、狸踊りのばか騒ぎ。そんな境遇にいい加減うんざりで、江戸が恋しくて仕方ないお富が、ある夜、聞き慣れぬ流しの新内を耳にする。

黒の薄物にはっとするほど鮮やかな浅葱地の帯を合わせ、衣紋をぬいた襟足に色香を漂わせるお富は、与三郎が唄う新内「蘭蝶」の口説に酔った。

さほど気の乗らぬ様子の与三郎は、婀娜《あだ》な姿で迫るお富に半ば寄り切られた体《てい》で、旦那の留守中に情を交わすことになる。

やがてふたりの関係が露見。与三郎は捕らえられ総身に三十四か所の刀傷を受けたうえ、簀《す》巻きにされて木更津の海に。女の情にほだされた与三郎が被った代償はとんでもなく大きかった。

岸辺に流れついたところを助けられるが、今度はやむを得ず巻き込まれた刃傷沙汰で人を殺め、立て札に人相書が貼られるお尋ね者の身となった与三郎。江戸に残した義妹のお金に無性に会いたくなり、三年ぶりに故郷の土を踏む。

橋の上で行商の屋台を押すばあやに「もしや」と声をかけられた与三郎は、思いもよらない伊豆屋のその後の顚末《てんまつ》、お金の輿入れの話を聞かされる。

伊豆屋の主人、つまり与三郎の養父はすでに逝き、すべてを差配するのは内儀の縁者、山城屋（小沢栄太郎）である。抜け目ない上方の商人である山城屋は、損得ずくの政略結婚を進めていた。お金の嫁ぎ先は武家といっても、何かと評判の良くない旗本。その後添いで、体のいい囲われものだという。

三年前、自分さえ身を引けばすべてはうまく収まると信じて江戸を発った与三郎であったが、ばあやが語って聞かせる現実に、捨て身でお金の縁談をぶっ潰すと腹をくくった。

伊藤大輔の脚本は、ここにお富を登場させる。伊豆屋の身代を我が物にし、娘のお金を商売の道具にと考えた強欲な山城屋。その妾となって囲われているのがお富という設定である。

強請《ゆす》り集《たか》りを装って、山城屋の妾宅に押し入った与三郎は、その妾がお富であることを知る。

「ええご新造さんへ、おかみさんへ、お富さんへ、いやさ、お富久しぶりだなあ」、頬の傷を隠していた手拭いをほどいて肩にかけ、胡坐《あぐら》になり、やがて「しがねえ恋の情けが仇。命の綱の切れたのをどう取り止めてか、木更津から廻る月日も、三年越し……」。与三郎の名科白である。雷蔵は、与三郎のやさぐれた姿の裏に大店の跡取り養子の「品」をのぞかせながら、軽やかにすっきりやってみせた。

お富にことの次第を告げ、お金の救出に一役買ってほしいと頼む与三郎。世間の表も裏も知り尽くしたお富のしたたかさに、所詮坊ちゃん育ちの与三郎など太刀打ちできようはずはない。まんまと裏切られるなんとも初心《うぶ》な与三郎である。

ばあやから与三郎が江戸に戻っていることを知らされたお金は、幼い頃から願掛けに通った神社

一九六〇―一九六二

切られ与三郎
与三郎

一九六〇—一九六二

の祠の前でお兄様を待つと、ばあやに言付ける。輿入れの日のことである。

祠の前で祈るお金。被衣《かつぎ》から薄紅色の花嫁衣裳がのぞく。すっかり娘らしく成長した姿を、身を伏せた屋根の上からさも愛おしそうに見守る与三郎。与三郎の吹く手毬唄の口笛に、気がついたお金が屋根を見上げる。

神社の界隈を幾重にも囲む夥しい数の御用提灯に、もはや逃げられぬと観念した与三郎は、お金に戻るように諭す。こんなやくざな義兄がいては、婚儀は壊れる。そうすればお金は晴れて自由の身なのだからと何度言い聞かせても、兄を不幸にして自分だけ幸せになろうとは思わないと首を振るお金。

お金がまだ年端も行かぬ幼い頃、与三郎は伊豆屋の惣領養子となった。以来、お金はいつかお兄様のお嫁さんになると心に誓って生きてきた。妹が、兄を好きになってはいけないのか。そう言われて初めて与三郎は、お金の心の内を理解するが、凶状持ちのやくざなおのれの身を思えば、お金の亭主になどなれるはずはない。ふたりの押し問答が続き、やがて、お金は自分だけ助かるつもりはないと、剃刀を咽喉にあてる。

ふたりが追っ手から逃れた先は、江戸の埋め立て地。あたりは靄に包まれ、遠巻きにするように提灯の灯りが並ぶ。

与三郎は、薄紅の花嫁衣裳に身を包んだ義妹、お金を抱き上げ海へ。与三郎とお金、ふたりの恋の成就で幕を下ろす『切られ与三郎』である。

面長の美貌に、えも言われぬ品の良さ、おっとりしていて愛嬌があり、独特の色気も備えた市川雷蔵という役者には、与三郎役にふさわしい「にん」があった。

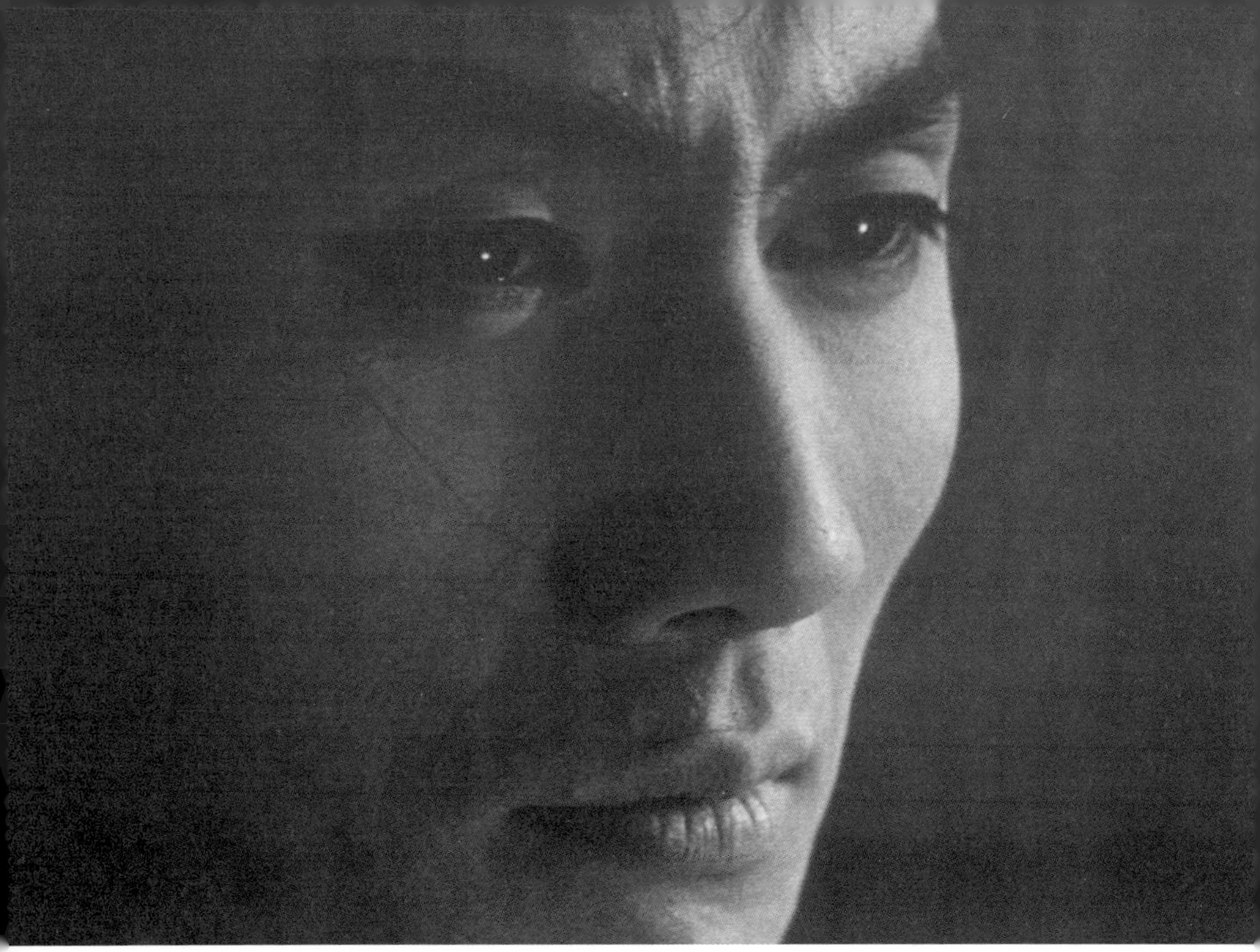

大菩薩峠

一九六〇─一九六一

机龍之助

「悪縁」とはかくなるものか

一九六〇―一九六二

三隅研次監督のもとに『大菩薩峠』の台本が届けられたのは一九六〇年の初夏。前の年一九五九年には、東映の内田吐夢《とむ》監督作品『大菩薩峠』三部作の完結篇が公開されていた。

一年に一作のペースで作られたこの作品は、内田監督の持ち味とされる骨格のしっかりした重厚な仕上がりともっぱらの評判で、主人公、机龍之介を演じた片岡千恵蔵*にとっても、戦後の代表作としてかなり評価が高い。

そんな状況の中での『大菩薩峠』のリメイクである。三隅監督が二の足を踏むのも無理からぬことだったが、すでに企画会議で決定されていることが告げられ、雷蔵自身の真意のほどはわからないが「雷ちゃんかて、やりたい言うてはります」と伝家の宝刀が抜かれた。

雷蔵はといえば、七月半ばまで『安珍と清姫』の撮影があり、そのあとすぐに大阪新歌舞伎座の八月公演（養父、市川壽海との共演の一作を含め、出ずっぱりの三作品を昼夜二回、二十八日間続く興行）の稽古が待っている。撮影所に戻るのは公演終了後の九月。猛暑の中、過酷なスケジュールをこなしていた。

さまざまな事情を抱えながら、とにもかくにも大映版『大菩薩峠』の撮影に向けて、三隅組の準備は着々と進められる。

歌舞伎公演を終えた雷蔵がようやく撮影所に現れる。げっそりとこけた頬、落ち窪んだ目には精気がない。そんな憔悴しきった雷蔵の様子が、監督を慌てさせた。

編笠を深くかぶり黒羽二重に身を包んだ痩躯《そうく》の武士が、大菩薩峠の頂上で巡礼姿の見知らぬ老人を、無残にも背後からひと太刀で斬り殺すという冒頭の凄惨なシーン。祖父に水を飲ませようと、ひとり沢に降りて水を汲んでいた孫娘の傍らに、刀の血を拭った懐紙がはらはらと舞い落ちる。着流しの黒羽二重に白く抜かれた放駒の五つ紋。理不尽にも無辜《むこ》の老人を刃にかけた武士こそ、『大菩薩峠』の主人公、机龍之助である。

歳は三十の前後、細面《ほそおもて》で色は白く、身は痩《や》せているが骨格は冴《さ》えています。この若い武士が峠の上に立つと、ゴーッと、青嵐《あおあらし》が崩《くず》れる。

（中里介山『大菩薩峠 一』筑摩書房、一九七六年）

原作者、中里介山が描いた机竜之助の不吉な影のある風貌は、皮肉にも雷蔵のやつれた姿そのもののようにも思える。

本格的に撮影が開始されたのは九月の初め。封切の日は十月半ばと決まっていた。編集、音入れなど仕上げの作業も待っている。どう計算してみても撮影に使える日数は二十日ほどしかない。

原作は、剣に魅入られた主人公、机竜之助の数奇な運命を、中里介山が三十年にわたって新聞に連載を続けた壮大な長編小説『大菩薩峠』である。

不承不承とはいえ、監督を引き受けた三隅は美術の内藤昭とともに、物語の展開から説明的な要素を大幅に省略して、時間軸さえも無視してしまうというかなり挑戦的な作品作りを敢行する。

三隅研次の評伝『剣　三隅研次の妖艶なる映像美』には、一か月の歌舞伎公演を終えて撮影に臨んだ雷蔵が、科白も演技も大仰になって監督を困惑させたと書かれている。しかし、雷蔵が過酷なスケジュールの間隙を縫って作り上げた机龍之助の様式美こそ、三隅、内藤コンビの大胆な絵作りにふさわしい男の姿である。黒羽二重の着流しですっと立った雷蔵の龍之助に、ご両人は間違いなく大きく頷いたと確信する。

眉根を寄せた太い眉に口角を下げてへの字に結んだ口元、ぐっと顎を引いて発声する科白の言い回しなど、雷蔵は、数多い出演作の中でもとりわけ強烈なニヒリズムを感じさせた。


『大菩薩峠』三巻のうち、第一巻と第二巻『竜神の巻』を監督した三隅研次は、その直後、『釈迦』の監督に指名される。大映が総力結集で挑んだ七〇ミリ超大作である。

永田社長から直接オファーを受けた三隅にはためらいもあったようだが、結局カメラの今井ひろしや美術担当の内藤昭など、『大菩薩峠』の主要スタッフ全員を引き連れて『釈迦』の準備に取りかかる。


市川雷蔵主演の『大菩薩峠』といえども、当時量産されたプログラムピクチャー、娯楽作品という枠内で製作された作品である。結局、三作目『完結篇』は森一生がメガホンを取った。

第一作目は一九六〇年十月十八日、第二作が十二月二十七日、完結篇が翌年の五月十七日と、ほぼ七か月の間に、大映版『大菩薩峠』は相次いで公開されている。

タイトなスケジュールの中、ふたりの監督により製作された三本である。統一感にも、作品の完成度にも不満がないわけではない。

それでも、大映版『大菩薩峠』に心揺さぶられてしまうのは、痩躯の雷蔵が体現した龍之助の「虚無」と、出会った女との凄まじい「悪縁」が全編を支配するからだ。『完結篇』のラスト、離れ離れのまま会うことの叶わぬひとり息子、郁太郎の名を呼びながら、笛吹川の濁流にのまれる盲目の龍之助。ひとかけらの救いもない壮絶なドラマとしての魅力は十分にあった。

一年に一本ずつ丁寧に製作された東映版『大菩薩峠』をあらためて観返してみる。

要所要所に配された俳優陣も素晴らしく、いかにも重厚な作りで、セットも恐れ入ってしまうほど立派なのだが、昔、子供の頃に観た時代劇の懐かしいにおいに溢れている。五十代半ばで、やや中年太りの片岡千恵蔵がもったいぶった様子で演ずる龍之介の独特の科白の間、いわゆる「タメ」が気になってしかたない。言い換えれば、大時代的すぎて少々古くさく感じてしまうのである。そういえば、昔見た時代劇の名優と呼ばれる役者さんたちは、みなおしなべて独特の「タメ」を効かせた科白回しで見得を切った。

つまり、特にチャンバラ映画のファンというわけではない私にとって、残念ながらグイッと摑まれる要素が見つからないのだ。

ところが、大映版『大菩薩峠』には、公開から半世紀を超える時を経てもなお、心を鷲摑みにされる「何か」、その確かな手ごたえがあった。

それが、三隅研次と美術の内藤昭が意図的に作り上げた虚構の中で、市川雷蔵が見せてくれる時代を超越した「龍之助という存在のリアリティ」なのだと気づかされる。

『大菩薩峠』、とりわけ第一巻、最大の見どころは、雷蔵が冷たい血を通わせた龍之助とお浜という女の間で交わされた、「究極の会話劇」である。

当初、お浜役にキャスティングされていた山本富士子が、物語冒頭のシーンで龍之助の刃を受けた老人の孫娘、お松の役を望んだことから、急遽山本に代わって中村玉緒がお浜役に起用される。山本富士子よりも八歳年下の玉緒は、撮影当時二十一歳の誕生日を迎えたばかり。顔立ちの幼さもあって、『大菩薩峠』の陰の主人公ともいうべき深い業を背負った武家の女を演じきれるものか、監督をはじめ関係者はみな一様に不安がった。

ところが、大方の予想をはるかに上回る玉緒の「お浜」の仕上がりがすごかった。手ごたえのある相手役を得ることが役者にとってどれほど幸運なことか。密かに快哉《かいさい》を叫んだのは雷蔵だったはずである。

その結果、内藤が作り上げた空間で対峙する龍之助とお浜。三隅の演出が冴えた。

日本間の空間は水平垂直の構成で、畳と天井の間に壁があり、襖や障子がある。床と天井は固定されたまま、建具は左右に開くが平面のままの移動である。

そんな空間に、群れる鴉を描いた六曲片双の屏風や、蝙蝠桐《こうもりぎり》の文様が玉虫色に光る屏風や衝立が、突飛とも思えるほどの自由さで置かれると、水平垂直の均衡が崩されて、何やら不吉な予感に襲われる。美術の内藤昭と三隅研次が狙った効果は十二分に発揮された。

龍之助とお浜（時にお浜の夫、文之丞）は、そんな不吉な空間で向き合った。

龍之助とお浜が最初に出会う場面。アップと引きのメリハリをきかせ、冷徹な龍之助とお浜の強烈な個性を際立たせた。

一九六〇―一九六二

端午の節句の日、御嶽神社で行われる奉納試合。龍之助の組試合の相手は、お浜の夫となる宇津木文之丞（丹羽又三郎）に決まった。ともに甲源一刀流の流れを汲むふたりではあるが、文之丞には、龍之助の太刀先に刃向かう腕など到底ない。お浜にしてみれば、とてもじっとなどしていられるものではなく、思いあまって龍之助のもとを訪ねる。

お浜は、甲州八幡村のさる家柄の娘。幼い頃から何かにつけて口を出す才気の勝った女であり、何事によらずお嬢様と立てられてきた。宇津木の家に縁付いてからも、慎ましく後ろに控えているなどということができず、文之丞の窮状を救おうと、いわばしゃしゃり出たというところである。

お浜は美人の誉れも高かったとみえ、身にまとう間着の雲間に菊の文様や、朱色の地に平銀糸を光らせて秋草を織り出した丸帯、しごきの色味に至るまで吟味を重ねた様子。娘らしく華やかに島田を結い上げ、男の眼に映るおのが姿を十二分に知る高慢な様子をのぞかせる。

スクリーンに大写しになる龍之助とお浜。ほとんど表情を変えず蒼白い顔で彫像のように座る龍之助を前に、最初は矜持を見せていたお浜が次第に頬を紅潮させる。

身悶えするばかりのお浜の懇願に少しも表情を変えず「剣を取って向こうときは、親もなく子もなく、弟子も師匠もない。刎頸《ふんけい》の友といえども試合とあらば不倶戴天《ふぐたいてん》の敵と心得て立ち向こう」龍之助の武道の覚悟である。いかなることがあろうと、龍之助には、試合の相手に手心を加えることなどありえない。

「それはあまりにお強い。人情知らずと申すもの」とお浜。「武術の道も女の操と同じこと。たとえ親兄弟のためとはいえ操を破るはおんなの道ではあるまい」龍之助は傲然と言い放つ。

「それとて、親兄弟の生命にかかわるときは」なおもすがるお浜に、「そのときは操を破ってもよいか」。龍之助は蒼白い顔に残忍な笑みを浮かべた。

両の眼に溢れる涙に悔しさをにじませたお浜は帰路に就くのだが、その途中龍之助に謀られて水車小屋で辱めを受ける。「悪縁」とはかくなるものか。龍之助とお浜の流転が始まる。

御嶽の試合の日。激しい遺恨にとらわれたまま文之丞は試合に臨む。審判の「分け」の合図も耳に入らず突きに出た文之丞は、瞬時に交わした龍之助が額に打ち込んだ一手であえなく果てる。

夫殺しの憎き仇であるはずの龍之助の、何者にも負けぬ強さに惹かれていくお浜。このあたりのシーンには、一九二〇年代ドイツ表現派の映像の影響を感じさせる、無彩色の寒々とした森が用意された（内藤昭『映画美術の情念』リトル・モア、一九九二年）。内藤昭の独壇場である。

故郷から追われるように出奔したふたり。その後の江戸の暮らしの一部始終をまるで「私小説」のような執拗さで描いた場面は、無惨でひりひりするような痛ましさがあった。

ふたりは、芝新銭座にあった江川太郎左衛門邸の長屋で暮らす。江川の家は、明治維新まで相模、伊豆、駿河、甲斐、武蔵の天領五万四千石の代官を勤めた家柄である。

『幕末史』（半藤一利、新潮社、二〇〇八年）には、騒然とする江戸末期、儒学者であった佐久間象山が儒学と決別し、江川太郎左衛門の塾に入って、大砲の製

造を学んだという記述がある。洋学を導入するなど、進歩的な人物だった江川の家が、龍之助やお浜の故郷である甲斐、武蔵の代官であったという史実や、懐の深そうな当主の人柄から、人目を忍んで暮らす龍之助たちの住まいとして作者の中里介山がこの人物所有の長屋を選んだことも腑に落ちる。

塀の外へ一歩出れば、目まぐるしい変化を遂げようとしている幕末の江戸。社会と隔絶した日々を送る日陰者の夫婦、龍之助とお浜の「救いようのない会話劇」の舞台は、美術も衣裳も周到に整えられた。

三隅研次は、溝口作品などで衣裳考証に優れた足跡を残す上野芳生を敬愛したと伝えられる。三隅の尋常ではない衣裳選びのしつこさは、しばしば製作スタッフを辟易《へきえき》させたというが、お浜に着せた三組のきものの取り合わせは秀逸である。

きものに帯、帯揚げ、帯締め、半襟、裾まわし、しごきの色にも、上野芳生を強力な援軍として三隅がこだわり抜いた跡がありありと見える。

三隅監督のもと、内藤昭が独創的な絵作りに使った屏風の、桐の意匠のほとんどは蝙蝠桐である。周囲の壁も襖も陰鬱な墨色の濃淡が支配して、光を受けた桐の紋が小さな生き物のように浮かぶ。息子郁太郎の玩具、でんでん太鼓の巴の赤や、張り子の犬に彩色された泥絵の具の色が、目に突き刺さるような鮮やかさを見せた。

龍之助はといえば、江川邸の見回りや足軽風情に剣術を教える日々。生来が権高なお浜である、そんな龍之助の体たらくに付き合うために江戸までやって来たわけではない。龍之助との間に子までなしたわが身を思うと、はけ口は見つからず、不満が腹の中で小さな醜い蛇のように次第に数を増す。やり切れぬ思いは龍之助にしても同じことなのだが、その夫の神経を逆なでするような悪意に満ちた言葉ばかりがお浜の口からこぼれ出る。

お浜は倦《う》んでいる。何ものにも負けぬ強い龍之助はもはやいない。目の前の夫の姿に我慢がならないのだ。

端午の節句に、鯉幟も立ててやれず、武者人形のひとつも買ってやれない。それもこれも因果応報と考えれば、龍之助ひとりが悪いわけではない。龍之助から、身を誤ったのはお浜ばかりではない、所詮は悪縁と諦められぬものかと言われれば、悪縁なら悪縁のように少しは浮いた華やかな暮らしあるものをと、愚痴は際限なく続く。そのうえ、文之丞と添っていれば、今となっては文之丞が恋しいとまで言う始末。どこまでも女は魔物である。

宇津木文之丞には兵馬（本郷功次郎）という弟があり、龍之助を兄の仇と追っていた。ある夜、したたかに酔って帰った龍之助に、お浜がいつもの繰り言を浴びせかける。留守の間に届けられた兵馬からの果たし状を手に、いっそのこと兵馬に討たれてほしい、自分も郁太郎を道連れに自害すると詰め寄る。

一九六〇—一九六二

「兵馬はわしが殺す」眉ひとつを動かすことなく言い放つ龍之助。物語はぐらりと修羅場に向かう。

太刀懸けから刀をつかんだ龍之助が残忍な男の顔に変わる。火が付いたように激しく泣き出す郁太郎。ほどけた丸髷を振り乱し戸外に逃げるお浜を龍之助が執拗に追う。

内藤は松林を思い切りデフォルメして心象風景のような世界を作り上げた。黒々と不気味なほどのうねりを見せる土塀に並ぶ瓦が、巨大な蛇のうろこにも見える。

いくら逃げようと所詮は女の足。捕らえられたお浜は龍之助の一太刀で無残な最期を遂げる。

『大菩薩峠』第一巻に収められた、龍之助とお浜の、耳を塞いで目を覆いたくなるほどの愛憎のドラマに心底痺《しび》れた。

＊　主人公の名前の表記は、原作では「机竜之助」、東映版では「机龍之介」、大映版では「机龍之助」とされており、本稿でもその表記に準じた。

大菩薩峠
机龍之助

一九六一
濡れ髪牡丹
八八瓢太郎

清見潟のおもん、瓢太郎に惚れる

一九五四年に映画界入りした雷蔵の最初の出演作『花の白虎隊』にチーフ助監督として参加した田中徳三は、『白虎隊』以降も初期の雷蔵作品で助監督をつとめた。池広一夫監督同様雷蔵とは忌《き》憚《たん》なく意見を交わし合う、言わば同志のような存在だった。

雷蔵のフィルモグラフィにずらりと並ぶ出演作の中に、「ゲスト出演」の文字が添えられたいくつかの作品がある。

一九五八年の年末に公開された田中徳三の初監督作品『化け猫御用だ』。雷蔵が「ゲスト出演」した折のエピソードが伝えられる（田中徳三「巨匠とプログラム・ピクチャー」／『市川雷蔵とその時代』）。

日頃から親しい間柄の田中徳三の監督デビューである。雷蔵は、「ようやく一本撮れることになったんだから、お祝いに『ちょっと出ようか』」田中に声をかけた。

思いがけない雷蔵からの申し出に、せっかくだからと田中はワンカットの芝居を考えた。ほんのちょっとの出番とはいえ、見る人が見れば雷蔵とわからぬはずがない。当然のことながら会社のお偉方の知るところとなった。

「大スターを断わりもなく何という使い方をするんや」と大目玉を喰らったというが、茶目っ気たっぷりな雷蔵と新米監督、ふたりの関係を想像してしまういい話である。

田中は「初めての演出は私にとっても毎日が恐怖の連続である。そんな私に雷ちゃんの出演は、力強い元気づけであり、惑乱中の私にやっと気楽さが戻ってきた。思いがけない好意以上のものを、私は意識した」と語る（『映画が幸福だった頃（田中徳三映画術）』JDC、一九九四年）。『化け猫』の翌年、一九五九年公開の『お嬢吉三』から、一九六八年公開の『眠狂四郎女地獄』（二〇六頁）まで、田中監督による雷蔵作品は十五本を数える。

一九五八年にスタートした『濡れ髪』シリーズ全四作のうち、田中徳三が手掛けたのは二作目の『濡れ髪三度笠』と四作目『濡れ髪牡丹』の二本。傑作と高い評価を受ける『濡れ髪牡丹』は、一九六一年二月に公開された。

この時期の雷蔵はといえば、前年の暮れに封切られた『大菩薩峠　竜神の巻』で机龍之助の虚無を演じ、その直後の『花くらべ狸道中』では、共演の勝新太郎とともに、茶髪の狸の青年役でコミカルな姿を見せた。

『大菩薩』の公開日は十二月二十七日、『狸』はわずか一週間後の一月三日である。当時、珍しいことではなかったのだろうが、二本の現場を掛け持ちし、大忙しで扮装を変える雷蔵の姿が浮かぶ。

いわゆる明朗時代劇の三尺もの『濡れ髪牡丹』のすぐあとに控えていた作品は、雷蔵が映画化を心待ちにしていた、井原西鶴原作の『好色一代男』である。雷蔵は女人を求め諸国行脚する主人公、世之介の、呆れるほどのはじけぶりをスクリーンで見せつけた。

前年の暮れから翌年三月末まで、たった三か月のラインナップを眺めるだけでも、さまざまなタイプの主人公をやすやすと（雷蔵自身には、決して人に見せぬ周到な演技プランがあったに違いないのだが）演じる雷蔵の力に驚かされる。

濡れ髪牡丹
八八瓢太郎

『濡れ髪』シリーズの中でも断然面白い『濡れ髪牡丹』である。

映画界入りから数えて七年目の雷蔵は、股旅姿も堂に入ったもので、主人公の瓢太郎を楽しそうに演じる。

多くの作品に衣裳担当として参加した萬木利昭が証言する雷蔵の三尺もののこしらえは、身巾を狭く仕立て、胸を広く割らず粋に着るというもの。その姿のまま、どれほど激しい立ち回りを演じようが、少しも着崩れることなく、いつも雷蔵独特の品を漂わせていたと語る。

京マチ子が艶やかに演じるのは、清見潟のおもん。父親から譲られた一家を差配して、三千人もの子分を束ねるやくざの女親分である。女だてらにやくざ稼業を続け、何かといえば「ねえちゃんよお！」と頼りのないことこの上なしの実の弟（小林勝彦）には、「やくざなんざあ、人間の屑だよ」と跡目を譲る気はさらさらない。

そうなれば悩みの種は後継者、つまり自分の婿選びが急務になる。思案したおもんは亭主選びのため、花婿募集にいくつもの難関を用意した。

おもんが思い描くのは、「光源氏のようにいい男で、義経や頼光のように頼もしく、弁慶のように逞《たくま》しく、菅原道真のように学があり、近松のように酸いも甘いも嚙み分ける」そんな非の打ちどころのない男である。

そんな男、どこを探したっていそうもないのだが、あわよくば清見潟の跡目が相続できるとあって、関八州の腕自慢が引きも切らずに押し寄せた。

剣術のみならず、算術、読み書き、行儀作法など、難関突破は至難の業。清見潟の暖簾《のれん》を意気揚々とくぐった「猛者」たちは、揃いもそろって端から玉砕、哀れな姿で放り出された。

おもんを演じた京マチ子は一九二四年生まれ。一九三一年生まれの雷蔵より七歳上の当時三十七歳である。前年公開された市川崑監督作品『ぼんち』で共演した雷蔵は、京マチ子の顔立ちを観音菩薩のように整った美しさと称賛する。

哀れな姿で放り出される男たちに続いて颯爽《さっそう》と登場した雷蔵扮する瓢太郎の姿に、観る者はおもんが思い描く男を投影して物語の展開に期待する。

京マチ子は、一分の隙も見せず体を張った女親分の近寄りがたさと、突然現れた瓢太郎への恋情を抑えられぬ女心を、観音様のような美しい顔に同居させた。

一家を背負った女主人公は絶世の美女。一見男嫌いと勘違いされるほど難攻不落の鉄の女と見えて、実は理想の男の出現を夢見る可愛らしさを秘めている。

そんなおもんの前に現れるのが、理想の男の条件をすべて兼ね備えた心憎いほどにパーフェクトな男である。しかも明らかにおもんより若い。コメディタッチの恋愛ものも得意技の雷蔵であるが、『濡れ髪牡丹』の主人公、瓢太郎はとりわけチャーミングである。

女は年上、人生さまざまな局面を経験している。大所帯を仕切っている自負もある。いくら惚れたからといって、素直

濡れ髪牡丹
八八瓢太郎

におのれの心を打ち明けるには、幾重にも鎧のようにまとうプライドが邪魔をする。

それでも、紆余曲折の末にめでたく結ばれた途端、鉄の女が思いもよらぬ可愛らしい恥じらいを見せる。こんな展開、昨今の連続ドラマにもありそうではないか。

溢れるようなおもんの思いを、余裕を見せて受け止める瓢太郎の色っぽさもなかなかのものだったが、それにしても、京マチ子の魅力には恐れ入る。

屈強な男たちを向こうにまわし、素足に日和下駄を突っ掛けた足運びの粋さといったら脱帽もの。藤色の蛇の目の柄から、仕込み刀を抜いて構えた姿には思わず拍手をしてしまう。

この映画を観終わったときのなんともいえない爽快感の理由は、全編を通して貫かれた小気味よいリズムなのだと思う。田中徳三の演出には、説明的で無駄な画《え》をいっさい拒否するという決意が感じられた。時折アップになってスクリーンに映し出されるおもんや瓢太郎の表情には、田中監督の演出意図を受け止めて演じて見せる優れた演技力があった。現場はさぞや楽しかったに違いない。

『濡れ髪牡丹』は、田中徳三の傑作ラブコメディである。

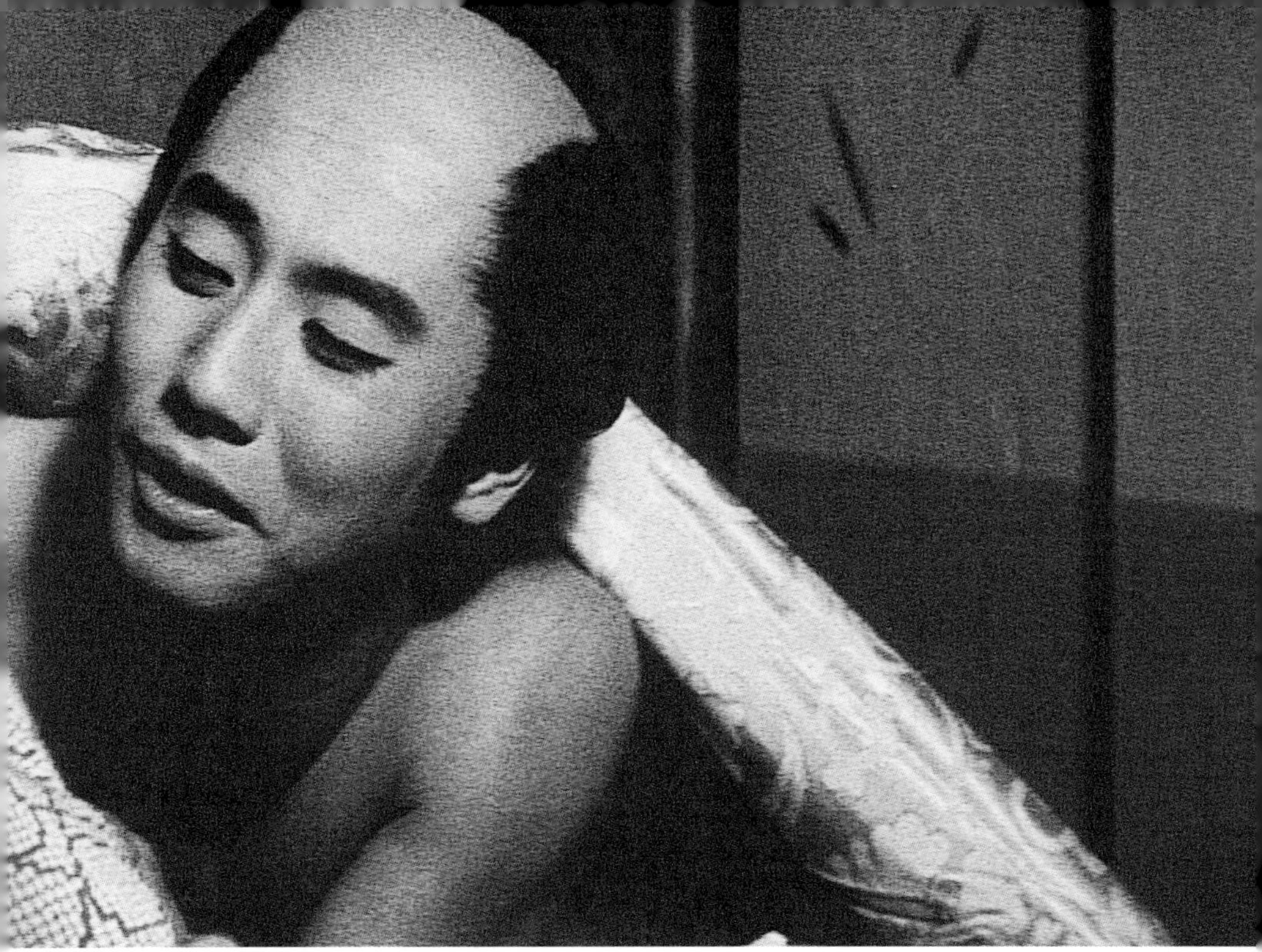

好色一代男

一九六一

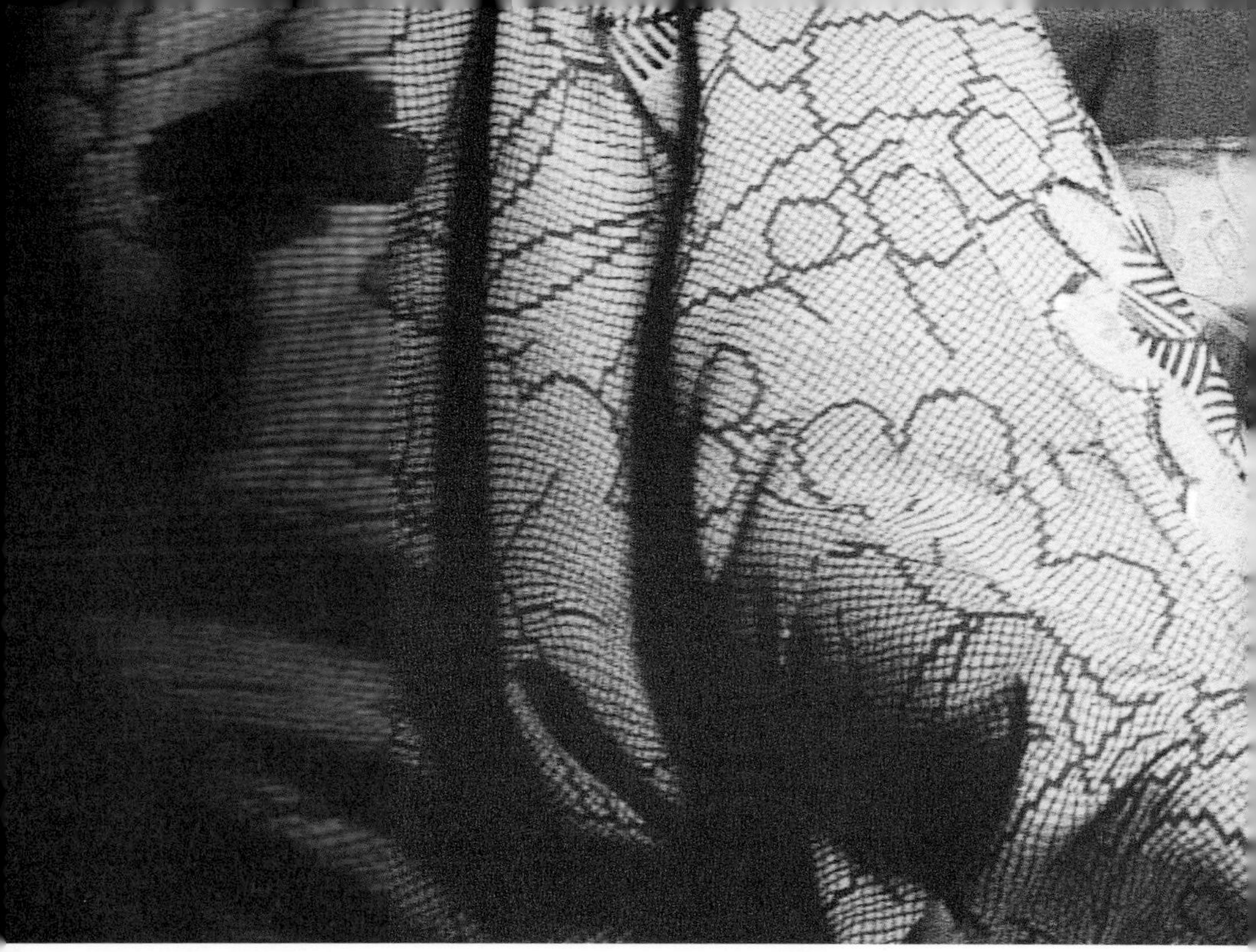

世之介

フェミニスト世之介、諸国を行脚する

一九六〇―一九六二

市川雷蔵の後援会誌「よ志哉」（一九五九年四月）に掲載されたエッセイ「私の好色譚」に、「実はちかぢか、私が映画でこの『好色一代男』をやることになり……」と、雷蔵が映画化を熱望した西鶴作品に触れた一節がある（『雷蔵、雷蔵を語る』）。

何事によらず研究熱心な雷蔵である。しかも自身が望んだ企画であればなおのこと、前年から撮影の合間をぬっては資料にあたり、西鶴文学の第一人者である早稲田の暉峻《てるおか》康隆教授や京大の野間光辰教授のもとを訪れ、日夜研鑽を重ねて「いっぱしの好色学者」になったようだと上機嫌な様子で語る。

一九五九年に出演した映画は年間で十四本。前年の一九五八年には、雷蔵にとって大きなターニングポイントとなった作品『炎上』を含め十五作品が公開されている。

次から次へと続く撮影の現場に、雷蔵はいっさい台本を手にすることなく臨んだと伝えられる。国宝金閣寺に放火した坊主頭の青年に扮した『炎上』と並行して、山本富士子と共演した美男剣士もの『人肌孔雀』を撮っていたという信じられないような話もある。当時の雷蔵の過密なスケジュールは想像をはるかに超える。

没後、追悼本に寄せられた関係者の言葉から、わずかな休みを見つけては上京し、日比谷の帝国

ホテルを定宿に映画や舞台に足しげく通ったり、親しい友人たちとの交流も欠かさなかったという「貪欲」な雷蔵の足跡が浮かび上がる。

一九五九年五月の後援会誌では、盲腸をこじらせて、手術入院した日々を振り返る。休んでいて何もせずに過ごすつらさに比べたら、「忙しくてぶっ倒れそうになっていても」、仕事をしていたほうがずっと楽しいと綴り、さらにこんなふうに続けた。

こうした忙しい中からも、時あるごとに企画についても積極的に働きかけていますが、そうした努力が実を結んだ時の嬉しさは、何物にも換えがたいほどです。

去年の『炎上』がそうでしたし、また去年の終わりごろからさかんに働きかけていた『好色一代男』も今度、いよいよ本格的に会社のスケジュールにのるようになり、増村保造監督の手でこの夏から秋にかけて撮影されることが決定しました。ですから、今の私は、ちょうど子供の時と同じように、早く秋にならないかな、と心待ちに待ち焦がれている次第です。（前掲書）

雷蔵の盲腸炎の発症は、一九五七年四月に公開された『源氏物語　浮舟』の撮影中のこと。撮影の終了を待って手術を受け、十日ほど入院。術後の養生も十分でないまま、再び、過酷な日程で次回作『二十九人の喧嘩状』の撮影に参加している。

入院生活のことはさておき、一九五九年の夏から秋にかけて、『好色一代男』が撮影されることが決まっていると書かれた箇所が気になった。

もし仮に、夏から秋に撮影ということであれば、その年のうちに公開されそうなものだが、一九五九年に封切られた雷蔵映画十四本のうちにこのタイトルは見当たらず、翌六〇年のラインナップにも入っていない。
どんな事情があったのか、今となっては調べる手立てもないが、雷蔵が「子供のように」待ち望んだ『好色一代男』の映画化は、おそらく会社サイドの何らかの事情によって延期を余儀なくされた。

製作が開始されるまでの紆余曲折を経て、雷蔵待望の『好色一代男』が公開されたのは、一九六一年三月二十一日。監督を増村保造、白坂依志夫が脚本を書き、村井博が撮影を担当した。当時大映は、京都と東京に広大な撮影所を有し、現代劇は主に東京撮影所、時代劇はもっぱら京都で撮影され、俳優も監督も、それぞれ東西に分かれて籍を置いた。

東京大学法学部を卒業した増村保造は、一九四七年、大映に助監督として入社後、東大文学部哲学科に再入学。一九五二年にはローマの映像実験センターに留学し、フェデリコ・フェリーニやルキノ・ヴィスコンティに学んだあと、帰国して溝口健二や市川崑作品に助監督として参加している。大映のプロデューサーとして数多くの映画製作に携わった藤井浩明は、増村のフィルモグラフィの解説で、第一回監督作品『くちづけ』について、「増村の出現は、大映東京撮影所でも画期的な事件であった。〔略〕年功序列の淀んだ助監督部内で光彩を放った」と語る（『映画監督　増村保造の世界』ワイズ出版、一九九九年）。

増村が、シナリオ界に新風をもたらした脚本家、白坂依志夫と組んだ最初の作品は一九五七年の『青空娘』、同年の『暖流』、翌一九五八年『巨人と玩具』と続く。『巨人と玩具』の原作は、華々しくデビューしたばかりの開高健。製作の布陣にも新進気鋭の若き才能たちが結集し、高い評価を受けたが、興行的には成功と言いがたかった。

巨匠たちが意欲的な作品を次々と製作していた時代である、新人監督が「キネマ旬報」のベストテン入りするのはなかなか難しいという状況の中で、増村作品『巨人と玩具』はランキング十位入りと健闘。因みに同じ年、雷蔵主演の市川崑作品『炎上』は四位に選ばれている。

雷蔵が『好色一代男』の映画化実現に向けて行動を開始したのは、前述の通り一九五八年の終わりである。しばしば鋭い嗅覚を発揮する雷蔵が、増村・白坂コンビの台頭を見逃すはずはない。前述の藤井浩明によれば、「東京撮影所の増村保造に注目していた雷蔵は、念願だった西鶴の『好色一代男』を、増村、白坂の現代劇コンビに頼んで来た」という（前掲書）。東京撮影所で現代劇を撮っていたふたりにとっては初めての時代劇挑戦だった。

シナリオの第一稿が上がると、雷蔵からさまざまな意見が寄せられたと、雷蔵の追悼本に白坂依志夫が書いているが、同世代の監督や脚本家と、西の言葉で闊達に意見交換を重ねる雷蔵の姿が目に浮かぶ。

「好色一代男」のシナリオの第一稿があがったあと、氏はさまざまな意見をのべたが、それはすべて、自分の役を少しでも良くしようという単純なエゴイズムから発想されたものではなく、作品全体を、より深いものにしようとする巨視的な発言だった。私は内心、舌をまき、この男は今に、途方もない大物になるぞ、と思った。俳優の器からはみだした何かが、感じられた。

（白坂依志夫「その人の光と影」／『侍　市川雷蔵その人と芸』）

かくして『好色一代男』が動き出す。幼くして性に目覚め、遊んだ遊里は数知れず、ついには、好色丸なる船を仕立て女護島へと旅立った主人公、世之介を雷蔵が演じた。

一般社会の恋愛をきびしく規制した反面、遊廓制度を安全弁として幕府は公認し、道徳の圏外においた。しかもその世界は身分制度の圏外にあり、浪費の自由もあったので、政治に関与できない町人階級のエネルギーと経済力は、一六六〇年前後からそこを自分たちの社交場化するにいたった。そして特に島原・新町《しんまち》を擁《よう》する上方では、和歌・俳諧・茶の湯・香道・能狂言など、教養ゆたかな上層町人が、これまたゆたかな教養を身につけた最高位の太夫《たゆう》を相手に、粋といい色道という遊興の美学を生み出したのである。それは町人大衆にとって手のとどかない世界ではあったが、町人にとっての可能性であり、見はてぬ夢であった。

（『現代語訳・西鶴　好色一代男』暉峻康隆訳注、小学館、一九九二年）

西鶴が「好色一代男」を書いた時代の社会的背景である。物語の中、世之介は、「金銭にとらわれない鷹揚《おうよう》な精神、暴力や権力に屈しない意気地（張り）、何よりも情を重んずる心、優雅な挙措《きょそ》、ゆたかな美的教養、そういう粋の本質を演出する主人公」（前掲書）として描かれている。

映画化にあたって、世之介が情を交わした驚くべき数の女性たちとのエピソードは、増村、白坂、雷蔵の三人の間で重ねられた鼎談の成果か、見事な手さばきでコラージュされた。

タイトルバックに映し出される浅葱の地に、銀泥の波の文様。オーケストレーションされた軽快なテーマソングが流れ、中央に、世之介の諸国行脚の道筋が示された日本の古地図が浮かび上がる。

主人公、世之介は両替商但馬屋の跡取り息子である。

上方商人の心意気を伝えるはずの但馬屋の白麻の軒下暖簾には、両替の文字と並んで宝袋の紋が染められているものの、垢じみて何やら情けない。外から戻った世之介の父、夢助が大暖簾を分ければ、左右にめくれた暖簾の裏の大きな継ぎが丸見えで、主の吝嗇を匂わせる。

世之介とは似ても似つかぬ父、夢介に扮したのは、『大阪物語』で凄まじいまでに金銭への執着を見せつけた中村鴈治郎。ここでもまた、一粒の米が落ちていても使用人を問い詰め、拾って口に入れることも辞さないけちん坊ぶりを好演する。

口煩《くちうるさ》い夫に逆らうこともせず、洗い晒した粗末な雪華紋のきものに別珍の衿を重ね、身をかがめて繕い物をする倹しいなりの母、おゆう（滝花久子）。幼い頃から世之介が心を痛めた、苦労ばかりで楽しい思いなどしたことのないこの母への憐憫《れんびん》が、世之介のその後の人生を決定付けた。

世之介が登場する。昼間から逢瀬を繰り返し人目を憚《はばか》る相手は、年増の後家である。世之介の遊び仲間の放蕩息子（大辻伺郎）たちに囃《はや》し立てられ、もはや潮時と退散する女を世之介が誠に情けない様子で追いかける。お前が一生懸命尽くしたって所詮慰め者じゃないかと、仲間たちから揶揄されても、

「それでええのんや、本望や。おなごが一時でもうれしなってくれたら、わしも嬉しいのや。おなごは可哀想なもんやで、うちのお母ちゃんがええ証拠や。何の喜びも楽しみもない。そやから、わしは小さい時分から、日本中のおなごを喜ばしたろうと決心したんや……」

雷蔵のへらへらぶりには驚かされるが、物語が進むにつれて、この男、なまなかな女たらしなどではなく、その精神には筋金の入った剛の者であることが知れる。

雷蔵は、『好色一代男』の世之介に、心柱《しんばしら》を立てた。

年増に袖にされても少しも懲りない世之介の行状を見かねた父は、但馬屋の江戸店に修業に出す。それでも世之介に反省の色はなく、父に内緒で江戸の番頭を騙しては、放蕩三昧の日々。ついには

父に知られるところとなって勘当される。

頭を丸めてくたびれた墨染の衣を身にまとおうが、擦り切れて布をあてた野良着姿に身を窶《やつ》そうが、そんなことに頓着する世之介ではない。文無しになっても少しも臆することなく、行く先々で出会った女たちに声をかける。

そうして続けた諸国行脚の旅の果て、別れたままの母の身を案じて但馬屋に戻ってみれば、父の臨終が世之介を待っていた。父が逝き、追いかけるように母も亡くなると、但馬屋の莫大な身代がそっくり世之介に遺される。

因みに、西鶴の原作にある遺産の額は、二万五千貫目、なんと約四五〇億円相当（一九七七年当時の換算）であるという。常人には、使いきれぬほど莫大な金額である。ところが、「金銭にとらわれない鷹揚な精神」の持ち主、世之介は、まさに水を得た魚のように本領を発揮する。

呆れ返るほどの浪費は、為政者が勝手に作り上げた士農工商という枠にふんぞり返る役人たちへの、世之介一流の意趣返しにも思えてくる。

遺産を手に入れてからの世之介、雷蔵の見事な弾けっぷりから目が離せない。

全盛期の大映である。しかも雷蔵主演となれば、羽織やきもの、角帯、襦袢に至るまで新しく誂えたのに違いないが、撮影終了後、衣裳部に保管されても二度と日の目を見ることのなさそうな個性派揃いである。吉野間道《よしのかんとう》のきものに重ねた鮮やかな茶の羽織。裾には沢瀉《おもだか》が大胆に染められた。ヴィヴィッドなブルーの羽織と組み合わせたきものの立涌《たてわく》も、びっくりするような色使いである。どれもこれもひょうげた雷蔵の『好色一代男』の演出に一役も二役もかっている。

余談だが、世之介の羽織には大きな花文がアップリケのように縫い付けられているものがある。

一九六〇
—
一九六二

世之介の定紋、撫子《なでしこ》である。あらためて最初から見直してみると、父、夢助の無地の羽織にも撫子があった。

井原西鶴が書いた『好色一代男』には、達者な自筆の挿絵が添えられていて、そこに描かれた主人公世之介の姿に目を凝らすと、その着衣には、いずれも撫子の紋や文様がある。世之介の姿が一目瞭然、ほかの登場人物と区別できる工夫である。撫子の紋は、日本女性を象徴する紋でもあるらしい。この紋、少々目立ちすぎる感はあるが、なかなか愛らしい。

最終章、妍を競う島原の太夫たちの中でも群を抜く夕霧太夫が登場する。

幼い頃から歌舞音曲はもとより、和歌に俳諧、茶の湯など、元禄文化の教養を、身にまとった絢爛な衣裳に負けぬほど、存分に重ねた飛び切りの花魁《おいらん》に若尾文子が扮した。

遊郭で総揚げした大騒ぎの場面。したたかに酔った世之介が、羽織を肩脱ぎに着て太鼓を叩き、団扇をまわし、浮かれて踊って狂態を演じる。

世之介に遺された身代がいかに莫大であろうと、常軌を逸した大尽遊びがそういつまでも続けられるわけもない。

但馬屋の跡取りの、並外れての派手な振る舞いは、豊かな町人たちの蔵を虎視眈々《こしたんたん》と狙う役人たちの標的となる。「お取り潰しの罰を受けたくなければ……」などと脅かしにかかるが、そこは件の世之介、一向に権力に屈するふうもなくのらりくらりとやり過ごす。役人たちのお目当て、但馬屋の蔵の千両箱などとうに跡形もなく消えている。

役人など、少しも怖れるところではないが、捕らえられて市中引き回しのうえ、磔の刑など世之介は真っ平ごめんである。

一九六〇
—
一九六二

追われる世之介が向かう先は、入江に係留する特別仕立ての帆船「好色丸」である。艫綱《ともづな》は情を交わした三千三百三十三人の女たちの髪の毛で編み、帆柱にはためく緋縮緬の吹き流しは太夫の名残の腰巻で、どんな嵐がこようとびくともしない。「こんな船で」と行く手を危ぶむいつもの放蕩仲間に、世之介は得意満面で豪語する。

世之介の出で立ちは、葡萄《えび》色の天鵞絨《ビロード》の袖なし羽織。手にした金地の扇の表には世之介行脚の日本地図、裏はなんと枕絵が描かれている。

全編にわたる増村演出の執拗さといい、スクリーンからは見えそうもない細部にまでとことんこだわり抜いた西岡善信の美術といい、雷蔵が待ち望んだ『好色一代男』の製作に向けられた撮影現場の熱気が感じられて、何やら嬉しくなる。

当の雷蔵は、ネイティブの柔らかな西の言葉で、円熟期の元禄文化を舞台にした上方の浮かれ男を見事に披露した。

一九六一
沓掛時次郎

沓掛時次郎

「男の純情」に泣く

一九六〇―一九六二

毎月ほぼ一本、場合によってはそれを超える数の作品に、ほとんど主演というポジションで出演した雷蔵の足跡をたどると、自分自身に課した厳しい姿勢が見えてくる。

雷蔵はそうした厳しさを、撮影現場で一緒に仕事をするスタッフにも求めた。甘ったれたものの考え方や中途半端な妥協を極度に嫌悪し、プロフェッショナルに徹しない人間を嫌って、真摯な態度で仕事に臨む裏方のスタッフたちに対しては、分け隔てなく交流を重ねたと伝えられる。

製作の現場では、チーフ、セコンド、サードなど数人の助監督が監督をサポートする。B班と呼ばれるチームが用意され、本隊とは別に撮影されるシーンもあり、もちろんこれも助監督が受け持つ。スケジュール調整から、監督と現場スタッフや出演俳優との間の橋渡し的な役割を果たすなど仕事は多岐にわたる。さまざまな場面で監督からの指示を伝えるわけだから、俳優たちと接する機会もかなり多い。監督の演出意図を理解しながら忙しく走り回り、現場の円滑な進行を図る優秀な助監督たちを雷蔵は見ていた。

そんな中に、池広一夫の存在があった。

雷蔵にとって特別な作品となった一九五八年公開の『炎上』。チーフ助監督は田中徳三、池広一夫はセコンドとして参加している。

一九二九年生まれの池広の大映入社は一九五〇年。雷蔵の映画界入りは四年後の一九五四年である。デビュー間もない雷蔵の印象は、池広にとってあまりピンとくるものではなかったらしい。撮影所内で言葉を交わす機会もないまま迎えた一九五八年。市川崑監督が京都で三島作品『炎上』を撮ると知った池広は、自ら志願してスタッフに加わる。
主人公、溝口吾市役に雷蔵が決定したと聞いた池広は失望したという。丸坊主の吃音の青年を雷蔵に演じられるわけがない。胸膨らませて臨む市川崑作品が台無しになってしまう。池広ならずとも、周囲はそう思ったはずである。

やる方もやる方だし、使う方も使う方だ、いっそ無名の新人でやった方がいいとさえ思った。ところが、市川雷蔵は、この吃りの青年を立派にやり遂げてしまったのである。その上、「炎上」の演技で、ブルーリボン主演男優賞までかっさらってしまった。まさに驚きであった。僕は、つくづく、市川雷蔵という役者の底の深さに畏怖さえ覚えた。こいつは、ただものじゃないと。
（池広一夫「僕は役者や」／『侍　市川雷蔵その人と芸』）

『炎上』を機に、池広は雷蔵との親交を深め、脚本を書いてはまず雷蔵に読ませるほどの仲になる。当時、喜劇タッチの風刺時代劇ばかり書いていた池広に、雷蔵が苦言を呈す。雷蔵は人気スターとして大映の一翼を担い始め、年に十本以上の主演作をこなしていた。

［略］もっと僕を利用してください。あんたは、そういうことをするのがいやかもしれんけど、人間利用し合ったら、ええやないの。そりゃ自分のやりたい物はあると思うけど、とにかく一

沓掛時次郎

本撮ることが先決問題やと思う。監督にならんことには、どうにもならんのと違うかな。だから僕がやれるものを書いてくださいよ。そういう脚本が出来たら、僕は会社に、これを池ちゃんで撮らしてくれと頼む。そう言ってはなんだけど、現在の僕は、助監督のあなたより会社に対する発言力は強い。だから、もっと僕を利用してください。その代り、池ちゃんが一人前の監督になったら、その時は、僕が池ちゃんを利用させてもらう」

（前掲書）

ありがたい言葉には違いなかったが、池広にも矜持がある。要するに、雷蔵の好意に応える素直さを持ち合わせていなかった。

一九六〇―一九六二

この一件以来、雷蔵に脚本を見せることはなく、相変わらず風刺時代劇ばかり書いていた池広に、初監督作品のチャンスが巡ってくる。一九六〇年の暮れに公開された『薔薇大名』である。田中徳三の初監督作品『化け猫御用だ』と同様、池広の『薔薇大名』にもゲスト出演した雷蔵。決して友情をおろそかにしない律儀な人である。

続く池広監督の二本目は『天下あやつり組』。やはり風刺喜劇の時代劇だった。各紙の評判は良好だったのだが、社内の試写では酷評を受けてしまう。とりわけ永田社長の逆鱗に触れ、ラストシーンの撮り直しまで命ぜられていた。おそらく当分、もしかしたら一生、再び自分に監督のチャンスはこないかもしれないという深刻な状況の中、会社を辞めようとまで思っていた池広に、森一生から声がかかった。

『大菩薩峠』の三作目『完結篇』の監督は、第一作、第二作の三隅研次から、森一生にかわった。『完結篇』にチーフ助監督として参加した池広は、タイトルバックに使う那智の滝を撮りに行く。

この那智の滝のダイナミックな映像は、森監督を大いに喜ばせたらしいが、たまたまラッシュを見た雷蔵が絶賛。あらためて池広一夫の力量を確信した雷蔵が動いた。

次回作『沓掛時次郎』の監督をと、池広に声をかけたのである。

世に知られた長谷川伸の名作、股旅ものの古典のような作品である。すでに幾度となく映画化もされている。監督第二作を永田社長から酷評され、落ち込んでいた時期の池広にどうしても監督をやらせたいと雷蔵が執着をみせた。

日頃、自分からそんな乱暴な要求をするタイプではなかったという雷蔵。このときの強引さは相当なものだったようだ。

結局、『沓掛時次郎』の監督に決まった池広は、退路を断つ思いで製作に臨む。

一切の口出しは無用であり、自分の思う通りの『沓掛』をやらしてほしい。監督を引き受けた池広が要求した条件である。このあたりの潔さと度胸の良さが池広たる所以であり、雷蔵が大きな信頼を寄せた理由なのだろう。カメラは宮川一夫にという大胆な要求まで付けた。池広一夫の助監督生活十年の夢だった。「一流の監督でもなかなか使えんのに、駆け出しが何寝ぼけたことを」と、会社には鼻で笑われたらしいが、思いもかけず宮川は快く引き受けてくれた。

雷蔵が見込んだ池広の気骨は、キャスティングについても発揮される。少しも臆することなく、杉村春子、志村喬など、名だたる監督の作品に名を連ねる名優たちに声をかけた。

いかに雷蔵の信頼が厚かろうと、池広一夫は新米監督である。ベテランの製作スタッフや俳優たちの、少々意地の悪い「お手並み拝見」的な視線を浴びる撮影現場での緊張ぶりは相当なものだったはず。しかし雷蔵にとっては、同志のような池広とともに作品を作り上げる楽しい時間だったに違いない。

監督池広一夫、市川雷蔵主演の『沓掛時次郎』の製作日数は、二十日前後。最後の三日は徹夜だったと池広本人が語る。

あらためて、フィルモグラフィを見る。『大菩薩峠　完結篇』の公開が、六〇年五月十七日であり、それからひと月も経たぬ六月十四日に『沓掛時次郎』が公開されていた。

浅間山の南麓の宿場町、沓掛生まれの渡世人、時次郎は、一宿一飯の義理から何の関わりもない、六ツ田の三蔵（島田竜三）というやくざを斬る。三蔵の妻のおきぬ（新珠三千代）と息子の太郎吉をおきぬの実家に無事に送り届ける、と末期の三蔵に約束したことから始まるロードムービー、「男の純情」の物語である。

人気歌手に主題歌を歌わせ、印象的なシーンのバックに流すことで、スクリーンに見入る観客たちの心をつかむ。当時の娯楽映画によく使われた手法である。『沓掛』には、同名の主題歌が用意され、橋幸夫が歌った。

「女知らずが女の世話を　その上坊やをおんぶすりゃ　すまぬすまぬという眼が辛い……」。とんでもなくベタなこんな歌詞が、追手を避けて裏街道を旅する時次郎と母子三人の姿とともに流れると、どうも胸の奥のほうがつんと痛くなるから始末が悪い。

街道の途中で具合の悪くなったおきぬを気遣って、身を寄せる旅籠の女主人、おろく役の杉村春子が、帳場に座り、旅人にひと声かけるだけで、あたりの空気がふっと動く。なにかと世話になる土地の親分、志村喬扮する八丁徳の、あの特徴ある声が聞こえると、観ているものは安堵する。キャスティングにこだわった池広監督の手柄である。

物語の後半、貧乏旅籠のわずかに開いた襖の間からのぞく、時次郎とおきぬの姿。カメラマン、宮川一夫が切り取る光と影の世界に思わず引き込まれてしまう。息を引き取る間際、時次郎の呼び

沓掛時次郎
沓掛時次郎

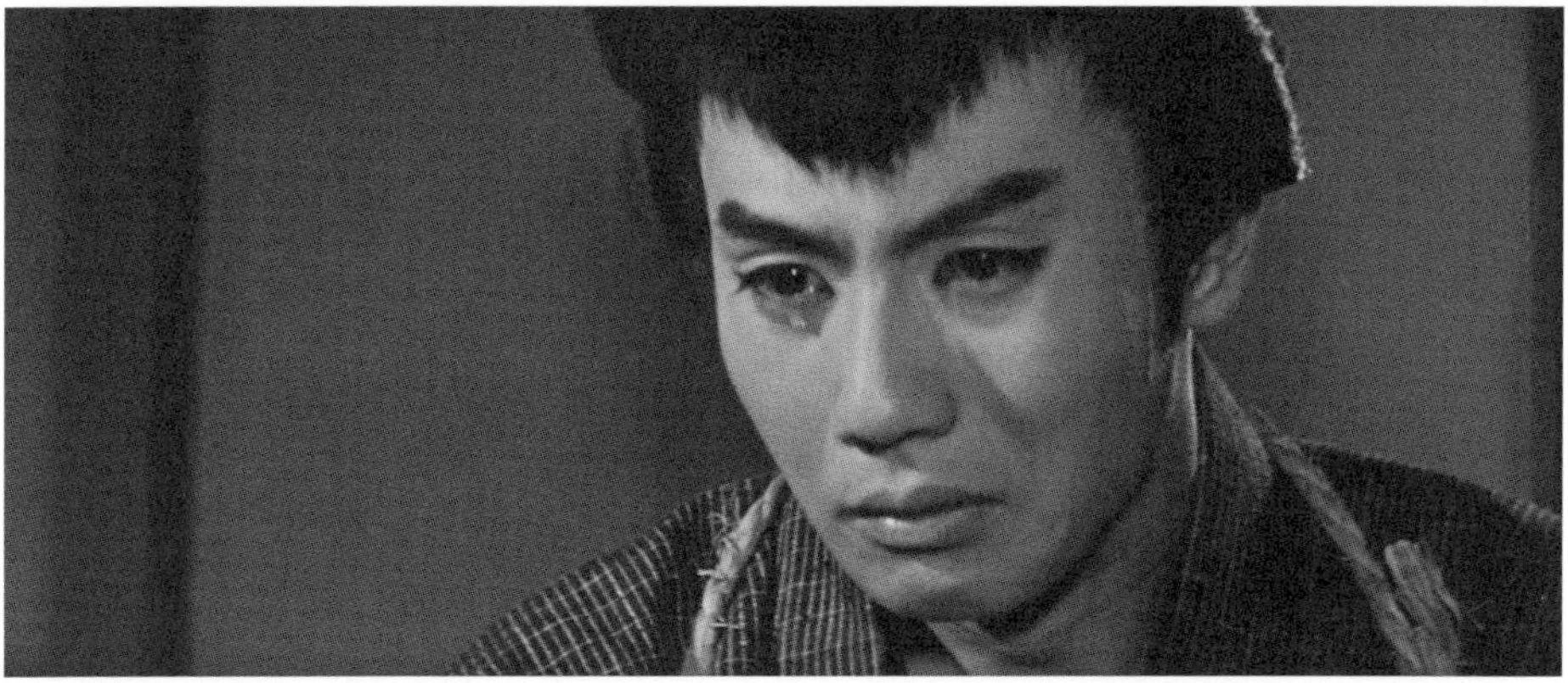

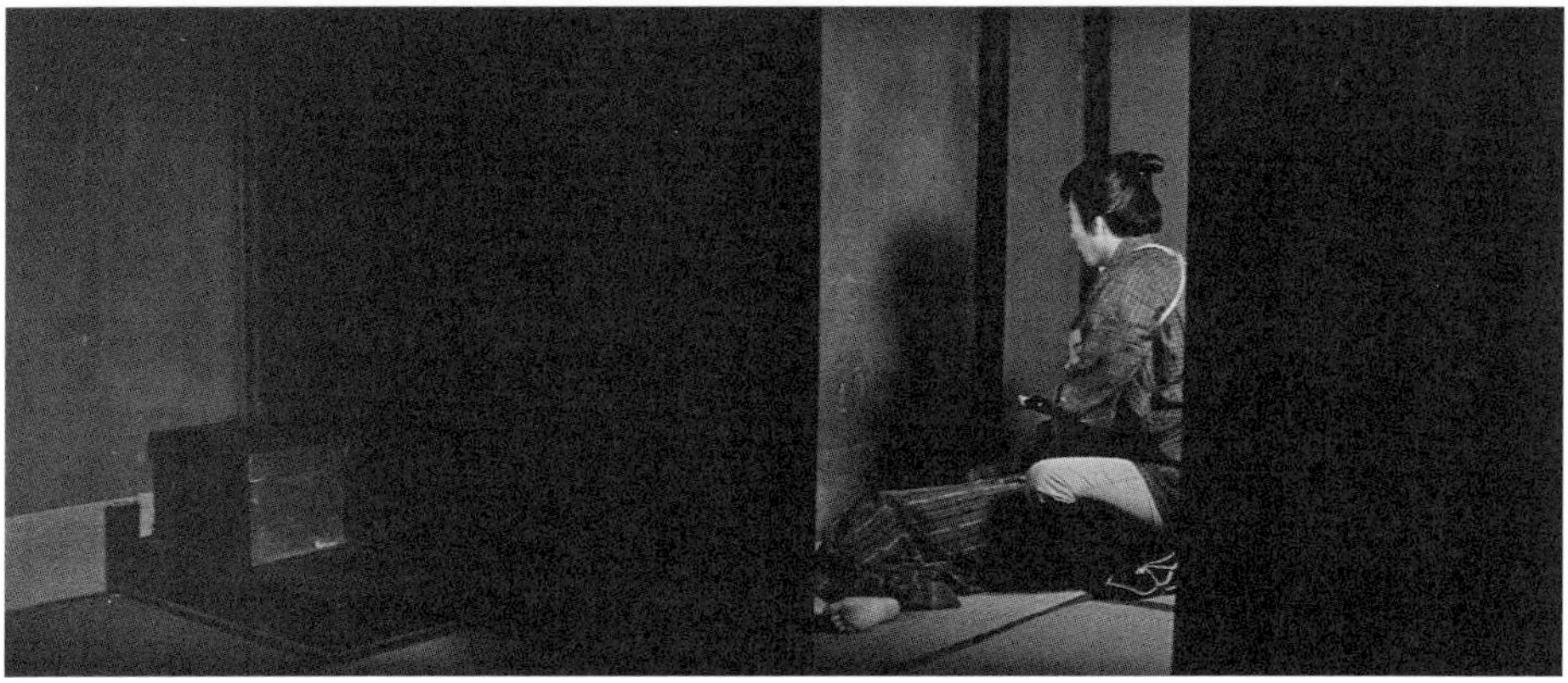

かけが、「おきぬさん、おきぬさん」から、最後「おきぬ」に変わる。そんな切ない男の表情は、雷蔵、自家薬籠中のものである。

ラストシーン、遺された太郎吉をおきぬの両親のもとに届けると、未練を断ち切るように、足早に立ち去る時次郎。半べそをかきながらあとを追う太郎吉が、木に登ってすがるように呼び続ける。

「おじちゃん、おじちゃん……おとっちゃん」

息を引き取る間際、思い人をおきぬと呼んだ時次郎が、太郎吉の「おとっちゃん」という幼い悲鳴に、思わず振り返る。

そこにまた、「止めてくれるな呼ぶなと言うに、呼ばれりゃ人情で振り返る……」と橋幸夫の歌声が重なる。確かに思い切りベタなのである。それでも、雷蔵が演じ切った時次郎の純情に、気がつけば涙がつーっと頬を伝ってしまうのだから、実に困りものである。

雷蔵自身がつづったエッセイにこんな文章を見つけた。

大映京都でも優秀な池広一夫という若い新人監督のできたことで、私はこの監督と『沓掛時次郎』『かげろう侍《ざむらい》』『花の兄弟』と三本の仕事をしました。仕事をしていながらこれまでに味わったことのない、本当の意味での同志的な共感を満喫することができてこれほど嬉しいことはありませんでした。池ちゃんとのコンビでなければ作れない味を、今後も大いに出してゆきたいという大きな楽しみが湧いてきたからです。

（「よ志哉」一九六一年十一月／『雷蔵、雷蔵を語る』）

雷蔵と池広一夫とのコンビで製作された作品は十五本。『沓掛時次郎』『中山七里』『ひとり狼』（二七六頁）は、股旅三部作とも呼ばれている。

一九六二

女と三悪人

芳之助

一瞬にして恋に落ちる

女と三悪人
芳之助

『女と三悪人』の公開は一九六二年一月。俯瞰で捉えた江戸両国界隈の賑わいがスクリーンに映し出されると、「時は幕末／天保嘉永の頃……その名も／泥棒横丁と呼ばれる／雑踏の街」とスーパーインポーズの文字が浮かぶ。

七〇年代の初めに京橋のフィルムセンターで観たフランス映画『天井桟敷の人々』に登場する「犯罪大通り（Le Boulevard du Crime）」の記憶が甦った。

『天井桟敷の人々』の監督はマルセル・カルネ。ジャック・フェデー、ジャン・ルノワール、ルネ・クレール、ジュリアン・デュヴィヴィエとともに、ヌーヴェルヴァーグの監督たちが台頭する以前の、古典フランス映画のビッグファイブのひとりに数えられる。

第二次世界大戦さなかの一九四〇年、フランスがナチスドイツの侵攻を受け占領下におかれると、多くの映画人たちはアメリカに亡命した。

そんな状況下、脚本家ジャック・プレヴェールと組んで映画製作を続けながら、反ファシズムの姿勢を貫いたマルセル・カルネが、三年三か月という時間をかけて完成させたこの映画の封切は一九四五年。七年後の一九五二年二月には、日本でも公開された。

『天井桟敷の人々』に魅せられた井上梅次監督が、構想十年、脚本も自らが手掛けるという力の入れようで製作された『女と三悪人』である。

『天井桟敷の人々』の舞台は十九世紀半ばのパリの下町。絶世の美女ガランス（アルレッティ）と恋に落ちるパントマイムの芸人バチスト（ジャン・ルイ・バロー）。ガランスに思いを寄せる男たちが集う「犯罪大通り」。その猥雑な風景は、ほぼ同時代の幕末、江戸両国界隈の色彩豊かな人間模様に置き換えられた。

『女と三悪人』の冒頭、塵芥《ちりあくた》の中に舞い降りた鶴にもたとえられそうな美しい女が登場する。小屋掛け芝居の女座長、瀬川喜久之助（山本富士子）である。胸元にたっぷりのぞかせた半襟や、帯揚げに帯締めまでも、きっぱりと彩度の高い水色。分銅《ふんどう》熨斗《のし》の紋を白く染め抜いた、水色の手拭いからのぞく襟足に色香を匂わせる。傍らで鷹揚な様子を見せるのは、パトロンと思しき但馬屋徳右衛門（三島雅夫）。その実、喜久之助に近づく男たちの胡散《うさん》臭い様子に眉を顰《ひそ》め、心穏やかではない。

喜久之助が身に着ける「水色」は、女の気概を掲げる旗印である。

一座の花形女形で座長に横恋慕する男、楽之助（島田竜二）の傍若無人ぶりに、「女が男に惚れるのはね、気風《きっぷ》ですよ、気風」と胸のあたりをポンとたたくなんとも小気味よい場面がある。山本富士子の真骨頂は、『雪之丞変化』（市川崑監督、一九六三年公開）のお初姐御《あねご》でも見せてくれた、めっぽう気風のよい鉄火肌の姐御役にあると、勝手に思っている。雑踏の中から「師匠」と呼びかけられて、振り返った喜久之助が、どきりとするほどのあでやかさを見せ、やがて人懐っこいこぼれるような笑みを浮かべる。

さてさて「悪人」たちのお出ましである。贋金づくりの生臭坊主、竜雲和尚（勝新太郎）と、時折ふらりと現れては腰の大小を笛に替え、一座の囃子方に加わる浪人、鶴木勘十郎（大木実）のふたり。いずれも喜久之助にぞっこんなのだが、暗黙の紳士協定が結ばれている。一見穏やかな風貌の鶴木は、師匠に近づこうとする身のほど知らずの奴に「斬る」と物騒なことを口にする。

やがて、三人目の「男」が姿を現す。役者崩れの渡世人、芳之助（市川雷蔵）である。唐桟の着流しに道中着を重ねた粋ななり、正直にいえば、どう見ても役者崩れのしがない旅がらすには見えない。雷蔵には貴種の匂いがあるが、この芳之助もいつかお城に戻ってしまいそうな上品さが見え隠れする。雷蔵のことである。あえての役作り、確信犯に違いない。などと、ついそんなふうに思ってしまう。

『天井桟敷の人々』に魅せられた井上梅次監督の『女と三悪人』。その一瞬にして恋に落ちる男と女の物語に欠かせない条件といえば、有無を言わさぬ演じ手の魅力、美しさである。

『天井桟敷の人々』の脚本は、「枯葉」の作詞家として知られる、カルネのよき相棒、ジャック・プレヴェールが書いた。パントマイム芸人のバチストがガランスを初めて抱擁するシーン。プレヴェールはガランスにこんな言葉を用意した。「恋なんて簡単よ（C'est tellement simple, l'amour.）」

井上監督がプレヴェールのこの洒落《しゃれ》た科白を見逃すわけがなく、フランス版にあった雷を小道具に借りてロマンチックなシーンを演出した。

夜道を歩くふたりを突然の雷雨が襲う。雨宿りに駆け込んだ橋の下で思わず見つめ合うふたり。「女に惚れるって、こんなにすぐなものかい」という芳之助に、喜久之助も「男を好きになるってこんなにすぐなものなの」。こんな気恥ずかしくなるような言葉も、市川雷蔵と山本富士子であれば、観客はうっとりと聞き惚れる。

ガランスとバチストの恋は成就せずに終わったが、喜久之助と芳之助のふたりの行く末は……。例の紳士協定のふたりが見守るなか、どうやら結ばれそうな予感を匂わせながら「ＦＩＮ」、幕を閉じる。

破戒
一九六二

瀬川丑松

「隠せ」と父は教えた

一九六〇―一九六二

「たとへいかなる目を見ようと、いかなる人に邂逅《めぐりあ》はうと、決してそれとは告白《うちあ》けるな、一旦の憤怒悲哀《いかりかなしみ》にこの戒を忘れたら、其時こそ社会《よのなか》から捨てられたものと思へ。」かう父は教へたのであつた。「隠せ」――それを守る為には今日迄何程《どれほど》の苦心を重ねたらう。「忘れるな」――それを繰返す度に何程の猜疑《うたがひ》と恐怖《おそれ》とを抱いたらう。もし父がこの世に生きながらへて居たら、まあ気でも狂つたかのやうに自分の思想《かんがへ》の変つたことを憤《いきどお》り悲しむであらうか、と想像して見た。仮令《たとひ》誰が何と言はうと、今はその戒を破り棄てる気で居る。

「阿爺《おとつ》さん、堪忍《かんにん》して下さい。」

と詫入るやうに繰返した。

（島崎藤村『破戒』藤村文庫第十篇　新潮社、一九三九年）

島崎藤村の長編小説『破戒』の一節である。

信州小諸の被差別部落に生まれた主人公、瀬川丑松《うしまつ》は、長野の師範校を優秀な成績で卒業したあと、正教員として飯山の小学校に奉職する。

冬ともなれば、あたり一面真っ白な雪で覆われる飯山の地で、出自を隠し暮らした三年の歳月。

部落出身者であることを誰にも打ち明けてはならぬという、父の戒めを破る決意を固めた朝の、主人公の心のうちが語られる、物語終盤の場面である。

「破戒」、このたとえようもなく雄弁な二文字に冒頭の暗鬱な映像が重なると、観る者は否応なくその後の重苦しい展開を予感する。

物語の舞台は明治三十年代の終わり。曲がりなりにも保たれてきた幕政の秩序が、一気に大転換を迫られて国中が右往左往し始める明治維新から、たかだか四十年足らず。小さな島国日本が、大国を相手にした大きな戦争もある。

脚本家、和田夏十は決して情に溺れたりはしない。主人公を取り巻く一人ひとりの人生に、ぶれることのない冷静な眼差しを向けて、リアルな輪郭を浮かび上がらせた。

映画『破戒』は、被差別部落に生まれ、身をよじるほどの懊悩を見せる主人公、瀬川丑松の物語ではあるが、同時に、混沌とした時代の転換期に生きる人々を描く人間ドラマでもある。


島崎藤村の小説『破戒』を原作とする市川崑監督作品『破戒』は、一九六二年四月に公開された。和田夏十が脚本を書き、撮影、宮川一夫、美術、西岡善信ら、市川作品ではお馴染みのメンバーがスタッフクレジットに名を連ねる。

雷蔵にとっては、一九五八年の『炎上』、一九六〇年の『ぼんち』に次いで、三本目の市川崑監督作品への出演となった。

『炎上』の冒頭シーンについて、市川崑は警察の取調室から始めた和田夏十のアイデアに唸ったと語っているが（五五頁）、『破戒』でも強く印象に残るファーストシーンが用意された。

瀬川丑松の父（浜村純）は、おのれの人生で果たせなかったことへの無念の思いを息子に託し、人里離れた谷間の番小屋に隠れるように暮らした。

牧夫《ぼくふ》としての老練な腕を買われ、気性の荒い種牛を預けられていた父が、ある日、その牡牛に突き殺される。スクリーンの映像は、その死が自死であることを語った。

雪の到来を間近に控えた信州烏帽子岳山麓の寒々とした景色の中、丑松の父はぞっとするような表情で死に臨む覚悟を見せる。潤んだ大きな目を見開き正面を見据える牡牛に好物の塩を見せて誘い、鋭い凶器となって迫る角におのれの身をさらす。程なく胸を突かれ宙を舞った牧夫の体が、あたりに広がる笹の茂みに落ちて息絶えた。

このあと、さらに凄惨なシーンが続き、屠殺場《とさつ》に連れて行かれ縄で自由を奪われた種牛が、殺され解体されるまでの映像が淡々と映し出される。牧夫を突き殺したあの猛々しかった種牛があっけなく肉塊となって、手押し車に投げ込まれた瞬間の、「どすん」という重苦しい鈍い音がいつまでも耳に残る。

このシーンのために、監督は牛一頭を殺し、屠殺場で行われる一部始終を、一切の感傷を拒否するような乾ききった冷徹さで画にして見せる。「画《え》」によって映画を作る（「映画評論」一九五九年七月号／『映画監督 増村保造の世界』）という市川崑の真骨頂が発揮された。

飯山の小学校に奉職している丑松は、宿直の夜、暗闇の彼方から「丑松。丑松」と呼ぶ父の声を聞いた。居ても立ってもいられぬ丑松は、父の住む番小屋がどこにあるのかも知らぬまま導かれるように、蠟燭の灯りのもとでひっそりと通夜が営まれている掘立て小屋に辿り着く。兄思いの叔父（加藤嘉）の差配で人目を避けるように葬儀が営まれる。墓地に葬られることを許されぬ暗黙の掟から、父の遺体は慣れ親しんだ山の斜面に土葬にされた。

悠然と流れる千曲川の景色。堤防の向こうには民家が平和に軒を並べ、遠くに山々の連なりも見える。勢いよく煙をはいて走るのは飯山に向かう蒸気機関車だろうか。父の葬儀を終えて、その汽車に乗っているであろう丑松の胸のうちを思った。

飯山の町は、杉皮を葺《ふ》いて横木で押さえ、河原の石を置いただけの粗末な屋根が続く。カメラが、豪雪地帯特有の雁木の間を、重い足取りで下宿に向かう丑松の姿を俯瞰で捉えた。

丑松が下宿する商人宿の前に群がる物見高い人々が、口々に「不浄だ！」と叫ぶ。罵声を浴びて追われるように駕籠に乗る人の姿。飯山の病院で治療を受けていた宿の客が部落出身の者だと知れて、まさに放り出されるところだった。

雁木の柱の陰に身をすくめて事のなりゆきを見守る丑松に、何人《なんびと》にも心を閉ざしたまま生きよと命じた父の戒めが重くのしかかる。

丑松は、部落出身者でありながら、それを隠さず敢然と部落解放運動に身を投ずる思想家猪子《いのこ》蓮太郎（三国連太郎）に傾倒し、猪子の著作を貪るように読んだ。猪子は、信州高遠《たかとお》の古い部落の家系に生まれた。丑松が入学する以前、長野の師範校に心理学の講師として在籍していたが、部落出身であることを取り沙汰され、一部の教師仲間からの嫉妬も加わって放逐された過去がある。

丑松が飯山の本屋で買い求めた猪子の新刊『懺悔録』の冒頭に書かれた「我は部落の民なり」という言葉が、丑松の体のどこかに刺さったまま抜けぬ棘《とげ》のように疼《うず》いた。

身を挺して「隠せ」と教えた亡き父のことを思い、申し訳なさを募らせる丑松は、一方で、猪子の強靱な精神に心酔する。猪子と出会う偶然にも恵まれながら、師と仰ぐその人にさえ自らの出生にまつわる真実を明かすことができずにいる。丑松は以前にも増して周囲に心を閉ざして暗くふさぎ込むようになった。

丑松は、例の下宿を出て宿替えをした。新しく身を寄せた町はずれの蓮華寺では、住職（中村鴈治郎）とその妻（杉村春子）、養女のお志保（藤村志保）、寺男の庄太が、何事もないかのように静かに暮らし、朝と晩、寺男の撞く鐘楼の鐘の音があたりに響いた。

養女のお志保は、丑松の小学校の同僚、風間敬之進（船越英二）の娘である。

明治三十年代の終わり。地方の慎ましい町を舞台とした物語の中で、風間敬之進という男はある典型のように描かれた。

徳川幕府の終焉は、武家の解体を意味する。家禄の多寡にかかわらず、社会のヒエラルキー（階層）の上部に位置していたはずの武士たちは、失職という苦境に直面した。

自らが背負う宿命の不条理に懊悩する内向的な青年、瀬川丑松の傍らで、落魄《らくはく》した我が身の現実を受け入れることができぬまま、過去の矜持を捨てられずにいる男。かつての小諸藩士、風間敬之進である。

風間は、丑松が勤める小学校の同僚であるが、そもそも小学校の教師風情などという自身の立場に納得できず、病みながら酒浸りの日々を送る。風間の「良き時代」に嫁いできた最初の妻は病弱で、ふたりの子を残して他界。農家から迎えた後添い（北原文枝）とは何かと諍《いさか》いの絶えない日々を暮らした。

現在の妻にしてみればたまったものではない。後添いとはいえ嫁いだ先は士族である。嫁入りのときには道具一式に身の回りのものなど、それ相応に実家から持参した。それなのに一緒になってみれば、夫は飲んでばかりの体たらくで、きものや帯はすべて夫の飲み代に変わり、箪笥の中は空っぽになった。なさぬ仲のお志保と弟のほかに、夫との間には乳飲み子を入れて四人もの子が生まれている。夫を頼ることなど到底できようはずもなく、わずかな田畑を借りて朝から晩まで働き詰めの毎日を送る。

汗水たらしてようやく収穫した米を地主に納めなければならぬ日。いかにもの風体の地主の目の前で、女の身にはいささか重すぎる米俵を、悲鳴とも聞こえる掛け声とともに、鬼のような形相で持ち上げ秤《はかり》にかける。このシーン、なりふり構わぬ粗末ななりの乾いた女と、地主とのやり取りが痛ましく哀しい。

そんな境遇であれば、二度目の妻が志保と弟のふたりにつらく当たるのも無理からぬこと。敬之進が志保を蓮華寺の養女に出したのは、そのあたりの事情があってのことだった。

お志保は、美しく聡明な娘である。ふがいない父の胸の内も、継母の、やり場のない怒りも深いところで理解する。

蓮華寺の養母は実の母のようにお志保に愛情を注いだ。近隣の善男善女から厚い信頼を寄せられる住職は普段は申し分のない僧侶なのだが、残念な宿痾《しゅくあ》である女性への煩悩が深く、あろうことか志保にも手を出した。玄人相手ならと目をつむっていた妻も、養女の志保にまでと知ってたまらず離縁状を突きつける。

思案の末、暇を告げて実家に戻ったお志保を待っていたのは、腹違いの幼い弟妹たちを連れて継母が家を飛び出し、もぬけの殻となってすきま風が吹くあばら家だった。相変わらずの酩酊ぶりを見せる父を前に、お志保は、里に戻ったところで肩身の狭い思いをするに違いない継母のこと、弟妹たちのことを思って泣いた。

飯山の町が大雪に埋もれた日。選挙の応援演説会に重い病をおして駆けつけ、熱弁をふるった猪子蓮太郎が、会場から帰る道すがら刺客に襲われる。対立候補の不正を糾弾した猪子への仕返しである。

丑松や猪子の妻（岸田今日子）が駆けつける中、部落出身者であることを理由に誰も引き受け手のない猪子の遺体を、「そんなことだろうと思った」と、引き取りに現れたのは蓮華寺の住職だった。蓮華寺に安置された遺体の傍らで、住職夫妻と猪子の妻とともに通夜を過ごした丑松は、「隠せ」と教えた父の戒めを破る決意を固める。

丑松が部落民であることを明かすことができぬまま、猪子蓮太郎は不帰の人となった。誰にも明かすなと教えて自死を選んだ父の戒めも破ろうとしている自分にとって、もはや寄辺《よるべ》など残されてはいないと、丑松は思う。

翌朝、進退伺をしたため、教師の職を辞す覚悟で向かった小学校で、丑松は無垢な心で一途に慕ってくれる教え子たちに自らの素性を明かした。

「皆さんもご存じでしょう。この山国に住む人々を分けて見ると、おおよそ五通りに分かれています。旧士族と、商人と、お百姓とお坊さんと、それから外に部落民という階級があります」粗末な手紡の絣木綿《かすりもめん》を重ね着した幼さの残る生徒たちを相手に、丁寧に語り掛けるように言葉を選ぶ丑松の長い独白である。最初は戸惑いを見せていた生徒たちの表情が次第に変わる。嘘はいけないと教えながら、部落出身者であるという自分の素性を今まで隠していてすまなかったと、床に額を擦《こす》りつけて詫びる丑松の姿に、生徒たちはみな一様に涙を浮かべた。

宮川一夫のカメラが、かなりの長廻しで捉えた丑松の「懺悔」。懊悩の果て、意識を朦朧とさせながら述懐する、総身に傷を負った弱々しい青年が、雷蔵が演じた丑松である。

抜け殻のようになった丑松が雑木林を彷徨い、雪の中に頽れる。行方のわからなくなった丑松の身を案じた職場の同僚、土屋銀之助（長門裕之）がお志保を伴いあとを追った。

「どんなにおつらかったでしょう。おとっつあんやおっかさんの血筋がどんなでございましょうと

破戒
瀬川丑松

も、瀬川さんの知ったことじゃありますまいに」そうつぶやくお志保は、蓮華寺に下宿した当初から丑松に密かに思いを寄せていた。丑松が読んでいた猪子の『懺悔録』も町の本屋で求めて読んだ。『懺悔録』に登場する猪子の妻に、憧れにも似た気持ちを抱いて、自分も丑松を支える存在になりたいといつしか思うようになっていた。

和田夏十は、猪子蓮太郎と瀬川丑松のパートナーとして慎ましく登場する女たちに光をあて、くっきりとした輪郭を浮かび上がらせてみせる。猪子の妻とお志保には、ともに「逞しさ」と読み替えることのできる「嫋《たお》やかさ」があって、ふたりは互いに相似形のように存在した。

「なぜ学校を止《よ》されるのです。私には告白なさる必要もなかったように思えるのです」人間はみな平等だと憲法に書かれているそうではないか。夫も差別は間違っていると言っていた。なら、なぜ間違ったほうの尺に合わせるのか。普通の人間であるのなら、普通の人間のように暮らせばいい。「ただの平凡な夫であって欲しかった」丑松に語りかけた言葉は、逝ってしまった夫への哀惜である。そんな正直な思いを丑松に告げた猪子の妻が、翌日、遺骨を抱いて東京に戻る自分に同行する丑松に涙を見せる。

「あなたのそのご決心を主人がどんなに喜ぶだろうと思うと……主人はさぞや威張っておりましょう、良い後継者ができた、女のお前には到底男の心意気は解るまいなどと言って、瀬川さんありがとう、主人に代わってお礼を申します」

社会の秩序やしきたりなどという捉えどころのない力に向かって身構え、身悶えしながら闘わねばならぬ男たちとはまったく異なる地平で、女たちは男たちを支えた。猪子の傍らに妻が寄り添ったように、そう遠くはない将来、上京して丑松の傍らで夫を支える志保の姿が浮かぶ。

雪の降り積もる千曲川の土手を、荷車を先頭に駅に向かう丑松たちの姿を引きで捉えた印象的なラストシーン。土屋に引率された教え子たちが駆け寄り、丑松を取り囲む。生徒たちのひとりが、新聞紙の包みを丑松に渡す。少年の母親が先生にと託したゆで卵である。豊かではない暮らし、大切に新聞紙にくるまれた卵はその少年一家にとってどれほど貴重なものか。子供たちのあどけない笑顔とゆで卵のぬくもりは、新たな旅に出る丑松への何よりの贐《はなむけ》となった。

遅れて一行に追いついたお志保が、雪のちらつく道中を案じて自分がかぶっていた綿入れの頭巾を猪子の妻に差し出した。

雷蔵が後援会誌で、市川崑監督作品『破戒』に出演することに触れ、『炎上』『ぼんち』に続いて二年ぶり、三度目となる市川作品への出演を心待ちにしている様子をうかがわせる。年に十二、三本ものプログラムピクチャーへの主演を余儀なくされている雷蔵にしてみれば、製作スタッフすべての力が十全に発揮される現場への参加は、雷蔵自身がもっとも望むところである。

和田夏十が丹念に描いた人間ドラマの登場人物たちも、余人をもって代えがたい役者たちがキャスティングされ、和田が科白にしのばせた人物のディテールを見事に演じてみせた。

俳優は常に、たとえ、いかなる指揮者にめぐり逢おうとも自分一流の優秀な音色を出せるように自分の楽器の手入れを怠ってはいけないのです。そうした不断の心掛けがあってこそ、一段と優れた指揮者に逢った時に、その音色もまた一段とさわやかにそして高々と鳴りひびくことでしょう。

（「よ志哉」一九六二年三月／『雷蔵、雷蔵を語る』）

前述の後援会誌に掲載されたエッセイの結びの一節である。ソロ奏者ではなく、オーケストラの一員となってアンサンブルを作り上げることを理想とする雷蔵にとって『破戒』は、まさに恰好の現場であった。

『破戒』への出演で、雷蔵にはほかにも大きな収穫があった。お志保役に推薦した薄操《すすきみさお》である。大映の演技養成所を出たばかりの新人女優は本名の薄操の名前で、前年一九六一年公開の『新源氏物語』にもごく小さな役で出演している。雷蔵のことだから、養成所に通う新人たちの情報を把握していたとしても何の不思議もないが、共演者の中に原石の魅力を発見したということも十分考えられる。いずれにしても、お志保役に抜擢された薄操は、この作品から、役名の志保と、原作者の名に因んだ藤村、つまり藤村志保を名乗るようになり、同年製作の『斬る』『忍びの者』で、雷蔵の母を、妻を演じて堂々の存在感を示した。

一九三九年生まれの藤村は、一九六〇年公開の『大菩薩峠』のお浜役で好演した中村玉緒と同い年。「余人をもって代えがたい」女優として、志保という女を健気に生き、推薦者である雷蔵の期待に応えた。

一九六二

斬る

高倉信吾

一碗を介して対座する

一九六〇―一九六二

三隅研次監督、雷蔵主演で製作された『斬る』『剣』（二〇八頁）『剣鬼』の三本を「剣三部作」と呼ぶ。その最初の作品、柴田錬三郎の掌編『梅一枝《うめいっし》』を原作とした『斬る』は、一九六二年七月に公開された。

脚本は新藤兼人。数奇な運命を生きた小説の主人公、高倉源吾の名を信吾と変え大幅に脚色された物語であるが、主人公には原作と違わず濃密な死の影が寄り添う。

お家騒動は数多ある時代劇に繰り返し登場する定番のモチーフであり、高倉信吾（市川雷蔵）の出生をめぐる因縁話もそんな騒動に端を発した。

信州飯田藩主の妾に対する寵愛ぶりに、城が傾くことを憂えた奥方や家老が主君の愛妾を殺害せよと命じたのが、奥女中の山口藤子（藤村志保）。のちに信吾の母となる女性である。

藩主の怒りを一身に浴びることになった藤子を哀れに思った奥方たちは、処刑の場に向かわせることが忍びなく一計を案じた。縁あって家老宅に逗留していた他藩の武士、多田草司（天知茂）に、藤子を奪って連れ帰り懐妊させてくれるよう頼み込む。一年経って子供が生まれれば、藩主の心も和らぐだろうと考えてのことである。

ふたりは結ばれ、一年という短いときを仲睦まじく過ごした。

子を成した藤子だったが、一年が経過しても愛妾の命を奪われた藩主の怒りが収まることはなく、藤子は捕らえられ打ち首の刑を申し渡される。

討ち手を命じられた者がみな命を賭して断る中、藤子の夫、多田草司は自ら斬首役を買って出る。処刑の日、静かな表情のまま夫と目を交わした藤子は、かすかな笑みを浮かべ愛する人の刃を受けて果てた。

藤子の死を悼んだ飯田藩の家老は、小諸藩の藩主に忘れ形見の養育を託し、信吾は藩士、高倉信右衛門（浅野進治郎）の実子として育てられる。

主人公、高倉信吾の「数奇な運命」の序章である。

高倉の家では、家長である信右衛門と娘、芳尾（渚まゆみ）、それに信吾の三人が長閑《のどか》に暮らす。信吾は信右衛門を実の父と信じて疑うことなく、その温厚な父からも、寛大な藩主、牧野遠江守康哉からも、いささか過剰と思われるほどの愛情を注がれて成長する。

何事によらず控えめですずやかな目をした青年、信吾は、あるとき藩主から許されて三年という期限で旅に出る。信吾には思うところあっての長旅だったのだろうが、文武に抜きん出た才能を誇示するわけでもなく至極凡庸に見えていた若者が、三年後、驚くほどの変貌を遂げて帰還する。

藩の師範役が招いた水戸の剣士、庄司嘉兵衛を相手に、小諸藩の武道奨励を目的とした試合が組まれ、藩主もお忍びで立ち合うことになった日のことである。

神道無念流の遣い手である水戸藩筆頭の剣の達人に、道場の門弟たちは次々と惨敗を喫する。さても困ったとばかり思案顔の師範に、藩主、康哉が「信吾を指名せよ」と囁く。師範の「次、高倉信吾」との声に、周囲からどよめきが起こるのも無理はない。何かにつけて前に出ることなどない信吾のこと、端から剣の達人に太刀打ちなどできぬ。誰もがそう思った。

少しの動揺も見せずに立ち上がって剣を手にした信吾は、一礼して間合いを取ると、迷うことなく剣の切っ先を青眼に構えた相手の喉元に向けた。不思議な構えである。

神道無念流随一の遣い手の額に汗が吹き出し焦りの色が見え始め、やがてがくりと床に崩れ落ちた。

信吾が江戸の門付の姿を目にして思いついたという構えを、藩主は「三絃の構え」と名付けて大いに褒めたたえた。今一度と信吾に所望するが「剣道の理《ことわり》から申せば、邪剣でありますれば……」と、いつもと変わらぬ清々しい様子で、控えめに下命を固辞する。

高倉家の隣には、ほぼ同じ禄高で高倉の家を何かと目の敵にする池辺義一郎とその息子が暮らす。息子は信吾の妹、芳尾に焦がれていた。

常に野心をのぞかせる池辺義一郎。先の試合を息子の出世の好機と目論んだものの果たせぬどころか、隣家の信吾ばかりに光があたる。邪《よこしま》な嫉妬の心をふつふつとたぎらせた親子は、卑怯にも信吾の留守を狙って父と妹の殺害を図った。

下男に危急を知らされて駆けつけた信吾。瀕死の父から初めて出生の秘密が明かされると、それまで晴れやかに見えていた無垢な若者の周囲に、濃密な死の気配が漂い始める。

出奔した池辺親子のあとを追って父と妹の仇討ちを果たした信吾が次に向かった先は、鬱蒼とした樹々に覆われた山中、母の眠る五輪塔に花を手向けひとり庵に住まう父、多田草司のもとである。

母であり妻である人の死から二十余年を経た再会のとき。別離の日まだ乳飲み子だった信吾に父の記憶があろうはずはないのだが、出家し僧衣をまとった父から「信吾か」と尋ねられた子は、「父上」というひと言に万感の思いを託す。

藤子の遺体を抱いて帰り山中に葬ってからの長い歳月、弔いの日々を送る父は、少しも寂しくはないと言う。妻の眠る墓に入るとき、自分が本当に生きることができると思うと、ほのぼのした気持ちになると穏やかに語る父。見つめ合う父の眼にも子の眼にも涙が溢れた。

「お仕合せですな、父上……」「ああ、仕合せだ……」そして信吾が今一度「父上」と呼びかける。

スクリーンに映し出される信吾が、ほんの一瞬、幼い少年のように見えた。出生の秘密を明かされた信吾は、山中でひとり暮らす多田草司に父性を求めたのではないのか。

寂寞《せきばく》たる思いを残したまま信吾は、父に行く先を告げることなく足早に山中の闇に消える。

三隅作品『斬る』には、主人公、信吾をめぐる三人の女が登場する。ひとり目は母、藤子、ふたり目は義妹の芳尾、三人目は、旅の途中偶然出会った女、佐代（万里昌代）。いずれも凄惨な死を迎えた女たちである。三隅は、彼女たちがそれぞれに迎えた不吉な死の場面を時折インサートすることで、信吾に濃密な死の影を寄り添わせた。

映画の導入部、グラフィカルに構成された背景に藤子の横顔が映し出される。藤子が身に着けた奥女中の黒地の御所解《ごしょどき》文様の裾からのぞく純白の足袋。その足運びには、暗殺に向かう藤子の強い意志が感じられ、裾さばきに連れて朱と白の裾ふきが動く様子に、黒く艶やかに磨き込まれた床をくねくねと這う蛇の姿を重ねる。凝りに凝った斬新なアイデアを随所に盛り込む内藤昭の美術も、三隅研次のこの暗殺シーンへの尋常ならざる執着も、さすがとしか言いようのない見事な画作りに貢献しているのだが、『斬る』の魅力は、残念ながらそこではない。映画は幸せなことに、観る者の恣意をどこまでも許してくれる。

『斬る』の上映時間は七一分と雷蔵映画の中でもとりわけ短い。その醍醐味は後半三〇分にあった。

旅の果てに信吾が辿り着いたのは江戸。千葉周作亡きあと、次男の栄次郎が跡を継ぐ千葉道場である。「千葉の小天狗」と謳われた北辰一刀流の遣い手、千葉栄次郎。信吾と栄次郎は、たった一度の立ち合いにより深い絆で結ばれる。

時は幕末。桜田門外の変で横死を遂げた井伊直弼《なおすけ》をはじめとして、幕閣の要人たちを標的にした攘夷派の不穏な動きが相次ぎ、水戸藩の脱藩者たちが高輪東禅寺の英国公使館に斬り込むという事件も起きる。

大目付松平大炊頭《おおいのかみ》（柳永二郎）が自らの護衛役として仕える剣の達人を探していた折、千葉栄次郎が高倉信吾を推挙した。

世にいう東禅寺事件の勃発により、幕府は水戸藩政に対し強硬な姿勢を示す目的で、大炊頭を水戸へ派遣することを決める。

大炊頭が向かう水戸藩は、井伊大老の死後程なく藩主、徳川斉昭を喪い、統制力を著しく低下させて、「鼎《かなえ》の沸き立つがごとき」紛擾《ふんじょう》を極める紛れもない敵の陣地である。

敵陣へ赴く旨を信吾に伝え「生きて、再び江戸へ帰れぬかも知れぬ」と続ける大炊頭の言葉に深く頷いた信吾は、主人と運命をともにする従者の静かな覚悟を見せる。

水戸への道中、大炊頭の一行は、供揃えもせず、駕籠に従うのは数少ない徒《か》

歩《ち》と足軽、それに信吾である。

幕府の動向に目を光らせる水戸藩が大炊頭に策を講じぬわけはなく、腕に覚えのある藩士たちが次々と待ち伏せるが、信吾の太刀が大炊頭を護る。

水戸に到着した一行がしばらくの間逗留する水戸藩の接待屋敷。その庭園の一角に建つ一畳台目の茶室で、大炊頭と信吾が言葉を交わす穏やかな時間を描いた一連のシーンに心底酔わされる。

柴田錬三郎の原作『梅一枝』のタイトルの由来は、物語の終盤、敵に謀られ丸腰のまま立ち合う信吾が、刀の代わりに「三絃」に構えた床の間の梅の枝にある。

原作の多くの頁は、信吾が江戸に赴く前の因縁話に割かれ、水戸が舞台となる主従の物語にはほんのわずかな頁が割かれるだけで、茶室が登場する場面はどこにも見あたらない。脚本を書いた新藤兼人のアイデアであろうか。

茶室の下地窓からのぞくのは、梅の香が漂う庭園の景色。古木で囀《さえず》る鶯《うぐいす》の声に耳を澄ましゆったりと茶を点てる大炊頭と信吾のふたりが交わす、言葉のひと言ひと言がしみじみと心に響く。

仕えて何年になるかと問われた信吾が、従者として過ごした三年の日々の愉しさを伝えると、大炊頭は悠揚迫らぬ様子で「人は使うために雇い、扶持米を得るために雇われるのだが、それだけでは寂しい」と呟く。

信吾は、「はっ」と答え、目を伏せる。このふたりが交わす科白の「間」はたとえようもなく美しい。

「わしにもそなたのような子がいたのだ、生きていればだ」

「わたくしにも殿と同じような父が、生きていればです」

そこにいるのは主人と従者ではなく、一碗を介して対座する父と子である。

穏やかな静けさに、悲運の兆しが隠されるのは、雷蔵映画の常であるが、ようやく訪れた安穏も、「数奇な運命の子」信吾にはそう長くは続きそうもない。

しんと静まりかえって何事もないかのように見える接待屋敷は、一歩出れば建物をぐるりと囲む過激派の藩士たちが眼を血走らせて邸内をうかがう。

敵陣での逗留の日々、張り詰めた空気の中、大方の役目を終え最後に長老との会見を控えた茶室でのひととき。この日、ようやく決着がついて江戸に戻れることを、大炊頭も信吾も疑ってはいない。

「江戸へ帰ったらどうする？　……わしに仕えてくれるか」

「……おさしつかえなければ、いつまでも……」

新藤の脚本のト書きには、〈温かく見つめ合う〉とあった。

「落ち着いて、妻をめとるのだな」

「独り暮らしの気楽さに慣れておりますれば……」

「わしの娘をもらってくれぬか」

大炊頭の点てた一服を飲み干した茶碗に目を落としたままの信吾に、

「ま、よい、肩の荷を下ろし、あとでゆっくり相談しよう」

スクリーンに映し出される、このほのぼのとした時間がいつまでも続いてほしいと、思わず祈った。

一九六〇
―
一九六二

城内に赴いた大炊頭に、待ち構えた用人が告げる。

「本日は、義公さま（水戸藩第二代藩主徳川光圀）の御命日にあたり、御来客様にはご焼香いただくのが習わし」と腰の大小を取り上げられ護衛役の信吾とも離されて、大炊頭は仏間に続く回廊を進む。

控えの間は、ひとり通された信吾の心中を映すような墨色が支配した。

にわかに殺気を感じて身構える信吾。乱暴に襖を開け闖入した若い侍が襲いかかる。大小を取り上げられている信吾が咄嗟に手にしたのは、床の間に生けられた白梅の枝。三絃に構えた信吾の梅の枝は、若侍の一太刀を受け、切っ先鋭い凶器となって刺客を突いた。

倒れた刺客の白刃を奪った信吾が回廊を奔《はし》り、「殿！」と叫びながら主人の姿を追い求める。静まり返る城中、どこまでも続く広間の襖を開けていく信吾を、カメラが俯瞰で捉える。遠くで啼く鶯の声。思わず立ち止まった信吾の視線の先、延々と続く座敷の開け放たれた襖の影から大炊頭の腕が覗く。

仏間の隅に横たわる主人の亡骸を目にして呆然と立ちつくす信吾。やがて大炊頭を抱き上げ静かに仰向けに寝かせて合掌させ、頭《こうべ》を垂れて護衛の役目を全うできなかったおのれの不甲斐なさを詫びる。信吾はおもむろに衣服をくつろげると、懐紙を刀身に巻き付け、作法通り一文字に腹をかき切って大炊頭に重なるように果てる。

ラストシーンの穏やかに眠るような表情に、ようやく寂寞から解放された信吾の至福を見た。

一九六二
殺陣師段平
沢田正二郎

ほんま、大きな赤ん坊や

殺陣師段平
沢田正二郎

大正半ばの大阪。新国劇のトレードマーク、「柳に蛙」を白く染め抜いた、印半纏の男たちが忙しそうに行き来する弁天座の楽屋口。勘定取りにやって来た酒場の女が段平（中村鴈治郎）を訪ねる場面がある。

応対に出た楽屋番の兵庫市（山茶花究《さざんかきゅう》）が女と言葉を交わすうち、こんな科白を口にする。

「段平ってけったいな男やな……考えてみたら、ええとこあらへん……大酒呑みの、女道楽〔略〕や……ところが、あのアホ、女ばかりやない、男でも肩入れたくなるんや、ええとこある……ほんま、大きな赤ん坊《やや》や……見とられへん……いや目離されへん！」

芝居の立ち回りに命を賭けた老殺陣《たて》師の破天荒な生涯に、段平が終生「さわだせんせ」と慕った沢田正二郎の壮絶な人生を重ねると、何もかも対照的なふたりの男の姿がより鮮明に現れてくる。

初期の新国劇に頭取、あるいは殺陣師として籍をおいた実在の人物、市川段平をモデルにした長谷川幸延の戯曲を翻案し、一九五〇年黒澤明が脚本を書いた。

この年東横映画が黒澤明の脚本、マキノ雅弘監督による『殺陣師段平』を製作。それから十二年が経過した一九六二年の九月、大映映画『殺陣師段平』（瑞穂春海監督）が公開され、新国劇の創立者であり座長の沢田正二郎を雷蔵、殺陣師、市川段平を鴈治郎がそれぞれ好演した。

段平を演じた鴈治郎は一九〇二年生まれ。父である初代の跡を継いで一九四七年に二代目中村鴈治郎を襲名する。上方歌舞伎の大きな名跡を継いだものの、当時、凋落《ちょうらく》を続ける上方歌舞伎界にあって松竹の興行方針に対する不満をつのらせ、一九五五年に松竹を離脱。その後ほぼ十年の間、大映を中心に映画の世界に活躍の場を移していた。

幼い頃から歌舞伎役者として鍛錬を重ねた鴈治郎の身体表現は、見事としか言いようがなく、雷蔵映画でたびたび目にする中村鴈治郎の演技の幅にはいつも心底驚かされるのだが、とりわけ『殺陣師段平』では、この人のすごさを見せつけられた。

一九六〇—一九六二

早稲田大学文科在学中より坪内逍遥の演劇研究所で学び、帝劇や芸術座の舞台も踏んだ沢田正二郎は、新派、新劇とも一線を画する新しい大衆演劇を目指し、従来の歌舞伎に伝承された「型」ではなく、リアリズムを追求した。志高く新国劇を旗揚げするものの、理想とあまりにかけ離れた現実。沢田に扮した雷蔵が縁なし眼鏡からのぞかせる眼光鋭いまなざしには、常に前を見据えて歩み続ける精神の強靱さと、心の内奥に潜む葛藤の両方が垣間見える。

時折り挿入される新国劇地方巡業の舞台。「月形半平太」や「国定忠治」、「新選組」寺田屋の立ち回りに「大菩薩峠」狂乱の場の机龍之助など。いずれも観客を熱狂させた沢田正二郎の舞台姿である。雷蔵は、目を大きく見開いた沢田の特徴ある顔のこしらえに似せて、ほんのわずかしか画面に登場しない主人公たち一人ひとりを沢田正二郎その人のように演じた。

段平をはじめとして、「大きな赤ん坊のような」段平を取り巻く人々もみな実にいい味を出す。ぽろりと発するひと言で細やかな情を通わせる大阪の言葉が心に沁みる。

「おんな髪結い」の看板を掲げる、段平の女房お春（田中絹代）。公演先の東京に旅立つ段平に持たせる魔法瓶に熱燗を詰めさせ「汽車の中でこれがなかったら、あの人死んだようなもんやさかいなあ」そんな亭主思いがしみじみと切ない。

　気の毒な親なし子という触れ込みで段平が京都から連れ帰った少女おきくが、実は段平自身の娘であることなど先刻承知のお春は、おきくをわが子のように可愛がる。おきく役の高田美和は映画界にデビューして間もない十五歳。お春が逝き、父娘と名乗り合えぬまま父を看取る健気な娘を初々しく演じた。

　段平から「目が離せない」と、何かにつけて世話を焼く楽屋番、兵庫市の山茶花究。この人が舞台の袖ではらはらしながら段平を見守る姿から、段平の周囲の人々の人情が伝わって何やら救われる。

『沓掛時次郎』など雷蔵の股旅ものでは、ほぼすべて敵役ばかりの須賀不二男が、沢田を支える戯作者倉橋仙太郎という珍しい役どころで渋いところを見せる。

　新国劇の舞台の中でも絶大な人気を誇った剣劇ものに殺陣師の出番があった段平だったが、沢田率いる新国劇が真に目指す出しものにはなかなかお呼びがかからない。世話女房のお春にも先立たれて、くさくさとした日々を送った段平。自堕落な暮らしがたたって中風を患い、ほぼ寝たきりの身となって浪花千栄子扮する漬物屋の女主人の世話になりながら、店の二階に寄寓する。映画『殺陣師段平』の終盤、最大の見せ場が幕を開ける。

　新国劇、五年ぶりの京都南座公演の出しものが「国定忠治」と知った段平思いの兵庫市が、ビラを見せて段平を喜ばそうと一升瓶をぶら下げ漬物屋の階段を駆け上る。

布団の上で起き上がるのもやっとという状態の段平が、一枚のビラに狂喜するあまり兵庫市持参の一升瓶を飲み干し、ものさしを振り回しての大立ち回り。兵庫市は駆けつけた医者から大目玉を喰う。段平の異常なほどの興奮も無理はない。久しぶりの新国劇の舞台「国定忠治」には、新たに「太左衛門の土蔵の場」という場面が加えられていた。

「太左衛門の土蔵の場」とは、中風を患って動けない忠治を捕まえようと、八州の捕り方がやって来るというシーンである。居ても立ってもいられない段平。寝たきりで動くことなどできぬはずの段平が、漬物屋の二階から消えた。

段平の行くところといえば、新国劇が初日を迎えた南座のほかにない。楽屋口にごった返す人混みの中で泣きながら訴える娘のおきく。聞きつけた沢田が暗転した舞台に立ち、客席に向かって段平の名を呼ぶ。このシーン、泣ける。

「先生！」弱々しい段平の声が返る。「段平、降りて来い」「あかん、もう動けんがな」「段平！　しっかりしろ！　今行くぞ！」沢田が段平のもとに走り寄る。

件の漬物屋の二階。死んだように眠る段平の床を取り囲む人々の中に沢田やおきく、兵庫市の姿もある。「なんや、極楽かと思うとったら、まだ漬物屋の二階に寝とんのかいな」いつの間にか目を覚ました段平が、むっくり起き上がって沢田に、「あかんがな、先生、あれはあかんわい……あの太左衛門の土蔵の場、あれはあきまへん……」。

段平は、不自由な体でようやく辿り着いた南座の客席から沢田の立ち回りを見ていた。

「早く良くなって、いいタテをつけてくれ」声をかける沢田に返事もせず、「なんぞ持って来んかい」とおきくを急《せ》かす。

一九六〇—一九六二

殺陣師段平
沢田正二郎

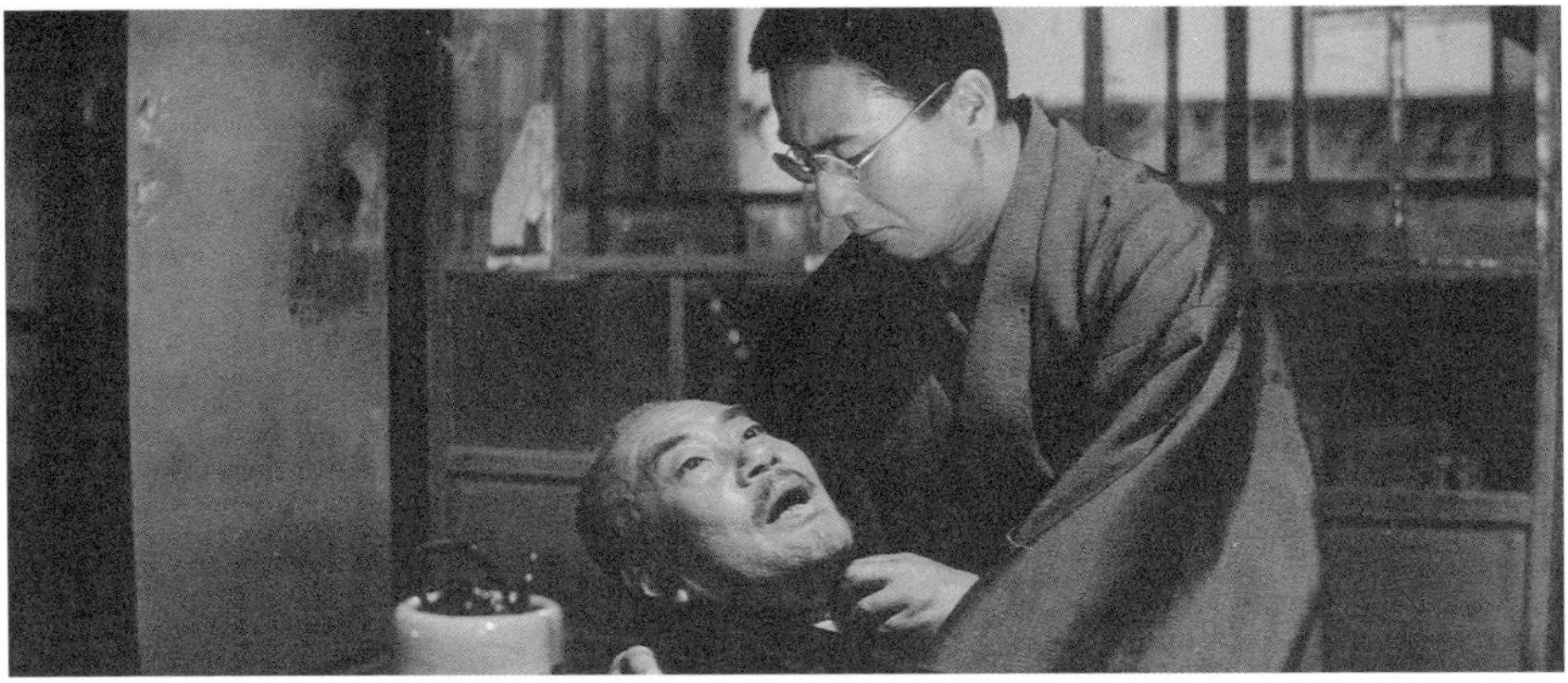

段平の気持ちが痛いほどわかる沢田は枕元の医者から許しを得ると、長押《なげし》から衣紋竹《えもんだけ》を取って段平に手渡す。

喘《あえ》ぎながら顔を上げ、「たとえ中気で臥《ね》ていても、名にし負う国定忠治」八州の捕り方もむやみにはかかれないと、渾身の力を振り絞り、ぶるぶる震える手で構える段平に、周囲の者がみな息を呑む。

「……四方からジリジリ押しに押して来る……それでも一方のすきを見て忠治の手首に縄がかかる……逆に忠治が縄をひくと捕り方がのめる……左の手首へも縄がかかる……それを刀でこう切って……刀を杖に立とうとする……」

衣紋竹を杖に立とうとする段平に、もはやその力は残されていない。

「身を伏せてあるものを手当たり次第に投げつける……しかし、もう最後や、首に掛かった縄がしまる……もうあかん、目が見えん……」沢田が段平を見つめる。「忠治はこうして死んでいく。先生、これが写実や、ほんまの写実だっせ」段平の頭が垂れて、握りしめていた衣紋竹がポロリと落ちた。

無学で字も読めぬ段平が必死で理解しようとした、沢田が提唱するリアリズム。「忠治も中風で臥てる、わいも中風で臥てる、そこが写実や、こらリアリズムだっせ」市川段平が一世一代のタテをつけた、国定忠治、太左衛門の土蔵の場の立ち回りだった。

段平が逝って数年も経たぬうち、沢田正二郎は新橋演舞場での公演中に倒れ、その後不帰の人となった。享年三十七であった。

一九六二
忍びの者

一九六三
続忍びの者

石川五右衛門

秩序の埒の外、したたかに生きる

一九六〇
一
一九六二

村山知義が「赤旗」の日曜版で、一九六〇年十一月から連載を開始した時代小説『忍びの者』と、一九六三年一月からスタートした続編『五右衛門釜煎り　続・忍びの者』。

村山が描いたのは、人間業とは思えない荒唐無稽な力を駆使して縦横無尽に活躍する大衆文化のヒーローとしての忍者ではない。最下層に生を受けた者たちの悲哀や、そこにもなお存在した上忍、中忍、下忍というヒエラルキーに目を向けてリアリズムに徹し、戦国の世を新たな光源で照らすことによって姿を現した「忍びの者」である。

村山知義の原作を翻案し高岩肇が脚本を書いた山本薩夫監督作品『忍びの者』の公開は一九六二年十二月。その翌年、六三年の夏には『続忍びの者』が製作された。

下忍の青年、石川五右衛門を演じたのは三十代を迎えた市川雷蔵。映画の成功は空前の忍者ブームを巻き起すきっかけとなる。

物語の時代は室町幕府が終焉に向かい、各地で群雄が割拠した戦乱の世。モノクロームの画面に映し出される焼野原には、屍が折り重なるように横たわる。重苦しい映像に「天正元年　夏　全国制覇の野望に燃える織田信長は、朝倉義景、浅井長政の連合軍を、北近江の地に撃破した」と、猛々しい言葉が添えられた。

戦国武将たちの勢力図は日々刻々と目まぐるしく変わる。それゆえ、秘密裏に迅速かつ正しくもたらされる情報を、みな喉から手が出るほどに欲しがった。

高度に訓練された者たちは、需要に応じて傭兵として買われ諜報活動に従事する。そういう者たちを忍者と呼んだが、死を賭して事に臨む彼らの地位は低く報われることなどないに等しい。秩序の埒の外、社会の底辺にしたたかに生きる者たちだった。

物語の舞台は伊賀である。近江、岐阜、駿河、小田原など、権力をめぐる争奪戦が繰り広げられる表舞台に驚くほど近い。京へ上るにもたかだか八十キロという地にありながら、ひっそりと身を隠すことのできる伊賀盆地に、百地《ももち》三太夫率いる百地砦と、藤林長門守を頭目とする藤林砦が勢力を二分して競い合った。その砦の厳然たるヒエラルキーの中で、百地と藤林は、それぞれ上忍の頂点に君臨した。

戦国大名からの要請に応えて各地に散らされる忍者たち。そこには雇う者と雇われる者との刹那の関係しかない。彼らの忠誠心はもっぱら砦のおん大将に向けられる。市川雷蔵扮する青年、石川五右衛門もそんな下忍のひとりだった。

物語の最初、百地三太夫は砦の者たちを集め、「我等忍者は忍術の効用を認め、是非にと頼みに来る大名に、〔略〕おのれの持てる術を売ればそれでよいのだが……」と低く呟くような声で話し始める。

「そもそも、忍術は天智天皇の御代、役《えん》の行者小角《おづの》に始まって以来、天台、真言とは切っても切れぬ縁続き」であり、比叡山に火を放って僧俗合わせ千六百人を皆殺し、夥しい数の経巻、尊像を灰

忍びの者
続忍びの者
石川五右衛門

燼に帰した信長こそ「天魔悪鬼にも勝る仇敵」であると説く。「信長が天下をとることだけは、我慢がならぬのじゃ」と、異常とも思える憎悪を込めて言い放った。

百地砦のおん大将、百地三太夫と、もう一方の砦の雄、藤林長門守が同じ人物だったという、原作者、村山知義の意表をつくアイデア通りの設定であり、この役に怪優、伊藤雄之助を据えることで物語は俄然面白さを増した。

あるときは百地三太夫、またあるときは藤林長門守としてまったく別人のように姿を変え、そう遠くはないふたつの砦の間を人知れず行き来する。

両方の砦の配下たちに対して一様に「憎き仇敵、信長の首を取れ」と檄《げき》を飛ばしながら、一方では「遅れをとってはならぬ」と互いに競い合わせて煽り立てる三太夫。凄まじい老獪《ろうかい》ぶりを見せた。

配下の者たちを集めた百地砦の館。粗末な野良着姿の若者が、涼やかな眼差しで虎視眈々と這い上がる機会を狙う。若き五右衛門のそんな野心を三太夫が見逃すはずがない。

「五右衛門、またしてもお前の見通しが的中したな」と声をかける。

越前、一乗ヶ谷で自害して果てる朝倉義景に見切りをつけ、早々に近江から戻った判断を、同輩が居並ぶ前で百地に誉められた五右衛門が自慢げな様子を見せると、同じ下忍に身を置く手裏剣投げの名手、投げの与八は、五右衛門にむき出しの敵意を向ける。

おのれの力をよすがとする忍者である。力が拮抗する者たちを互いに競い合わせることが、恰好のインセンティブになるということを、人心掌握術を知り尽くす砦のおん大将は大いに利用した。

人一倍優れた身体能力を見せる五右衛門が時折のぞかせる屈託のない野心。そんな砦一番の遣い手に、異形の人、百地三太夫は信長を打倒する刺客として信長の陣地に向かわせるべく照準を絞って謀《はかりごと》を廻らせる。

『忍びの者』『続忍びの者』の物語の舞台となるのは安土桃山時代。激烈を極めて時は流れた。

一五七三年、足利義昭を追放した織田信長は一五八二年に本能寺の変で果て、明智光秀を討った羽柴秀吉は一五九八年に死去する。その後、征夷大将軍となった徳川家康が江戸に幕府を開くのが一六〇三年である。たかだか三十年のうちに、数々の武将たちが勝敗を分け、歴史に名を残す主人公は移り変わった。

『忍びの者』は、百地三太夫と信長の間で繰り返される対立の果てに、伊賀のふたつの砦が壊滅するまでの物語。『続忍びの者』では、なおも抵抗を続ける忍びの残党に憎悪を向ける信長の忍者狩りの様子、一向宗への執拗な弾圧から、その後の本能寺の変、秀吉の台頭、家康の怜悧《れいり》など、目まぐるしい変遷が描かれた。

小さな島国、日本の中で繰り広げられる領地争いにおける最大の犠牲者は、焦土を右往左往して逃げ惑う人々である。莫大な資金を必要とする戦の犠牲となり、この世に絶望した民衆がすがったのが浄土真宗（一向宗）の教えだった。

複雑な教義の会得と修行を必要とする天台、真言密教への帰依は、彼らにとって考えも及ばない。南無阿弥陀仏と唱えさえすれば、何人にも極楽への道が開かれると説いた法然や親鸞の教えは、長い時を経て、日本各地、津々浦々にまで広められていた。ひたすら忍従を強いられた民の群れは、信仰の名のもとにその数を増して各地で反乱の烽火《ほうか》をあげる。戦国大名たちの脅威ともなった一向一揆である。

『忍びの者』には、信長が一向宗徒に弾圧を加える場面がたびたび登場する。百地三太夫にとって、信長が「天魔悪鬼にも勝る倒すべき仇敵」であるとすれば、信長には、忍者の集団も一向宗の信徒もともに壊滅すべき対象であることに変わりはない。宿命的な対立ともいうべき構図が、『忍びの者』二本をまたぐ。

濃密かつ過剰な色彩を放つ安土桃山の時代。そこに繰り広げられる物語を生きる役者にもある種の過剰さが要求される。『忍びの者』にキャスティングされた脇を固める俳優たちは、かなり個性的な布陣となった。

前述のように、伊賀の里のふたつの砦の間を自在に行き来する百地三太夫と藤林長門守を伊藤雄之助。百地に嫁いだものの、指一本も触れられることない年若な妻の、うちに秘めた激しさを好演するいのね役の岸田今日子。三太夫の謀略によって五右衛門と情を交わしたいのねは、井戸で命を落とす。謀と気づかぬまま、おん大将の奥方を寝取って死に至らしめたという罪悪感から、信長暗殺の刺客として三太夫の思うままに操られる五右衛門。

三太夫の側近、葉蔵に扮した加藤嘉が五右衛門に執拗に付きまとい監視する様子にも、薄気味悪い不思議な迫力があった。

百地砦で五右衛門と競い合う投げの与八役には中村豊。この若者も三太夫の命により信長暗殺に向けられるが、捕縛されて拷問の末、両耳をそがれる。それでも見張りの眼を欺き逃亡し忍者の掟を守って何者かを悟られぬよう顔をそいで自害する。

ファーストシーンから、五右衛門にむき出しの敵意を向ける藤林砦の木猿には西村晃。木猿という名にふさわしい容貌と敏捷さは適役だった。

『忍びの者』とその続編『続忍びの者』全編を通し強烈な存在感を見せる織田信長役の若山富三郎（当時の芸名は城健三朗）は、勇猛果敢でエキセントリックな信長像を印象づける。

諸大名が居並ぶ中、信長から度重なる不条理な叱責を受ける明智光秀には山村聰。高潔な人物像を芯として、煩悶《はんもん》を繰り返した末に信長暗殺を決断する光秀を淡々と演じ切り、新鮮な光秀像を浮かび上がらせた。

卑屈な様子で信長の歓心を買う羽柴秀吉には、まさにはまり役の東野英治郎。永井智雄は声音と容貌が相まって、まさに「鳴くまで待とう」の家康の沈着冷静ぶりを観るものに納得させた。

雷蔵は、個性豊かな役者たちが放つ強烈な光を受けて、五右衛門の人間像を立体的に浮かび上がらせているかのように見える。圧倒的な三太夫の存在を畏怖する若者から、何者をも恐れぬ強靭な精神力を持つ男に成長するまでの、雷蔵が演じ分けた変貌する五右衛門はいずれもなかなかに魅力的である。

凄惨な殺戮が繰り返される暗鬱な物語の中で、藤村志保が初々しく演じた遊郭の女マキと五右衛門が出会う印象的な場面がある。

常に三太夫に支配される忍者であることに嫌気がさした五右衛門は、現実から逃れ堺の町の一軒の妓楼の暖簾をくぐる。嬌声を上げて取り囲む遊女たちの手を振りほどきながらふと見上げた視線の先。壁を背にうずくまる女が五右衛門の出現に目を伏せる。

法然の「泥中にあれど花咲く蓮華かな」さながらの、マキの無垢な姿がたとえようもなく美しい。

忍びの者
続忍びの者
石川五右衛門

一九六〇—一九六二

マキとの出会いにより、五右衛門にほんのつかの間の平和が訪れる。怒濤のように流れる歴史の片隅でマキと慎ましい所帯を持ち、ひとり息子とともに暮らした安穏も、やがてすべてあとかたもなく奪われる。

物語の終盤、秀吉の居城、聚楽第《じゅらくだい》に忍び込んだ五右衛門は捕らえられて、三条河原の刑場に引かれていく。ラストシーン、白装束に身を包み、縄を受けて馬上にさらされる五右衛門が白光しているかのように見えた。先立った妻マキと息子五平の元に旅立つことのできる喜びをかみしめる、五右衛門のかすかな笑みにエンドマークの「完」が重なった。

雷蔵の『忍びの者』『続忍びの者』は映画ファンの熱狂的な支持を受ける。その後、主人公を変えるなどして六本が作られ『忍びの者』シリーズは計八本となった。

雷蔵にとってとりわけ悩ましかったのは、油の煮えたぎる釜で煎られ最後を迎えたはずの五右衛門が実は生きていたという設定で作られた三本目『新忍びの者』だったようである。

彼五右衛門はいろいろな意味で死ぬことを嘆いてもいなければ、怖《おそ》れてもいず、すべてを超越した一種の悟りの境地で刑場へのぞんでいました。そして私もまたその気持だったのです。ところが『新忍びの者』を作るに当たって、五右衛門という人物を殺しておくわけにもゆかず、またしても皆さんの前に現われるという内容のストーリーが、原作者や脚本家の苦心の末にできました。歴史的な解釈の相違は映画のうえでは、とやかくいうほどのことはないとしても、その人物を演じる私としては気持を整理するうえで少なからず悩まないではいられません。

（「よ志哉」一九六三年十二月／『雷蔵、雷蔵を語る』）

忍びの者
続忍びの者
石川五右衛門

一九六三—一九六九

眠狂四郎

一九六三―一九六九

眠狂四郎

狂四郎の姿絵

一九六三―一九六九

市川雷蔵の代名詞のように語られる『眠狂四郎』。その第一作『眠狂四郎殺法帖』は一九六三年十一月に公開された。

原作は、一九五六年から週刊新潮に連載された柴田錬三郎の人気時代小説。すでに東宝製作の『眠狂四郎』シリーズ三本が鶴田浩二主演で公開されていたが、評判はといえばさほど芳しいものではなかった。

主人公に扮する雷蔵はもちろんのこと、そもそも「眠狂四郎を雷ちゃんで」と熱く会社に働きかけた発案者の田中徳三監督も、脚本を委ねられた星川清司も、みな一様に意欲的な姿勢で取り組んだはずである。

しかし、何もかも手さぐりの状態からのスタートであるうえに、市川雷蔵主演の『眠狂四郎』とはいえ、日々量産されるプログラムピクチャーの一本であることに変わりはない。封切日から逆算された製作時間など、さまざまな制約はいかんともしがたく、その結果、残念ながら十分に練り上げていく余裕はなかった。完成した『殺法帖』の試写を観た雷蔵本人がこんなふうに語っている。

私自身で私の眠狂四郎を批評するとしたら残念ながらこの第一作は失敗だったといわないわけ

にはまいりません。試写を見て私は驚きました。狂四郎という人物を特徴づけている虚無的なものが全然出ていないのです。映画の中の狂四郎は何か妙に明るくて健康的でそれは狂四郎のイメージとまったく相反したものでした。これまでの私にたくまずして出ていた虚無感や孤独感といった一種のかげりが今や私の肉体的、精神的条件の中からほとんど姿を消していたのに私ははじめて気がついてハッとしました。このことは、まことに迂闊《うかつ》千万な次第ですが、その反面私自身が家庭を持った一種の安らぎ、あるいは充実感といったものが無意識のうちに、にじみ出ている結果だと知ることができました。もちろん演技者としては、これは弁解になりませんし、そんなことではいけません。この次こそは厳重な注意の目をくばりながら狂四郎の役づくりを大きな課題としなければならぬと戒心しています。

(「よ志哉」一九六三年十二月／『雷蔵、雷蔵を語る』)

雷蔵の結婚は、一九六二年の三月二十七日。翌年の五月、第一子にも恵まれた。「家庭を持った一種の安らぎ、あるいは充実感」が、狂四郎の「虚無」にそぐわぬ微妙なニュアンスを醸し出してしまうことがあったとしても、雷蔵がこのような猛省を口にしなければならぬほど、役作りに対する感度を鈍らせてしまったとは思えない。

要するに、雷蔵をはじめとして、演出、脚本、カメラなどスタッフの間で、新たな「狂四郎」像を共有するに足る時間がなかったのだ。

「伊賀者だな。出て来い。誰に頼まれた。やめろ。俺に剣を抜かせるのは。もう一度言う。やめろ。抜いたら、うぬら全員命はねえぞ」

『眠狂四郎殺法帖』のファーストシーン。スクリーンに映し出された眠狂四郎が放つ第一声である。顔のこしらえといい、発声といい、雷蔵には珍しくやや中途半端な感がある。のちに、狂四郎語録として挙げられるような気障《きざ》な科白が随所にちりばめられているものの、そのおさまりも悪かった。
いずれにせよ、失敗作という評価が定着してしまったかのように思われる『眠狂四郎殺法帖』。発案者田中徳三にとっても気の毒な結果となった。

一九六三年にスタートした『眠狂四郎』シリーズは、雷蔵が不帰の人となった年、一九六九年の一月に公開された池広一夫監督作品『眠狂四郎悪女狩り』まで十二本が製作された。

主人公、眠狂四郎は、転び伴天連《ばてれん》が名のある武家の娘に産ませた不義の子という設定であり、それゆえ、髪も赤みを帯びる。転び伴天連とは、禁教の時代、ミッションを携え訪れた異国の宣教師（伴天連）が、拷問を受けて棄教を迫られ、やむなく改宗した転向者をさす。

『眠狂四郎』のシリーズでは、隠れ切支丹の残党のエピソードがサイドストーリーとしてしばしば登場し、妖しげに演出された黒ミサのような邪宗の儀式がインサートされた。

柴田錬三郎が眠狂四郎の時代背景として選んだのは、江戸幕府第十一代将軍、徳川家斉《いえなり》の世。家斉の名は、幕政に果たした功績ではなく、もっぱら、妻妾の数と、その間に生まれた五〇人にも及ぶ子供たちの数で後世に語り継がれたことから、柴田錬三郎が描く、時代小説に恰好のモチーフを提供した。作品の中に登場する驕慢な姫、高姫もまた、家斉の息女である。

第二作『眠狂四郎勝負』は一九六四年一月に公開された。監督は三隅研次、脚本は第一作から第七作目までを担当した星川清司である。美術は一作目に続いて内藤昭。『大菩薩峠』で、大胆な絵作りに挑戦した三隅、内藤コンビが、雷蔵扮する狂四郎にぴたりとはまる背景を用意し、雷蔵＝眠狂四郎という強烈なイメージを作り上げた。

監督の三隅研次は、雷蔵のデビュー三年目、一九五六年に公開された股旅もの『浅太郎鴉』から十七本の雷蔵映画を手掛けた。なかでも、一九六〇年の『大菩薩峠』『大菩薩峠　竜神の巻』、剣三部作と呼ばれる『斬る』（一九六二年）、『剣』（一九六四年）、『剣鬼』（一九六五年）、そして、『眠狂四郎』シリーズ中の『勝負』を含めた三本と、いずれも、スクリーン上の圧倒的に美しい市川雷蔵の姿を印象づける作品が多いことに、あらためて驚かされる。

第二作『眠狂四郎勝負』で三隅研次が果たした最大の功績は、眠狂四郎（＝雷蔵）という、完璧なまでの姿絵を描いてみせたことである。

当の雷蔵は一作目の猛省を踏まえ、メイクも声音もがらりと変えて『眠狂四郎勝負』に臨む。

メイクといえば、生前の雷蔵を知る多くの人々は回想の中で、化粧を落とした普段の雷蔵を「目立たず平凡な顔立ちだった」と語る。

雷蔵が見せてくれた変幻自在な顔のこしらえは、「一見平凡に見える」あの面長な輪郭に、形の良い鼻梁、決して大きくはないが奥に力を秘め、いかようにも表情を変える両の目があってのこと。人知れず努力を重ねて手に入れたであろう、人並外れた化粧術が力を発揮したことは言うまでもない。

狂四郎のトレードマーク、黒の着流しの演出も興味深い。狂四郎の定紋は切支丹を連想させる変わり十字の意匠、角花久留須である。漆黒の地に大きく染め抜かれ、くっきり浮かぶ久留須紋の白が二作目から鮮やかさを増した。

第一作目。黒羽二重に締めた角帯は、後半に一度登場する白献上をのぞいてすべて紺地である。

青味のねず色の半襟に、袖口や裾まわしに付けた布もやや濃い色目だった。

それが第二作『勝負』で黒の着流しは、艶を見せる羽二重から艶消しのお召しに変わって、ライトのもとで微妙な陰影を作り、片ばさみに結んだ博多献上の角帯はもっぱら白地になった。さらに、半襟や袖口、裾まわしにごく淡い薄墨色を配することで、深い艶消しの黒に、久留須紋の白、白地の献上、半襟、袖口、裾まわしの薄墨色が心憎いばかりに美しいコントラストを見せる。

雷蔵と初期の頃から付き合いのある衣裳担当、萬木利昭はインタビューで雷蔵のきものに対する見識とこだわりに触れた。首の長さに合わせ三分ほど高くした衿に、二寸ほど長く仕立てた裾、裏にごく薄い芯を貼ることで張りを持たせ、立ち姿の美しさを強調したことなどをあげて、「雷蔵さんくらい、着流しのきれいな俳優さんはいなかった」と、感に堪えない様子で語る。

同志社の相撲部に通った成果が、雷蔵の上半身の胸や肩、上腕のあたりを見違えるようなたくましさに変え、長襦袢の下は薄い肌襦袢一枚で補正など何もつけず、あの美しいシルエットを作り上げた。

斬り合いのシーン、うすくふきを入れた裾のはらりと返る様子が美しく、長めに仕立てた裾から足元がのぞく。長谷川一夫から伝授されたという硬貨を裾に忍ばせることも、流麗な裾さばきを演出するための工夫。裸足に突っ掛けた雪駄には、細目に誂えた黒革の鼻緒をすげた。

三隅研次作品『眠狂四郎勝負』の脚本は、第一作の『殺法帖』と同じく星川清司が書いた。『殺法帖』の失敗を自分が書いた脚本のせいだと、雷蔵にも、田中監督にも詫びたという星川は次回作のオファーを固辞するが、どうしてもと迫る三隅に押し切られてしまう。

原作は、週刊誌に掲載された一話読み切りの連載である。一本の映画にするにはいかにも短く、

眠狂四郎
眠狂四郎

面白みにも欠けた。原作と設定を変えないという原作者との約束が足かせとなったが、結局、会社側の意向に背く形で強行突破、原作を大幅に変えることで本を完成させた。うまくいかなければ大映を去ると決めていた星川は、監督、プロデューサーと三人、夜通しで侃々諤々《かんかんがくがく》の議論を交わしたのち、夜も明けぬ頃、叩き起こすように雷蔵に電話して事情を説明する。

「それをあなただけの罪にはしない。星川さんだけの罪にはしないから」雷蔵の力強い言葉が星川を支えた（星川清司「市川雷蔵と三隅研次」／『市川雷蔵とその時代』）。

星川が「思うがままに書いた」という脚本で製作された『眠狂四郎勝負』はシリーズ十二本の中でもすこぶる評判がいい。試写の折、原作者の柴田錬三郎は何も言わず、試写室から立ち去り、重役のひとりが「こんなキザなことをやりやがって。眠狂四郎はこれでおしまいだ」と叫んだらしいが、存外、新聞の映画評では、「脚本も演出も俳優もすべての点においてAクラスである」と絶賛された（前掲書）。

『勝負』の成功は、なんといっても、原作では目立たない存在の朝比奈伊織という老人を、思いきり印象的な人物に仕立てたことにある。

頑固一徹の勘定奉行、朝比奈伊織を演じたのは、加藤嘉。眉尻を極端に下げて、頬にお迎えぼくろを描き、おそらく別な作品で役作りのために抜いていたのだろうが、ぞろりと前歯のない呆けた笑顔を見せる。にわかに信じがたいことだが、一九一三年生まれの加藤は、この年、五十一歳、「老けメイク」の驚くほどの出来栄えに感心させられる。

幕政の腐敗を正そうと、老いの一徹で幕臣たちに迫る勘定奉行朝比奈伊織を快く思わぬ反対勢力は、朝比奈老人の命をつけ狙う。

偶然の出会いに、居酒屋で杯を交わした老人が、実は刺客に狙われる勘定奉行と知った狂四郎は、用心棒を志願する。大きなお世話とばかりの朝比奈に、俺の勝手と笑う狂四郎。この浪人、案外ひとが好いのだ。

朝比奈の反対勢力の中には、時の将軍徳川家斉の妾腹の息女、高姫（久保菜穂子）の存在がある。人を人とも思わぬ驕慢ぶりで、贅沢のし放題。その高姫の莫大な化粧料に、財政切りつめの矛先が向けられると、朝比奈に加勢する眠狂四郎もまた憎しとばかり、さまざまに画策された刺客が放たれ、対する狂四郎の立ち回りが冴える。

ラストシーン、円月殺法の殺陣で見せた雷蔵の立ち姿に、眠狂四郎の姿絵の完成を見た。

物語の最後、身を案じた朝比奈から落ち着いた暮らしをしたらどうか、仕官せぬかと聞かれ答えた狂四郎「そんなことを言い出されると、あんたが嫌いになる」。こんな科白がなんともカッコよく決まる。

狂四郎が寄寓する吉原裏の浄閑寺に向かうふたりが、連れ立って狂四郎馴染みのソバ屋に立ち寄るシーンがある。健気に狂四郎に思いを寄せるソバ屋の娘、おつやに扮した高田美和の可憐で無垢な様子に、思わず狂四郎の頬が緩む。

ソバ屋の親父が差し出すどんぶりを受け取って薬味をたっぷりのせ、さも旨そうにソバをすする朝比奈老人と狂四郎。ふたりの様子に、見ているこちらもつられて思わず唾を飲む。

狂四郎は、まっすぐに生きる娘の健気さにめっぽう弱いのである。因みに、『眠狂四郎炎情剣』では、姿美千子が絣姿で健気な娘を演じていた。

狂四郎という男は、「虚無」「ニヒリスト」というキーワードで読み解かれることが多いのだが、あの凛然《りんぜん》とした姿の中に見え隠れする、人間臭さや愛嬌も、雷蔵・狂四郎の大きな魅力である。

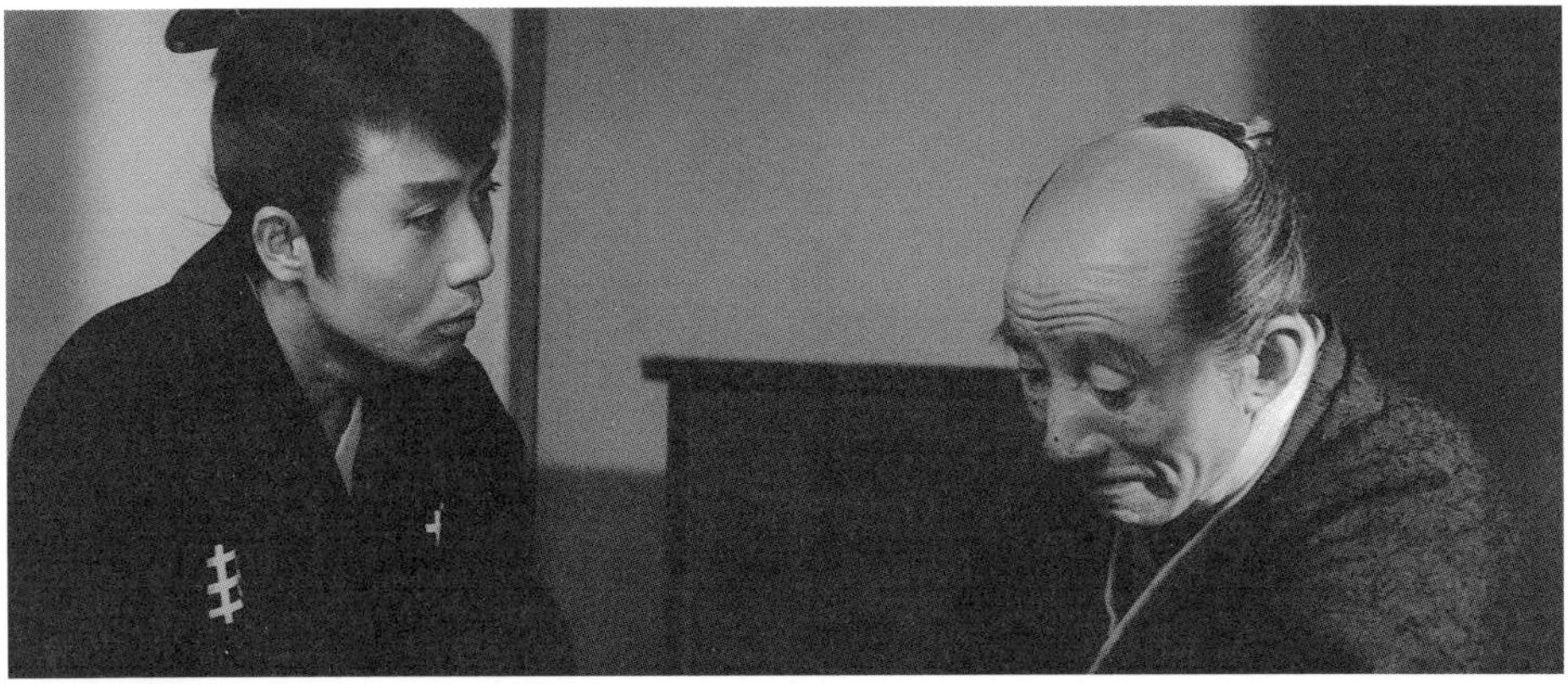

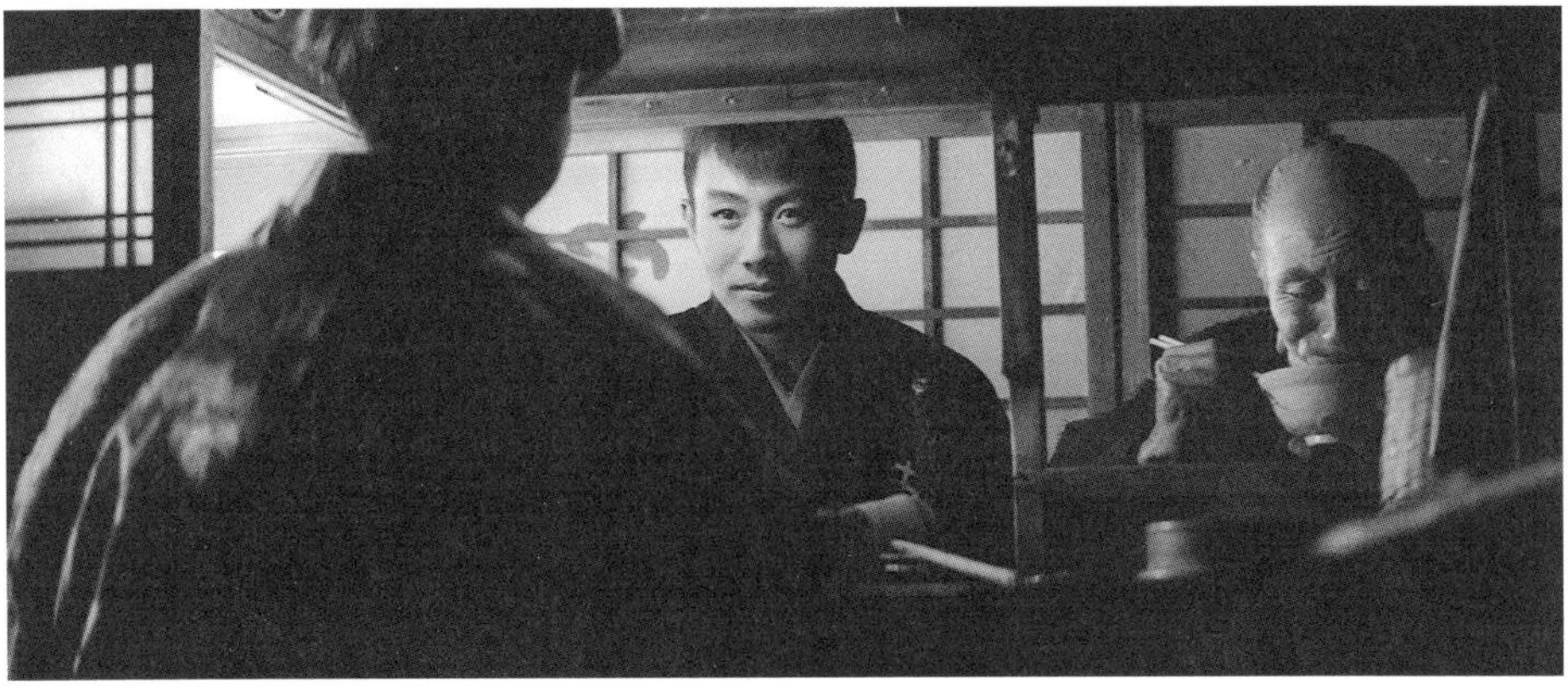

三隅監督が撮った眠狂四郎は『眠狂四郎勝負』『眠狂四郎炎情剣』『眠狂四郎無頼剣』の三本である。

第五作『炎情剣』、おのれの色香で籠絡せんと狂四郎の前に現れる武家の女に扮した、中村玉緒の悪女ぶりも見ものである。時折、中村玉緒が見せる憎悪の表情に、『大菩薩峠』のお浜を重ねてしまうが、机龍之助に比べれば、眠狂四郎は少しく長閑である。

『大菩薩峠』で効果的に使われた群れる鴉の図や、蝙蝠桐の紋様、朱地に金泥銀泥で描かれた杜若図などのいささか唐突な登場に、またしても三隅、内藤のコンビの、襖や屏風、衝立への偏愛ぶりがうかがえる。

六〇年をピークとしたひと頃の隆盛が影を潜め、斜陽の気配が忍び寄る映画界。人気シリーズ『眠狂四郎』に、あらゆる手を駆使して観客動員が図られる。集客を目的とした刺激的な要素が盛り込まれ、あられもない女たちの裸の姿や、残酷な場面、グロテスクに誇張された登場人物などが、回を追うごとにこれでもかという過剰さで、スクリーンに映し出される。

三隅作品にしても、例外ではないのだが、そこは、三隅監督、際どい場面も独自の美意識で手際よく料理した。たとえば、空間を構成する要素をストイックなまでに整理して、時には、ありえない絵作りさえ平気でやり果たす。つまり、三隅は時代劇に「虚構《ありえない》」世界を創造する確信犯であり、雷蔵は三隅が作り上げた世界で、観る者の腑に落とす虚構のリアリティを、完璧な美しさで演じ切れる唯一無二の役者だったのだと思う。

幾度となく繰り返し眺めた『眠狂四郎』全作品。私にとってのベストスリーは、迷うことなく三隅研次監督の三作品となった。

ところで、番外編ともいうべき特別な作品がある。第十作『眠狂四郎女地獄』、田中徳三監督にとっては二作目となる『眠狂四郎』である。

この映画の中心に据えられたのは、佐伯藩のお家騒動。病床の藩主をないがしろにして対立する城代家老と国家老、それぞれの勢力に助っ人としてふたりの剣客が登場する。

伊藤雄之助扮する野々宮甚内。討ちとった相手から奪った刀の鍔《つば》をつなげては、ジャラジャラと肩から斜め掛けしておのれの腕を誇示。あさましいほどになりふり構わず仕官を求める。

もうひとりの浪人、総身に暗さを漂わす成瀬辰馬を田村高廣が好演した。国家老から手込めにされた母とともに放逐された過去を持つ。父の命を奪う目的で、父と対立する城代家老に加担する。

伊藤雄之助はいつもの過剰さに加えて、野々宮甚内という男に哀れさをまとわせ、田村高廣は、成瀬辰馬の決して救われることのない人生の過酷さを滲ませる。

眠狂四郎は、いつの場合もやむなく騒動に巻き込まれ、自らに刃を向け襲ってくる相手を一太刀で討つという構図。相手はいかにもという悪人面ばかりである。

田中徳三監督は『女地獄』で、ふたりの浪人の人物像を鮮明に浮かび上がらせ、ふたりに対する狂四郎の「捨ておけぬ」思いをのぞかせることで物語を一層魅力的にした。

通常、映画の撮影は、出演者の都合や経済性、作業効率などさまざまな要素を考慮しながら香盤表が組まれていくことが多い。とりわけ予算や製作日数が限られている場合など、脚本通りに順撮りされることはまずない。

ところが、『女地獄』のラスト、雪の立ち回りは、最終日に撮影されたことが、のちのインタビューで監督の田中徳三から明かされた。

降りしきる雪の中、父、国家老の乗る駕籠の行列に立ちはだかる辰馬。辰馬が、走り寄って駕籠に刀を突き刺した瞬間、駕籠の裏から姿を現したのは狂四郎である。なんとしても、辰馬が実の父を手に掛けることを阻止せねばと一計を案じた狂四郎だったのだが、その思いも空しく一発の銃弾が、辰馬を撃ち抜く。銃を手にした家老、傍らには用心棒役の甚内の姿があった。

悔しさを滲ませて辰馬が頽れる。なおも狂四郎に銃口を向ける家老に、瀕死の辰馬が必死の一太刀を浴びせると、素早く駆け寄った狂四郎がそのとどめを刺した。

国家老の死で、甚内の仕官の夢も潰《つい》える。死を覚悟した甚内が狂四郎に向かう。「俺は斬られたくて斬ってくる者を、斬ったことはまだない」狂四郎の言葉に、「死ぬこともかなわぬのか」甚内が腰から抜いた刀は竹光である。大写しになった哀切極まる甚内の顔を蒼白の狂四郎が見つめた。


『眠狂四郎女地獄』のラストカットはね、セットで撮っているんですが、狂四郎がすーっと去っていく後ろ姿、それが雪の中に消えていくというカット。これが雷蔵を撮った最後のカット、ラストカットなんですよ。たまたまそれが、撮影の最後にきてね。こんなことも、今考えると印象深い思いがします。

(『RESPECT田中徳三』シネ・ヌーヴォ、二〇〇三年)

剣 一九六四

国分次郎

強く美しい死

一九六三―一九六九

三島由紀夫が一九六三年十月文芸雑誌「新潮」に発表した短編小説『剣』。その映画化を強く望んだ雷蔵は、東京本社のプロデューサー、藤井浩明に打診する。たいへんな読書家として知られる雷蔵は、演技者としての貪欲な一面をのぞかせ、自らが演じる対象を求めて、週刊誌や文芸雑誌に掲載されたばかりの小説にも驚くほど鋭い嗅覚を発揮した。

一九五八年公開された『炎上』以来、雷蔵と親しい付き合いを続けていた藤井は、原作者の三島とも親交があった。早速脚本を用意し、東京撮影所の監督たちに働きかけてみるが、手を上げる監督はいない。そこで声をかけたのが、京都撮影所の三隅研次だった（『剣　三隅研次の妖艶なる映像美』）。『眠狂四郎』シリーズの中でも評判の高い第二作目『勝負』（三隅研次監督作品）が封切られた頃だというから、一九六四年の一月中旬あたり。三隅は興味を示したものの、実際に撮影に入るにはいささか寒すぎる。もう少し暖かくなってからという条件をつけて監督を引き受けることを承諾した。

ところが撮影をすぐに開始するようにとの社長命令が下る。誰がどう撮ろうと、照り付ける夏の太陽がなくては成立しないと、厳寒の時期の撮影に難色を示す三隅だったが、社長からの命令に逆らうわけにもいかず『剣』の製作が開始される。封切りは三月十四日。一年中で最も寒い二月に撮影のスケジュールが組まれた。

『剣』は、主人公、国分次郎が主将をつとめる東和大学剣道部を舞台として、剣に身命を賭す国分の自死までを描いた物語である。

剣道場の冷たい床の上、裸足の稽古シーンは俳優たちにとってつらい。さらに物語のクライマックスとなる夏合宿の舞台は海辺の町。極寒の海で苛酷なロケが行われた。

原作や台本に書かれた合宿地は西伊豆の某所ということになっているが、三隅監督が選んだロケ地は、目の前に広がる瀬戸内の海にいくつもの小島が浮かぶ景勝地、鞆《とも》の浦だった。

夏らしい陽炎の画が欲しいという監督に、カメラマンの牧浦地志は、地面にエチルアルコールを撒《ま》くアイデアを提案し、吐く息が白くなってはまずいからと、役者たちの口に氷を含ませた。三隅監督の母校、立命館の剣道部部員がエキストラにかり出され、主将の国分を中心に全員そろって腕立て伏せを行うシーンが撮影された。

> 「剣」という作品で、雷ちゃんが大学剣道部の学生に扮したとき、合宿訓練のシーンがあり、お寺の庭でロケーションしたのですが、ほんとうの剣道部の学生たちをエキストラにして、腕立て伏せ三十回を一カットに撮ったことがあります。撮影は二月でしたが、真夏のシーンだったので、皆は上半身裸です。雷ちゃんの「ごく軽い猫背が」むき出しになり、痛々しく私の目に迫りました。まわりの本ものの剣道部員たちが、のびやかな背を力強く上下させるのに負けまい、と雷ちゃんも力を入れて腕立て伏せを繰返します。が、二十回目をこすあたりから次第にテンポが乱れ、屈伸する腕の筋肉がこわばって、かすかなふるえをともないはじめました。顔に紅味がひろがり、口をかみしめて、首の血管が太く浮き上がっています。晴天とはいえ、

二月の寒空に背が汗ばんでいるのです。見ている私も息苦しく雷ちゃんとともにこの苦行を耐える思いで、ようやく三十回目を数えてカットを掛けました。当初二十回ももたないのではないかと危惧したのに、苦しい三十回を耐え切って、「うわーっしんど」と笑って立ち上がったのです。その時、「ごく軽い猫背」から痛々しさの影は消え、精気に満ちた輝かしいものとして私の目を射るのでした。

（『侍　市川雷蔵その人と芸』）

一九三一年生まれの市川雷蔵は、『剣』が公開された年の八月に三十三歳を迎える。『炎上』で十七歳の青年を演じた雷蔵は、実年齢二十七歳の坊主頭が分別臭いからと、毎朝、美粧の小林昌典に鉛筆で整えてもらい撮影に臨んだ。大学の剣道部で主将をつとめる、二十代前半の国分次郎を演じるにあたり雷蔵はいかなる演技プランを練り上げたのか、興味は尽きない。

黒胴の漆に、国分家の二葉龍胆《りんどう》の金いろの紋が光つてゐる。道場の窓から幅広くさし入る西日のなかに、国分次郎の藍の刺子の稽古着から飛び散る汗は、ちらちらと光つて飛ぶ。

彼の袴の脇からは、若いつややかな琥珀いろの腿がほの見え、それが生動するさまは、全身をおほふ防具と稽古着の下に、躍つてゐる若い肉体を偲ばせる。

（三島由紀夫『剣』講談社、一九六三年）

剣道場での稽古風景。モノクロームの画面に登場する雷蔵は、原作の冒頭に描かれた主人公の姿そのものであったし、面金越しにのぞかせるのは、国分次郎の鋭い眼光だった。

一九七〇年十一月二十五日。市ヶ谷の陸上自衛隊駐屯地のバルコニーに立ち、楯の会の制服に身を包んで檄文を読み上げた作家は、総監室で割腹自殺を遂げた。その年に二十歳を迎えていた私は、この作家、三島由紀夫の作品をずいぶんたくさん読んだ記憶がある。特別好きな作家だったというわけではない。あの時代、強烈に気になる存在だった。読者を圧する悪意と仕掛けがいたるところに用意されていて、読み終わると決まって、目くらましにあったような苦い敗北感に似た思いを味わった。

あらためて、三島由紀夫の短編小説『剣』を読み返した。主人公、国分次郎という男の周囲には「何もそんなにこねくり回すこともなかろうに」と思ってしまうほど、厄介な修辞がちりばめられている。

しかし、そうした修辞が三島文学の特徴でもあるのだから、三島由紀夫が原作者であることを謳う映像作品の脚本は、三島のレトリックを捨てるわけにはいかない。その結果、唐突で不可解な寓意がインサートされた。

たとえば、国分の級友が自殺する話。死後発見されたベッドには、苦しさのあまり貪るように食べたと思われる枇杷《びわ》の皮と艶やかな種が散乱している。国分はその自殺を否定はしない。だが、自殺者は体も心も弱かった男で

「強者の自殺でなかったことが残念であり、死にゆくものの食欲、未練、そんなものからできるだけ遠くにいたい」と国分は思う。

またあるシーンでは、校庭の芝生に寝ころんでいた国分の傍らに、不良たちの銃で撃たれた鳩が落下する。傷ついた鳩を返せと詰め寄るチンピラたちは、少しも怯《ひる》むことのない国分に気圧《けお》されて、口先ばかりの虚勢を張りながら退散する。そんなとき、国分の腕に抱かれて静かにうなだれていた鳩が、急に思いもよらぬ力強さを見せて飛び立ち、すぐに力尽きてどさりと国分の腕に落ちた。鳩の翼の血が飛び散って国分の頬を汚すと、国分は傷ついた鳩に、ほんの刹那殺意を抱く。

植え込みに身を隠し一部始終を見ていた大学の老いた用務員が、国分の頬の血を拭き取ってあげようと申し出る。引いていたリアカーのごみの中にあった白百合の、純白の花弁を何枚か重ね国分の頬を汚した血を拭う。この場面に原作ではこんな一文が添えられる。「その燻んだ光沢をとどめてゐる白い部分は、しめやかに血を吸って、白い敏感な肌があらはに示した血管のやうに、脈の形に血の赤を織りこんでしまっていた」

なんとも大仰な言い回しである。しかし、こんな厄介なレトリックにも、国分次郎に扮した雷蔵は何ら違和感を感じさせることなく折り合いをつけてしまう。ならばと、国分次郎をほかの役者に置き換えて想像してみるのだが、思い浮かべることのできるどんな役者をもってしても、白百合の花びらで頬の血を拭わせるなど、とんでもなく気障な行為に思えて気恥ずかしかった。

国分次郎は幼い頃、太陽に対峙したことがある。太陽を「睨んだ」彼は、一瞬目にした太陽にその本質を見たと思い、それが国分少年にとっての正義となった。正義を身に浴びて強く正しく生きることを決意した克己の心は、次第に国分を周囲から乖離させる。

剣道部の主将に指名された国分は居並ぶ先輩、部員を前にして「全身全霊をあげて、やれるところまでやってゆく。俺についてくれれば絶対に間違いない。俺を信じる奴はついて来い、ついて来られない奴は、ついて来なくてよい」と、高らかに宣言した。国分にあるのは自分が何をなすべきかということ。ほかに選択肢はなく、おのれのすべてを剣に集中させる。あとはすべて取るに足らぬつまらぬものと切り捨てた。

剣道部の同輩、賀川（川津祐介）は、国分とは対照的な享楽主義者である。国分の好敵手と目されながら、威を張って力を恃《たの》むところがあると、主将どころか副主将にも推挙されない。賀川にはそれが大いに不満であり、国分に対して複雑な思いを抱えていた。

国分を神のように信奉する後輩の壬生（長谷川明男）はイノセントで少々単純な青年だが、国分にとっては唯一心穏やかになれる場所として存在する。

国分主将率いる東和大学剣道部は、全国大会を前にして恒例の夏合宿に向かう。三隅研次が披露したあの腕立て伏せのシーンも登場する。二月、確か寒中の撮影だったはずと思い返してみても、部員たちの汗には疑いを挟めぬほどのリアルさが感じられた。

静かな漁港風景を望む傾斜地に立つ、寺の本堂が部員たちの合宿所である。広庭に整列した白いトレーニングパンツ姿の部員たちを前に、引き締まった表情の国分から合宿中の心得が伝えられる。なかでも厳しく言い渡されたのが「水泳の禁止」であり「海が目に入るようなら、練習に身が入っていないという証拠である」と国分の檄が飛ぶ。

近くの中学校の体育館を借り、連日、早朝から壮絶な稽古が続く。体育館に「面！　籠手《こて》！」と烈しい打ち込みの声がこだまして、床には汗が飛び散った。慣れぬ新入部員の中には校庭に駆け出して嘔吐を繰り返す者もあり、国分をのぞくすべての部員は、「休憩」の声を聞いてその場に頽れた。合宿が終盤に差し掛かる頃、陣中見舞いにやって来る剣道部監督の木内（河野秋武）を迎えに、国分は副主将たちを連れて港に向かう。

連日の稽古の疲れとたまらぬ暑さで、ごろごろと所在なげな様子を見せる部員たちに向かって、突然、賀川が「泳ぎに行こう」と声をかけた。賀川は、何かにつけて国分の存在が疎ましい。すべてを切り捨て剣に集中する国分が理解できず、否定しているはずの国分に、常におのれの存在が脅かされているような不安を覚えた。

同世代の若者なら当然心動かすはずのものに一切興味を示さぬ国分。賀川は「そんなはずはない」と思う。だから、国分に惹かれる蠱惑《こわく》的な美人女子大生、伊丹恵理（藤由紀子）を国分に近づけたりもした。

国分の留守に部員たちを扇動したのは、禁忌を破ってみせることで動揺するであろう国分の姿を見たいと思ったからである。一瞬ためらっていた部員たちも、賀川に続いて歓声を上げながら海に向かう。

怒りに身を固くしてひとり本堂に残ったのは、一途に国分を敬愛する壬生だった。

海に出かけた賀川たちは、監督をまじえた一行が寺に到着する前に、何食わぬ顔で戻るつもりだった。ところが、国分たちは、通りがかったトラックの荷台に乗せてもらって、予想外の早さで寺の参道に到着する。

寺に向かう国分たちの姿に気づいた壬生は、慌ててパンツ一枚になり、何も知らず意気揚々と引き揚げてきた賀川たちの一団に加わった。

壬生は、仲間を止められなかった自分が不甲斐なく、規則を守れなかった責任はみんなで男らしく負うべきものであると思う。ひとり本堂に残って正義を振りかざすことなど恥ずべき行為で、範とする国分先輩が貫き通す精神と真逆のものである。そう考えた壬生は、賀川たちとともに、無言で国分の前に身をさらした。

下ばき一枚の姿で並ぶ部員たちを前に、落胆の色を浮かべる国分。苦々しい表情の木内監督は、首謀者の賀川に即刻帰るよう言い渡した。

その夜のこと。満天の星が、参道の石垣を背にして立つ国分の横顔を浮かび上がらせる。山門を出てためらいながら近づく壬生の気配に気づいて、振り向いた国分が「壬生か」と声をかけた。「なあ壬生。お前もみんなと一緒に海に行ったのか？」「はい」「本当に行ったのか」「はい」「そうか」。目を伏せてその場を去る国分の姿に壬生は煩悶した。

みなを止めることもできず本堂にただひとり残った自分は紛れもなく醜悪なのだ。そんな醜い姿を国分に見られるくらいなら死んだほうがましだとあのとき思った。だから、賀川たちの群れに紛れることを選んだ。その壬生の選択を、国分が是とすると信じたのだ。

国分から問われて、絞り出すように答えた「はい」という短い返事に、壬生は思いのすべてを込めたつもりだった。だが、星明りでわずかにうかがうことのできる国分の表情には、深い絶望しか

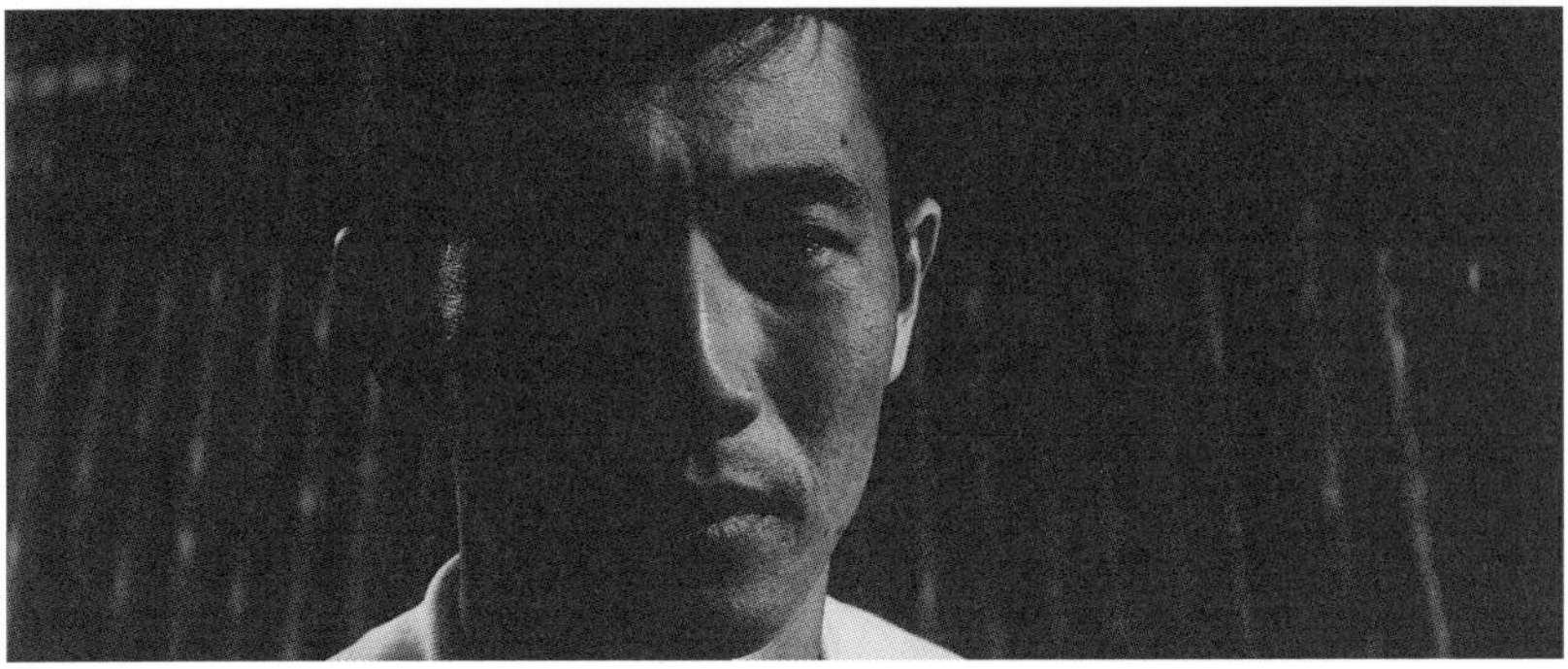

なかった。

太陽の本質を見たと確信した幼い日から、正義を身に浴び、強く正しく生きることだけを決意して築いてきたすべてが崩れさったと国分は思う。国分の取るべき道はもうほかにはなかった。

合宿最後の夜。納会の酒宴の席で何事もなかったかのように部員たちをねぎらい、挨拶を終えた国分がほんの一瞬見せた複雑な表情をカメラが捉える。国分が姿を消した。壬生は、国分の空になった防具袋を見つけ不吉な予感に襲われる。

白々と夜が明けて穏やかに凪《な》いだ海に大小の島が浮かび、艶やかな黒漆の胴に、二葉龍胆の紋が朝日を受けて金色に輝く。剣道着を付け竹刀を手にして横たわる国分の姿。端正な国分次郎の死相のアップが映し出された。

雷蔵が出演した数多くの作品の中に、役によって身にまとわせてみせる「虚ろ」がある。『炎上』『大菩薩峠』『斬る』『ある殺し屋』『陸軍中野学校』など、これら一連の作品に登場する主人公たちは、時代劇、現代劇を問わず、現世を生きながら体の一部を冥界に預けているかのような、おそらく市川雷蔵という役者にしか演じることのできない「虚ろ」を漂わせた。国分次郎という男には、そんな主人公たちと同じ匂いがあった。

一九六五―一九六七

若親分
南条武

楷書の無頼

若親分
南条武

一九五〇年代、映画は娯楽の中心だった。ところが、ピークを迎えた一九六〇年を境に、観客動員数が徐々に下降線をたどり始めると、各映画会社は厳しい状況に直面する。（参考：一般社団法人日本映画製作者連盟　日本映画産業統計）

一九六四年に大映に入社し、製作部宣伝課で宣伝を担当した中村努の証言がある。

大阪北の梅田大映と南のアシベ劇場、名古屋大映、浅草の電気館の四館から集計した月間平均の興行収入データというものがあって、公開された映画が「当たった、当たらなかった」という目安になっていたというが、それがおそらく宣伝課の壁に貼り出されていたのだろう。撮影の合間に、トレードマークの下駄音を響かせてやって来た雷蔵が、そのデータを目にして「なんでこんなに入らんのかなア」とため息をついたという（中村努「死ぬほど働いても当たらなかった大映末期」／『市川雷蔵とその時代』）。中村が入社した六四年の入場者数は四億三一四五万四〇〇〇人、六〇年の一〇億一四三六万四〇〇〇人と比較すれば半分以下である。さらに六五年には三億七二六七万六〇〇〇人と落ちて事態はますます深刻さを増した（前出　日本映画産業統計）。

東京オリンピックの開催を間近に控えたこの時期、各家庭へのテレビの普及は目覚ましく、映画館に足を運ぶ人の数は大幅に減少した。娯楽は多様化して、映画の黄金期はすでに過去のものとなりつつあった。

一九五四年の映画界入りから、不帰の人となった一九六九年まで、雷蔵が映画の世界で過ごした十五年にも満たない日々。フィルモグラフィに並ぶ百五十本を超える作品を眺め、スクリーンに映し出される姿を思い浮かべてみれば、その一作一作に臨む雷蔵の真摯な姿勢が見えてくる。後援会誌に掲載されたエッセイからは、映画界全体を俯瞰するという雷蔵ならではの冷静さで語られた映画への熱い思いが感じられた。

映画は総合芸術であり、いろいろの部門を受け持つ各人がそれぞれ自分の持つ才能をフルに発揮できるところにいい映画が生まれてくるわけです。ですからめいめいが自分自身を大切にいたわるということが自分の才能を生かし、その情熱をあますことなく燃焼しうるような製作条件を作るように努力することにあり、それがひいては、映画産業の発展につながることになると思います。そんな意味からもはなはだ漠然としたいい方ですが、私たちはあらゆる努力を惜しみなく払ってゆきたいと思っている次第です。

（「よ志哉」一九六二年十一月／『雷蔵、雷蔵を語る』）

一九六三―一九六九

この年、一九六二年に雷蔵のシリーズもの『忍びの者』（全八作品）が、翌年には『眠狂四郎』（全十二作品）の第一作目がそれぞれ公開された。

一九五四年公開の『花の白虎隊』で雷蔵とともにデビューしたものの、瞬く間に主演作を重ねていった雷蔵に比べるとやや出遅れた感のあった勝は、一九六〇年の『不知火検校』でその状況を一変させる。続く『座頭市』『悪名』シリーズも含め、勝新太郎という常に強烈な個性を前面に出す役者の特異な存在感は、揺るぎないものになっていた。

大映は二枚看板の雷蔵と勝のほか、主演クラスの役者をフル回転させて作品を量産するが、人気のシリーズものを含めても、伸び悩む興行成績を埋める決定打とはならず低迷を続ける。

一方、何かにつけて比較の対象だった東映は、それまで得意としてきた時代劇の人気に陰りが見え始めると、一九六三年に思い切った方向転換を図った。

一般家庭に普及したテレビによって生じた映画離れに、観客のターゲットを絞るという戦略に転じた東映が打ち出した新たな路線が、任侠ものつまり「やくざ映画」である。

鶴田浩二主演の『人生劇場　飛車角』の大ヒットを機に、翌年一九六四年やはり鶴田が主演した本格的やくざ映画『博徒』シリーズが誕生。一九六五年には、高倉健主演のシリーズもの『網走番外地』や『昭和残侠伝』もスタートした。

池広一夫は、雷蔵主演で海軍士官を主人公とした企画を提案するが、会社は首を縦にふらない。それならどういうものがやりたいのかと聞いた池広に「東映がウケているのはやくざ映画なんで、ウチもやっぱりやくざ映画やらんと」、それが会社の答えだった（『市川雷三とその時代』）。

同じようなやくざ映画をまともにぶつけたって東映に太刀打ちできるはずがない。そこで池広は元海軍少尉のやくざという設定を考えた。

『若親分』の公開は一九六五年三月、同年八月には第二作『若親分出獄』、翌年正月に三作目の『若親分喧嘩状』が封切られる。一九六七年十二月の末の『若親分千両肌』を最後に『若親分』シリーズは八本を数え、そのうちの四作が池広作品だった。

『若親分』が公開された一九六五年、東映では加藤泰監督作品、鶴田浩二主演の『明治侠客伝　三代目襲名』が封切られた。

『若親分』と同じ年に封切られた加藤泰監督作『明治侠客伝　三代目襲名』をあらためて観た。実に何十年ぶりかの「やくざ映画」だったのだが、これがなかなか面白い。正直言うと、鶴田浩二は少々苦手な人なのだ。それが加藤泰の演出に、思わずさすがと唸ってしまった。ファーストシーン、夏祭りの満艦飾の雑踏の中、親分（嵐寛寿郎）をつけ狙う刺客を執拗なまでにカメラが追う。スクリーンに映し出された絵がワクワクするほど美しい。身を乗り出して、最後まで一気に観てしまった。

対立する勢力から、観る者の許容の範囲を超えるほどこれでもかと繰り出される理不尽さが、反撃のベクトルを生む。「やくざ映画」の定石である。そこに、男と女の交情のディテールが織り込まれるのであるが、クライマックスに至る説得力、言い換えれば物語の骨格と登場人物たちの科白の一つひとつを、観るものの腑に落とす力がドラマ成立の条件となる。

一九六三―一九六九

市川雷蔵主演の『若親分』。小さな島国である日本が大国ロシアに勝利した明治三十年代の終わり、戦勝気分に沸く大浜の町が舞台である。ガス灯に照らされた隧道の奥から人力車が現れる。南条組の印半纏を着た車夫の目の前に飛び出した刺客が、車上の老人を刺す。襲われたのは土地の侠客、南条組初代、南条辰五郎。雷蔵扮する主人公、南条武の父である。

父、辰五郎は、やくざは自分一代限りと口癖のように言い、残された母も、息子に南条一家を継がせる気はさらさらなかった。しかし、理不尽に殺された父の最期を知った武は、海軍士官の軍服を脱ぎ捨て、南条一家の跡目を相続する決意を固めて故郷に帰る。シリーズの八本、いずれも悪党たちを相手に、海軍仕込みの抜刀術でひとり身を挺する南条武の奮闘ぶりが見せ場となる。

シリーズの序章ともいうべき一作目、南条組初代の葬儀がいとなまれる寺の、樒《しきみ》が並ぶ参道が映

若親分
南条武

し出されると、制服姿の武が石畳の上をカツカツと靴音を響かせ本堂に向かう。目深にかぶった軍帽に紺サージの制服、軍刀を佩用《はいよう》した雷蔵の姿は、間違いなく絵にはなる。『浅太郎鴉』の撮影の折、三隅研次を慌てさせた体の欠点もいつの間にか克服して、肩から背中にかけて彫られた見事な刺青を見せる上半身も充実。海軍仕込みの抜刀術を駆使しての殺陣も驚くほどの迫力を見せた。

しかし残念ながら、代表作を次々と発表し続ける東映の侠客ものに比べると、「やくざ映画」の条件である明解な勧善懲悪の対立構造に、「海軍」という要素を盛り込まねばならないストーリーは、いささか説得力に欠けた。銀幕に展開されるさまざまは所詮「つくりもの」には違いないのだが、観るものは話のなりゆきに深く頷きたいと思う。はっきりいえば、どう贔屓目に判断しても、東映の「やくざ映画」に軍配が上がる。

市川雷蔵という役者は、メルクマール的な特別な作品であろうと、娯楽作品であろうと、作品ごとに驚くべき変貌を遂げてさまざまな役を演じて見せてくれた。

それでも、『若親分』シリーズ八本に出続けなければならなかった雷蔵の心中は察して余りある。

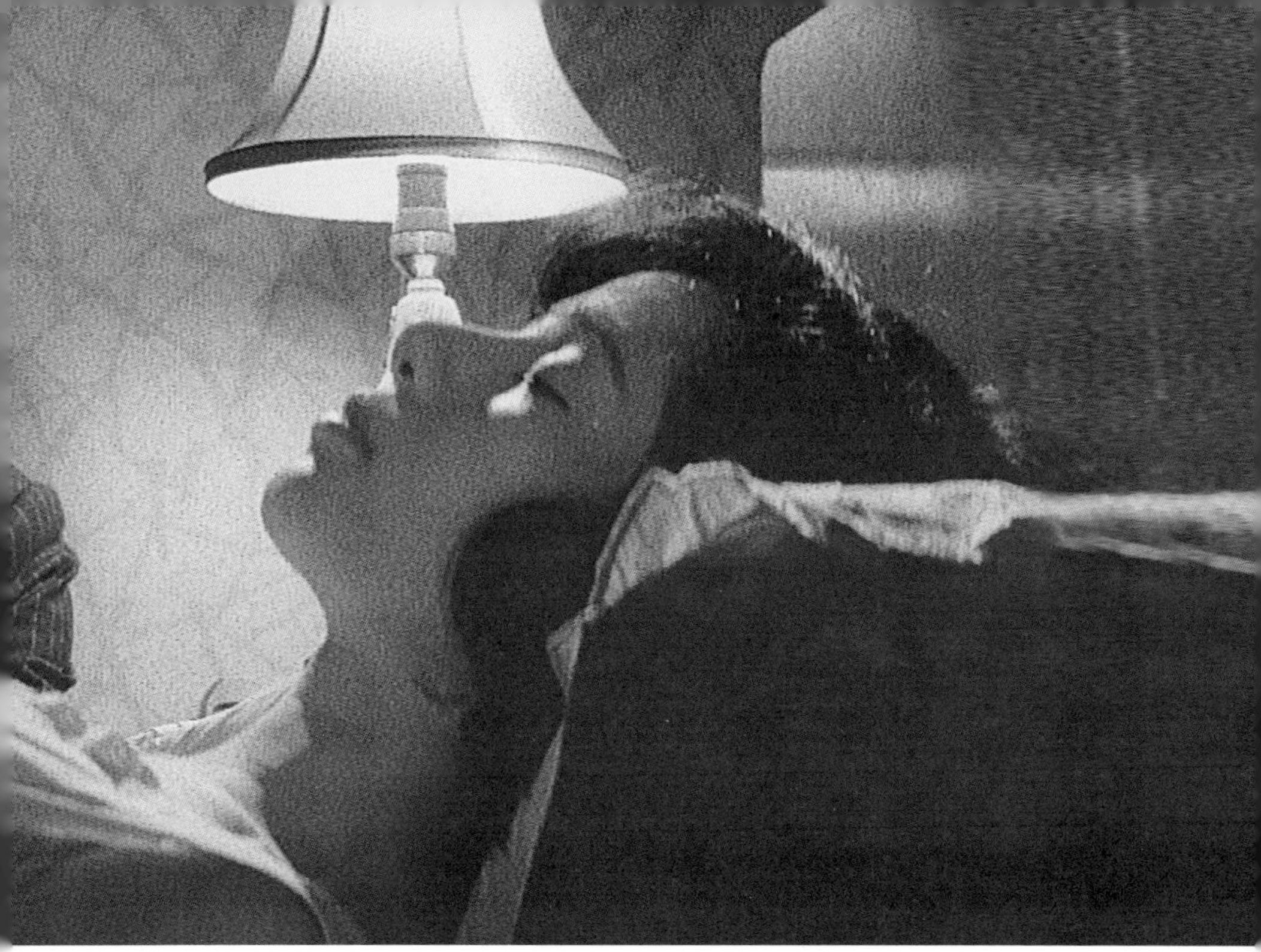

陸軍中野学校

一九六六―一九六七

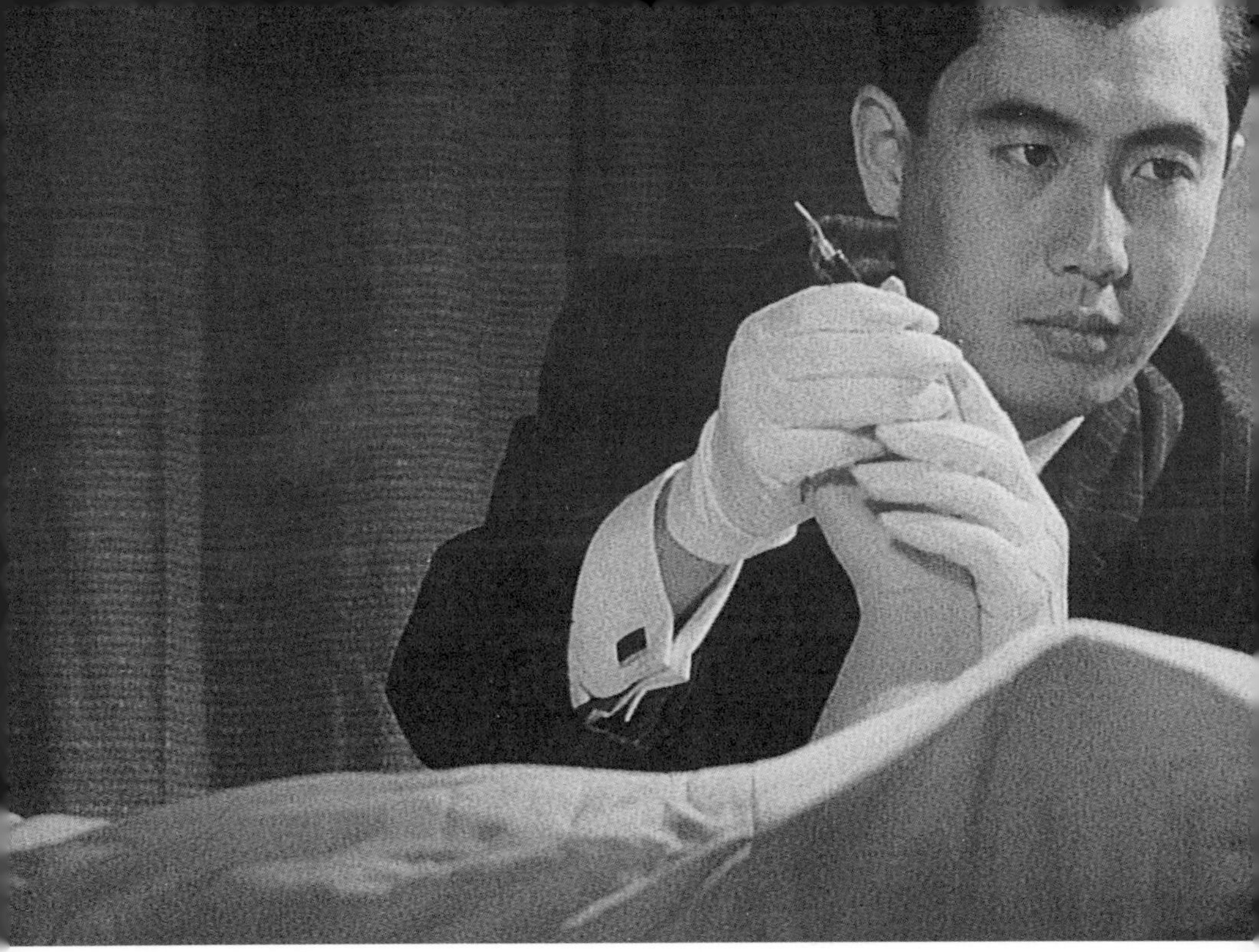

三好次郎

冷たい狂気

一九六三 — 一九六九

増村保造監督作品『陸軍中野学校』の公開は一九六六年の六月。その後シリーズ化されて、同年九月に二作目『陸軍中野学校　雲一号指令』（森一生）、翌年、六七年一月の三作目『陸軍中野学校　竜三号指令』（田中徳三）、六月の四作目『陸軍中野学校　密命』（井上昭）と続き、雷蔵が亡くなる前の年、六八年三月に公開された五作目『陸軍中野学校　開戦前夜』（井上昭）がシリーズ最後の作品となった。

増村監督が、「キネマ旬報」一九六六年五月下旬号で次回作について語る。

今回『陸軍中野学校』を演出するに当って、同校の卒業生、二、三の方にお会いした。どの人も同音に「中野学校は私の青春だった」と言う。不思議なことに、スパイというものは青春と同じ特性を持っている。苛酷で危険な仕事でありながら、成功して還るものは極めて少く、多くは名もなく犬のように殺され、稀に成功したとしても、それは名誉も、報酬もなく、闇から闇へ葬られてしまう。まさに完全な没我性、無償性である。また、目をえぐられ舌を抜かれ、耳をそがれ手足を切られても、なお生き抜いて国のために働き、全身のエネルギーを投入しなければならない。

スパイが青年であるとき、この特性はさらに倍加される。映画『陸軍中野学校』は、一人の参謀中佐の思想と人間を愛した十八人の青年が、スパイの仕事に一生を賭けるに至る道程を描く作品である。スパイとは何かを描くのではなくして、青春とは何かを描きたい。

(「キネマ旬報」一九六六年五月下旬号/『映画監督　増村保造の世界』)

陸軍中野学校
三好次郎

一九三一年の満州事変に続く一九三七年の日中戦争の勃発は、その後日本を英米蘭をも敵国とする泥沼のごとき戦争へと向かわせる。

多くの国の利害が複雑に交錯する近代戦争において、高度に訓練された諜報要員の存否は勝敗を大きく左右した。欧米諸国の中には、国家が主体となって情報収集活動に専念させる特殊な組織を設けるところもあった。しかし、従来日本には、諜報活動を下に見る傾向があり、諜報戦や情報戦は重要視されず、欧米列強に大きく水をあけられていた。

そんな状況下の一九三八年、諜報謀略のスペシャリストの養成を目的とする中野学校が創設され、ここで教育を受けた精鋭たちは、混沌の中国大陸をはじめとする世界各地に放たれる。

物語のキーパーソンとなる参謀中佐、草薙忠明に扮したのは加東大介である。その茫洋とした風貌からは、相手に警戒心など与えようのない円満な人柄がのぞく。

陸軍大学を最優秀の成績で卒業した超エリートである草薙は、そのあとに用意されているはずの軍上層部への階段には少しも関心を示さず、語学将校として外遊。ロシア語をはじめ数か国語を自由に操り、海外の事情をつぶさに見てまわった。その草薙中佐が長年温め続けた夢の実現が、欧米列強に劣らぬ一流のスパイを育て上げる中野学校の開校だった。
シリーズ五本の物語の下敷きとなったのは、作家、畠山清行が「週刊サンケイ」に連載した「秘密戦士　陸軍中野学校」、あるいは中野学校の第一期生である日下部一郎が、自らの体験を通して中野学校の真実を綴った『謀略太平洋戦争　陸軍中野学校秘録』など。そこで語られたさまざまなエピソードが脚色され、市川雷蔵演じる中野学校第一期生、三好次郎を主人公に据えて、日本が真珠湾攻撃を決断する開戦前夜までの緊迫した状況が描かれた。

シリーズ第一作『陸軍中野学校』。進軍する兵士たちを奮い立たせるかのように細かく刻む太鼓の音が途切れることなく続くと、観る者は言い知れぬ不安な気分に襲われる。タイトルバックに次々と映し出される当時の新聞の一面には、日中戦争の勃発を告げる「日支両軍交戦」「南京を完全占領」「日独伊・防共協定成立す」「支那軍戦線総崩れ」の文字。日本軍の目覚ましい戦勝を伝える威勢のいい見出しが躍った。
「昭和十三年十月、私、三好次郎は幹部候補生として陸軍予備士官学校を卒業、少尉に任官した」一人称で語られる抑制を効かせたナレーションの声の主は、雷蔵演じる主人公、三好次郎である。星川清司が書いた科白に雷蔵の低く押し殺した声が重なって、常人には理解しがたい冷徹な一面を垣間見せることになる主人公、三好次郎という人間が姿を現した。

六歳で父を亡くした次郎は、気丈で慎ましい母（村瀬幸子）と、三好家に下宿する母の幼友達の娘、布引雪子（小川真由美）の三人で暮らす。津田英学塾を卒業し外資系の商事会社で英文タイピストとして働く雪子は、次郎と将来を誓い合った婚約者である。

一九六三
―
一九六九

入隊の日、陸軍少尉の軍服に軍刀を佩用した次郎の晴れの姿に、目を細めて息子の門出を見送る母と、次郎に寄り添うように出勤するスーツ姿の雪子がいた。
母と雪子はもちろんのこと、次郎自身も、このあと思いもよらないそれぞれの人生が待ち受けていることなど知る由もない。

入隊早々連隊本部に呼び出された次郎は、参謀本部の草薙中佐と初めての対面を果たす。

かたい表情の次郎に、草薙が矢継ぎ早に奇妙な質問を浴びせる。理想とする中野学校にふさわしい人材であるかどうかを見極めるための草薙一流の仕掛けを忍ばせた質問に、次郎は臆することなく軽々と答えてみせる。草薙は満足そうな笑みを浮かべた。

例の抑制を効かせたナレーションがインサートされる。

「この奇妙な参謀本部の中佐に会った日から、私の運命は大きく変わった。一週間後、陸軍省に出頭せよという秘密の命令を受けた。そのとき私はふと、丸の内の商事会社に勤めている雪子のことを考えた」

オフィス街の一角、レンガ造りのビルに雪子が勤める商事会社がある。英国紳士然とした社長ラルフ・ベントリー（ピーター・ウィリアムス）が、訪ねて来た上流夫人に、曰くありげな慈善の小切手

陸軍中野学校
三好次郎

を手慣れた様子で渡す映像は、ベントリーに裏の顔があることを匂わせた。

草薙から極秘の指令を受けて帰宅し、実家で過ごした最後の夜。次郎は、母や雪子から任地のことと帰還の時期など尋ねられてもあいまいに答えるだけで、翌早朝、雪子と母を残して家を出た。

十八人の陸軍少尉たちは、持参を命じられた背広一揃いに柔道着、剣道具を携え靖国神社に集合する。連れて行かれたのは九段の軍人会館の隣、愛国婦人会本部の敷地内にある木造二階建てのバラックである。

東京帝国大学に学んだ次郎をはじめとする十八人は、いずれも優秀な成績で一流大学を卒業している。陸軍士官学校や陸軍大学校の出身者たちは、頭のてっぺんからつま先まで徹底的に軍人教育を叩き込まれる。一般常識とはまったく異なる価値観で生きる彼らに、ごく普通の人間として巷間に紛れて活動することなどできようはずがない。十八人は、そう考えた草薙が各地の予備士官学校から選び抜いたエリート集団だった。

みすぼらしいバラックの一室に集められた十八人の陸軍少尉たちは、草薙から「諸君たちを集めたのは、スパイとして教育するためだ」と告げられて、みな一様に動揺した。

養成期間は一年。真新しい軍服を脱いで持参した背広を着用、軍隊用語の使用も禁じられた。三好次郎は本名を捨て椎名次郎と名乗り、ほかの者たちもみな偽名を使った。場合によっては戸籍すら失い、家族との絆も断たれ、結婚も将来の出世の道も閉ざされる。

優秀なスパイとなって各地に放たれる彼らを待ち受けているものといえば、仮に使命を全うしたとしても、名誉も報酬もない。目をえぐられ舌を抜かれ耳を削がれても、祖国のために働けと教えられる。

そんな苛酷さを、前途洋々たる青年たちがなぜ受け入れたかといえば、「軍人は命令には反抗できない。しかしそのために私はスパイになったのではない。草薙中佐という人物の情熱に負けたのだ」

例の押し殺したような声のナレーションが挿入された。

日中戦争に突入した小国日本は、やがて世界を相手に戦うことになる。優秀な人材は一個師団、二万人の力に匹敵し、十八人の力を合わせれば、日本の兵力はいきなり二倍になると、草薙は目を輝かせ胸を張って熱く語った。

素人を集めた弱体組織くらいにしか考えぬ陸軍参謀本部の軍人たちは、お手並み拝見とばかりの冷ややかな態度を見せる。

草薙中佐のスパイ教育が始まった。

木造バラックの校舎で繰り広げられる訓練は、毒薬投与、盗撮、暗号解読、金庫破り、変装から国際情勢の把握、二か国以上の外国語習得、社交ダンス、女性籠絡の手管に至るまで多岐にわたる。教室での訓練ばかりではなく、草薙は生徒たちを夜の街にも連れ出した。舶来の高価な生地で誂えた上等なスーツに身を固めた次郎が、ダンスホールで見事に女性をリードする。料亭では、草薙中佐が自ら達者なお座敷遊びに興じてみせた。

中野学校で過ごした日々の中には、次郎らの心に暗い影を落とす事件も起きた。昼夜を問わず続く連日の厳しい訓練に耐えきれず、精神に異常をきたし首を吊って死んだ仲間もいる。

街に繰り出し実習訓練を受けるうち、子持ちの女にほだされて貢ぐ金に万策尽き、仲間の軍刀を盗んで売った手塚（三夏伸）という男もいた。軍人としてあるまじき行為である。手塚が憲兵隊の手にかかるようなことになれば、中野学校に批判的な周囲からそれ見たことかと叩かれる。そうなれば、まだ脆弱《ぜいじゃく》な中野学校を潰すことなどわけもない。

　手塚の切腹以外に方法はない。そんな残酷な結論は仲間の総意だった。仲間に取り囲まれ腹を切れと詰め寄られてためらう手塚に、同情するものは誰ひとりいない。切腹を迫って軍刀が差し出されても決心のつかぬ手塚。焦れた仲間のひとりが刃を向けてそのまま飛び込めと強い口調で言う。覚悟を決め、叫びながら突進した手塚の腹を鋭い刃が貫通した。

　血相を変えて駆けつけた草薙が「殺したな！」と激昂する。「彼は立派に腹を切りました」、仲間のひとりが顔色ひとつ変えずに答えた。

　手塚の行動が、いかに非難されるべきものであろうと、仲間たちの行為は集団リンチと変わりはない。思わず目をそむけたくなるような残虐で異常な事態に少しの動揺も見せず、まっすぐな眼差しを中佐に向ける訓練生たちの姿には、すでに静かな狂気が宿っていた。

　中野学校という草薙の夢は、もはや彼ら自身の夢になっていた。中野学校を潰すようなことがあってはならぬ、みながそう思った。

「我々は確かに手塚を殺した。しかし、それほどみんなは中野学校を愛し始めていたのだ。もはやあとへは戻れない」次郎の暗い声が重なった。

一九六三—一九六九

　中野学校第一期生の訓練が最終段階にかかった頃。参謀本部暗号班では暗号解読が遅々として進まず、英国の暗号コード表を入手できないものかと草薙が相談を受ける。

　訓練項目の職業訓練で、紳士服の仕立てと料理人の技術を習得していた次郎は、カナダ帰りの元アメリカ共産党員というテーラー、原口になりすまして横浜の英国領事館に勤務する男に近づいた。ポーカーフリークの事務官、オスカー・ダビッドソン（E・H・エリック）である。ダビッドソンは最初のうちこそ、警戒していたものの、まんまと次郎の術策にはまった。

次郎たちが苦労して手に入れた暗号コード表は、直ちに参謀本部に届けられるが、まもなく、コード表がまったく使いものにならなかったと知らされる。

鬼の首を取ったかのように、コード表の写しを突き返しにやって来たのは、常から中野学校に対する敵愾《てきがい》心をむき出しにする本部の前田大尉（待田京介）である。

次郎たちの行動が英国側に悟られるわけがなく、写しを渡した参謀本部から漏れたとしか考えられない。そう確信する次郎が手がかりを求めて訪れた参謀本部で、信じられない光景を目にする。「雪子がいた」ナレーションの声がさらに暗く重苦しくなった。この短い言葉に雪子の行く手に待ち受ける酷薄な運命が浮かんだ。


丸の内の商事会社に勤務していた雪子は、次郎の家を出てアパートにひとり住む。行方知れずのままの次郎の安否を確かめようと、たびたび連隊を訪ねるうちに出会った前田大尉の紹介で、参謀本部のタイピストとして働き始めていた。

廊下からガラス窓越しに覗く次郎の視線の先に、タイプを打つ雪子の姿があった。次郎の頭の中で、絡み合っていた糸がするすると解けていく。

英国スパイ、ラルフ・ベントリーにとって、参謀本部に職を得た雪子の存在はまさに渡りに船である。婚約者を奪った戦争を忌み嫌う雪子を、ベントリーは体よく利用した。

要するに、前田大尉が不用意に雪子に漏らした英国の暗号コード入手の一件を、雪子がベントリーに伝え、それを知った英国側がすぐに暗号を変えたというのがことの真相だった。

明らかになった事件の全貌。通報者である布引雪子が自分の婚約者であることも含めて、次郎は草薙に伝えた。雪子を引き渡すとすれば、相手は憲兵隊。草薙は憲兵隊に捕らえられる雪子の身を案じた。

国賊、売国奴などと罵られ、散々いたぶられた挙句、裸にされて言語に絶する辱めを受ける。そんな雪子を最後に待つのは銃殺刑なのだ。

草薙は雪子を逃がせと言う。次郎は雪子を愛している。しかし、雪子を救えば英国スパイであるベントリーを捕らえることはできず、中野学校は腰抜けばかりだという誹《そし》りを受けることになる。

遠慮なく憲兵隊に知らせてほしいと告げる次郎に、「どうせ殺されるのなら、自分の手で死なせてやれ」草薙はつらい決断を促した。

雪子の前に、死んだものと半ばあきらめかけていた次郎が突然現われる。茫然と立ちつくす雪子。やがて我に返り子供のように泣きじゃくって次郎にしがみつく。

スクリーンに映し出される、雪子と次郎の動と静。とりわけ、狭いホテルの一室で、雪子役の小川真由美が見せた、過剰なしどけなさは、雷蔵扮する次郎が時折見せるぞっとするほどの冷たさと凄惨な対比を生んだ。

次郎が用意したワインを飲み干した雪子は、陶然とした表情を浮かべて、ベッドに横たわり、次郎の腕の中でこと切れた。

中野学校第一期生の卒業式。草薙中佐を前にした青年たちが総身に漲《みなぎ》らせる情熱は、草薙の熱量をはるかに超えるかのように見える。

「中野学校、草薙中佐、万歳！」雄たけびにも似た万歳の声が起こる。

一九六三―一九六九

加東大介という役者が、茫洋たる風貌、相手に警戒心など与えようのない円満な人柄をのぞかせる草薙中佐を演じたことで、スクリーンで目にするさまざまなシーンが、ありえない絵空事ではないような怖さを感じさせた。

『陸軍中野学校』公開の一九六六年、雷蔵は八月二十九日に三十五歳を迎える。この年に封切られた作品は十本。『大殺陣 雄呂血』をのぞけば、『眠狂四郎』二本、『中野学校』二本、『忍びの者』二本、『若親分』が三本と、シリーズものが並ぶ。低迷していた映画界、看板俳優の人気シリーズは観客動員策として続けられた。統計によれば、ピークだった一九六〇年と比較すると、一九六六年の観客動員数はおよそ三分の一に減少している（前出　日本映画産業統計）。

撮影の合間に、トレードマークの下駄音を響かせてやって来た雷蔵が、興行成績のデータを目にして「なんでこんなに入らんのかなァ」とため息をついたという。『若親分』の一作目が公開された一九六四年大映に入社し宣伝を担当した中村努が語ったエピソード（二二一頁）である。

奇しくもこの中村努が書いた脚本が、『陸軍中野学校』公開の年、シリーズもの以外のたった一本、田中徳三監督の『大殺陣 雄呂血』である。

一九六六

大殺陣 雄呂血

小布施拓馬

堕ちた末の

一九六三—一九六九

主人公、市川雷蔵扮する小布施拓馬と、八千草薫の波江。過ぎた日、一対の内裏雛のように美しく仲睦まじい許嫁同士だったふたりが歳月を経て再会する。拓馬と波江それぞれに訪れた抗えない流転の末の、変わり果てた姿の邂逅《かいこう》に心が震えた。

阪妻こと、阪東妻三郎が立ち上げたプロダクションの第一回作品である『雄呂血《おろち》』は、一九二五年に封切られ、その後の「剣劇ブーム」の火付け役となる。

正義と信じてなすことのすべてがおのれの身に不運を招き、幾重にも囲む捕り手を相手に、壮絶な立ち回りを演じて縛につく主人公の悲運を描いたこの無声映画は、ふたつの大戦に挟まれ不安や虚無といった気分が世の中に蔓延《まんえん》していた時代、人々から熱狂的な支持を受けた。

監督の田中徳三が、会社から『雄呂血』のリメイクの要請を受けたのは、阪妻作品からほぼ四十年後の一九六六年。東京オリンピックを終えて好景気に沸く日本が、高度成長ののぼり坂をひた走る頃である。

オリジナル作品をそのまま踏襲したストーリー展開では、観客に受け入れられることが難しいと考えた田中は、散々に裏切られて無頼に身を落とす主人公の姿を徹底的に描いてほしいと脚本家に注文するが、星川清司が書き上げた第一稿は阪妻版『雄呂血』からそう離れてはいない。星川はすでに別な作品に入って手を加える余裕がなかった。結局、当時宣伝部に在籍し、脚本も手掛け始めていた中村努にバトンが渡され、大幅に内容を変えた決定稿が完成する。

『雄呂血』のタイトルに添えた「大殺陣」。この映画が公開される二年前の一九六四年、東映で工藤栄一監督作品『大殺陣』が製作された。その前年には、同じく工藤監督作品『十三人の刺客』も公開され、いずれも、土ぼこりにまみれ泥水に浸かりながら延々と続く殺し合いがモノクロームの画面に映し出されて、集団抗争時代劇という斬新さを観る者に強く印象づけていた。

『大殺陣　雄呂血』の撮影にあたって、田中徳三監督が工藤作品を念頭に置いたであろうことは想像できる。監督は今まで見たこともないような大殺陣、つまり大がかりなチャンバラの実現を企み、サイレント映画の時代から数多くの現場に立ち会った殺陣師の宮内昌平にすべてを委ねた。ラスト一〇分の死闘がとにかくすごいのである。

主人公、小布施拓馬は信州水無月藩に仕える身であった。清廉な人柄で周囲の誰もが認める正しい剣の遣い手であり道場では師範代を勤める拓馬に、思いもよらぬ厄災がふりかかる。

家老の息子が、他流試合に訪れた隣藩、岩代藩の武士を背後から斬りつけるという事件が起きる。石高の少ない水無月藩に何かにつけて無理難題を突きつける岩代藩である。その藩士を卑怯にも背後から斬ったとあっては、水無月藩にとってお家の一大事にもなりかねない。

ある日、雛飾りを前にした拓馬と許嫁の波江（八千草薫）が、一対の内裏雛のように仲睦まじい姿で語り合うところに、波江の父である藩の用人、真壁半太夫（加藤嘉）が現われる。顔を曇らせた半太夫から告げられたのは、下手人の身代わりとなって一年の間身を隠してほしいという思いもかけない言葉。拓馬と波江、ふたりの祝言は二か月先、端午の節句の頃と決まっていた。残酷な父の言葉を聞いて泣き崩れる波江。武士の道ゆえと諭した拓馬は、解決の糸口を見つけ一年後には必ず帰参させると誓った半太夫の言葉を信じた。

襖を隔てた隣室で息を詰め、事のなりゆきに耳をそばだてていたのは半太夫の甥である。例の一件の折、家老の息子に同道していながら真実を語ろうとせず、口を閉ざしたままの十郎太（中谷一郎）、姑息な男である。従妹の波江に懸想《けそう》もしている。

周囲からの人望も厚く剣も並ぶもののない拓馬ではあるが、藩に仕えて扶持米をあてがわれる身。一歩外に出れば、生き馬の目を抜く過酷な現実に、他人を容易に信用することなく用心するという生活者の知恵の持ち合わせはない。旅の始まりから、不用意にも携えた金子《きんす》すべてを盗まれる災難に遭う。

辛酸を嘗《な》め、一年身を隠し続けた拓馬にようやく約束の日がやってくる。

参勤交代の途中、上州高崎の本陣に泊まっているはずの真壁半太夫を訪ねるが、当の半太夫は、岩代藩との折衝半ばにして心労のあまり急死していた。拓馬の身の潔白を証明してくれると信じていた十郎太は知らぬ顔を決め込んだうえ、岩代藩との決着に拓馬の首を差し出すと斬りかかる。拓馬の許嫁波江との婚儀までも整ったとうそぶいた。

水無月藩の藩士たちからようやく逃れて葦原に身を横たえた拓馬。それまで疑うことなく、おのれに貫き通した武士の信念が一瞬にして霧散した。

時が過ぎて浪人姿がすっかり板についた拓馬が街道に群がる見物人の中にいた。縄を掛けられた男が役人に小突かれ無罪を叫びながら前を通りかかる。目に余る役人の仕打ちに、思わず刃をむけてしまった拓馬は、否も応もなく代官殺しのお尋ね者の身となった。拓馬の罪状は水無月藩に知られることとなり、もっけの幸いとばかりに間をおかず上意討ちの命が下る。

一方、背後から斬りつけられた弟の仇と拓馬を追う、兄の樫山又五郎（内藤武敏）が率いるのは岩代藩の面々である。双方の藩の面子をかけ互いに後れを取ってはならぬと、先を争って追討に向かう。

拓馬は、街道筋で二足の草鞋を履く親分、仏の五郎蔵一家の用心棒に身を堕としていた。二足の草鞋とは、御法度の博打うちが御用の十手を預かるということ。そもそもろくなものではない。背中に観音菩薩の彫り物を入れ「ほとけ」の異名を持つ五郎蔵（吉田義夫）は、女房に女郎屋を切り盛りさせていた。

やさぐれた様子で背をまるめ酒浸りの日々を送る拓馬。下っ端のやくざたちからも軽んじられるほどに身を持ち崩した姿が痛い。

そこにふらりと現れた渡世人の舟次郎（藤岡琢也）。溺れかかった子供を助けようと拓馬が川に飛び込んだ折、岸に脱いだ着物や袴の間から金子を盗んだワルである。その後何食わぬ顔で拓馬の道連れとなった時期があり、水無月藩や岩代藩のこと、代官殺しの罪状など、拓馬の身に起こった大方のことは見聞きしている。あわよくば小遣い銭にありつこうと、ご注進とばかりに拓馬の素性を耳打ちすると、にやりと笑った五郎蔵が役人のもとに手下を走らせた。

それまで苦虫を噛み潰したような顔で拓馬を厄介者扱いにしていた五郎蔵が、掌を返したように薄気味悪い猫なで声でさかんに酒をすすめ、女郎屋に誘う。そんな五郎蔵の振る舞いが、拓馬をお縄にするまでの時間稼ぎであることなど、当の拓馬にわかろうはずもない。

ふらつく足取りですすめられるまま女郎屋の暖簾をくぐった拓馬が、階段の踊り場に足を掛けた瞬間、やり手婆との蓮っ葉なやり取りに隠せぬ矜持をのぞかせる女の後ろ姿に目を留める。拓馬の目に正気が戻る。気だるげに振り向いた女、波江だった。

父の急死後、家を継ぐ者もなくひとり気丈に暮らした波江は、拓馬に上意討ちの命が下ったことを知った。武士の約束を果たせぬまま逝ってしまった父に代わって詫びたい。一刻も早く拓馬に会わねばならぬと、拓馬が家に残した下男を伴って旅に出た。山越えの途中、病弱な波江を気遣った下男が水を汲みに谷川に降りたほんのわずかなとき。波江は一部始終を見ていた人買いに連れ去られ、売られた先が宿場の女郎屋だった。

ともに変わり果てた姿で視線を交わし、男と女はそれぞれの身に訪れた抗えない流転の意味を理解した。うらぶれた宿場女郎の薄汚いなりを少しも恥じることなく、拓馬をまっすぐ見つめる波江の姿がまぶしい。

一心に拓馬を見つめる波江の頬に一筋の涙が光る。ふたりを訝《いぶか》しげに眺めている五郎蔵につかつかと歩み寄った拓馬の「あの女を自由の身にしてやってくれ。頼む、俺が不幸にした女だ。頼む」絞り出すような声に、さももったいぶった様子で「好きになせえ」と答える五郎蔵。やがては捕らえられる拓馬の運命を承知してのことである。

拓馬が波江の肩を抱いて促し、手を引いて外に出ようとした瞬間、目の前に何本もの剣先が突きつけられた。

木曽谷の宿場町、祭禮の提灯や幟が飾られた広場に、ただならぬ空気が立ちこめる。五郎蔵一家に、役人、捕り方が十重二十重にぐるりと囲み、そのなりゆきを見守るかのように、水無月藩、岩

代藩の侍たちが並ぶ。途方もない数である。
田中徳三監督がすべてを委ねたという殺陣師の宮内昌平が用意したのは、捕り手の道具。刺股《さすまた》も突棒も袖搦《そでがらみ》もある。大八車、戸板に梯子まで登場させるのだから、まるで歌舞伎の舞台さながらで、主人公が見得を切りながらの大捕り物になりそうなものだが、宮内の付けた殺陣に、雷蔵がやってみせた立ち回りはまさにリアルな死闘の様相を呈した。
雷蔵たったひとりで数百人を相手の立ち回り。もちろん「そんな馬鹿な！」に違いないのだが、スクリーンに映し出される大殺陣、カメラが寄りや俯瞰でとらえた凄まじい斬り合いからいつの間にか目が離せなくなっている。
七月二日の公開から撮影のスケジュールを逆算してみれば、おそらく入梅の頃。祇園祭を前にしてじめじめした暑い季節が忍び寄る頃のたまらない京都である。二日かかったというラストシーンの撮影。髷の元結がほどけザンバラ髪の拓馬が、茫然と立ち尽くす。宝結びの五つ紋、明石縮の衿や背中に汗が滲む。波江が放心したようによろよろと拓馬に歩み寄り、頽れる。波江のすすり泣く声が、エンディングの音楽にかき消されていく。

大殺陣 雄呂血
小布施拓馬

一九六三—一九六九

試写のあと、このふたりの行く末について、喧々囂々《けんけんごうごう》とさまざまな意見が飛び交ったらしい。監督はふたりが死んでいくと思い、脚本の中村は、手を取り合って去って行くつもりで書いたと語っている。

さて、中村努が書いたこのシーンのト書きである。

《精魂尽き果てた拓馬〔略〕が立ち上がる。その宿場の片隅で、もう一人、声もなく慟哭している波江》〔略〕《静寂。拓馬と波江、遠く離れたまま視線を合わせる。陽が沈み、影が長い尾を引く》〔略〕《波江、歩き出す。拓馬に向かって一歩一歩。拓馬、一歩進む。その顔に汗が筋を引いて落ちる。波江進んでくる。その目に溢れる涙。拓馬、一歩進む》

（『RESPECT田中徳三』）

このふたり、死んだりはしない。そう思った。

「この雷ちゃんは良かったなぁ」田中徳三監督がインタビューに答えて語る。最後の殺陣のシーンは「撮れた」という気持ちがあったといい、

これが雷ちゃんの死ぬわずか二年ほど前だから。本当はね、このあたりから体調が悪かったはずやと思うんだけどね。〔略〕〔女郎屋で〕二人が会うときのシーンなんか、さすがに雷蔵、また八千草薫と、いい味出してくれましたね。

（前掲書）

一九六七

ある殺し屋

塩沢

あの時代

一九六三―一九六九

市川雷蔵が不帰の人となった一九六九年、私は大学に入学した。

当時、大学紛争の勢いはだいぶ衰えたとはいえ、七〇年の安保改定を翌年にひかえたキャンパスはまだ騒然としていた。入学式は一か月遅れてようやく開かれたものの、バリケード封鎖やロックアウトで一向に授業が再開される気配はなく、クラスの有志と続けた読書会やアルバイトをのぞけば時間はたっぷりあった。その多くを費やして夢中になったのが映画だった。

都内のあちこちに点在していた名画座や、大手の映画会社を去った監督たちの意欲的な作品を上映する日劇文化と新宿文化、京橋の近代美術館のフィルムセンターや各大学の映画研究会が主催する上映会などに足しげく通っては、実にたくさんの国内外の映画を観た。

日本映画にしても相当数の作品を観ていたはずなのだが、驚くことに市川雷蔵が出演した映画は、かなりマニアックな映画青年だった友人に薦められた森一生の『ある殺し屋』と三隅研次の『剣』二本だけしか観ていない。おそらく当時の私には、雷蔵という俳優について『眠狂四郎』や『陸軍中野学校』など、たくさんの娯楽映画に出演し早世した飛び切り美しい大映スターくらいの認識しかなかったはずである。

自作『ある殺し屋』について尋ねられた森一生は、この映画のラッシュ試写に撮影所の若いスタッフたちが押しかけ、上映が終わると会場から拍手が起こったと語っている。

一九六七年の大映京都撮影所。前評判を耳にした美術や音声、照明、助監督など、映画が好きでたまらない大勢の若者たちがラッシュをひと目見ようとやって来たというこのエピソードは、試写室を埋めた青年たちの興奮に包まれた監督の嬉しそうな様子を想像させる。

『ある殺し屋』の公開は一九六七年四月。藤原審爾の短編小説「前夜」を脚色して増村保造と石松愛弘が脚本を書いた。

上映時間は八二分と短く、登場人物も多くはない。いたってシンプルなストーリーが、増村＋石松の抑制を効かせたシナリオでさらにぎゅっと締まり、雷蔵が演じた主人公の殺し屋は寡黙だった。撮影を担当したのは数多くの名監督から愛された名カメラマン、宮川一夫。製作にあたって、宮川と森は「なるたけ色を殺す」ことを考えた。ふたりが目論んだ通り、カラーフィルムで撮影された『ある殺し屋』には、全編を通してモノクロームの雰囲気が漂う。情緒的な要素は姿を消し、乾いた世界が出現した。

宮川はさらに、回想シーンの頭の部分の脱色現像処理を提案する。「回想に入るカットの色を抜いて冷たいドライな調子にもっていく」狙いである（『撮影監督 宮川一夫の世界』）。

荒涼とした海辺の光景。ロケ地に選ばれたのは、一九六六年にポートアイランドの開発がスタートした神戸の埋立地だった。

東京オリンピックの成功と、それに続いて加速する高度成長に国中が酔《よ》い痴《し》れていた一九六〇年代半ばの日本。いたるところで開発競争が繰り広げられていた時代である。現在、超高層のビルが林立する新宿西口の淀橋浄水場の跡地で、新宿副都心開発が始められたのが一九六五年。土埃が舞うこの広大な建設予定地も、あの当時製作された映画にしばしば登場する。

『ある殺し屋』のファーストシーン。駅の構内から溢れ出る人込みに紛れたサラリーマン風の男、雷蔵扮する主人公の塩沢がタクシーに乗り込む。

雷蔵の没後出版された追悼本の中で、多くの関係者が雷蔵の素顔について語っている。エリートサラリーマンのようだったとか、銀行員のようだったとか、とにかくメイクを取った雷蔵と一緒に繁華街を歩いていても、大映の大スター市川雷蔵だと気づかれることはまずなかったと、みな口を揃える。

大阪ロケの帰り、町中の大衆食堂で一般客と一緒に食事をしたいと雷蔵が言い出して、スタッフを驚かせたことがあったという。雷蔵はひとりでテーブルに座ってこともなげに自らの計画を決行したらしい。遠巻きにして事のなりゆきを見守るスタッフたちに、得意そうな目配せのひとつも送ったのだろう。周囲の客たちはまったく雷蔵に気づかずにいたと、長年にわたって雷蔵の衣裳を担当した萬木利昭がインタビューに答えて語っている。

濃紺のステンカラーのコート、水色のワイシャツの襟元にアスコットタイをのぞかせて駅の構内から現れた主人公の姿に、萬木が語った素顔の雷蔵を思い浮かべた。

塩沢がタクシーから降り立ったのは殺伐とした埋立地。「空室あり　晴海荘」の看板が目を引く。

塩沢が借りたアパートの部屋の薄汚れた壁。建て付けの悪い窓からは荒れ果てた墓場が見える。

塩沢が傍らのボストンバッグを開けて黒革の包みを取り出し畳の上に広げると、内側に張られた鮮やかな深紅のフェルトに拳銃二丁とサイレンサーが並ぶ。ある殺し屋、タイトルの白い文字が重なった。水たまりに浮いた青絵の具のようなタイトルバックの映像と絶妙な調和を見せる鏑木創の音楽。弦楽器が奏でる物憂い旋律が耳に残って離れない。

小体な料理屋「菊の家」の板場で包丁を握る主《あるじ》という表の顔と、狙った獲物を決して逃さぬ凄腕

の殺し屋という裏の顔を持つ主人公、塩沢が市川雷蔵の役どころである。

雷蔵が主演した数多くの作品の中で、「現代もの」の範疇に入るのは、『ある殺し屋』と『ある殺し屋の鍵』、三隅研次作品の『剣』の三本だけ。『炎上』も『陸軍中野学校』も昭和の時代を舞台にしてはいるが、「現代もの」とは言いがたい。

「いずれ、正式にお願いにいくつもりやったのやけど」と変にあらたまって、雷ちゃんは、私にいった。現代劇を書いてくれないか、という頼みであった。そいつが歩いていったあとにはなにやら血の匂いのこもった風が、すっと走りぬけるような犯罪者タイプの現代青年の役を、演じてみたい。病んだ現代社会の瓦礫の中から生れでてきた青年を、どうしても演じたいのだと、氏は熱心に語った。

（白坂依志夫「その人の光と影」／『侍　市川雷蔵その人と芸』）

『好色一代男』の脚本を担当したことをきっかけに、脚本家白坂依志夫と雷蔵との交流が始まる。

『好色一代男』の公開の年、一九六一年の十二月の末に雷蔵の婚約発表の記者会見が開かれることになっていた。特定の週刊誌やスポーツ新聞にスクープされることを避け、発表の日の前夜旅館に身を潜めていた雷蔵を、藤井浩明に誘われた白坂が訪ねたとき、雷蔵の口から聞かされた言葉である。白坂に異存はなく、三人は主人公の人物設定などについて熱く語り合ったという。

翌年の三月、京都を訪れた白坂を、『破戒』撮影中の市川崑と和田夏十夫妻とともに、雷蔵が食事に招く。しびれを切らして水を向けても白坂は曖昧に笑うだけ。傍らの市川監督からは「締め切りや具体的な製作スケジュールが示されなければ後回しにされる。シナリオライターなんてそんなものだ」と聞かされる。

雷ちゃんの顔に、信じきっていた人間に、突然裏切られたときのような、失望の影が一瞬走って消えたのを、私は、見逃さなかった。（前掲書）

急速に映画界は不況の嵐に襲われ、雷蔵のイメージをぶち壊すような犯罪者タイプの現代青年といった企画が、採用される可能性は、ゼロになってしまっていたと、白坂が寄稿した文章の中には書かれているが、それから五年が経過した一九六七年、『ある殺し屋』の主人公を雷蔵が演じた。

企画が通った経緯はわからないが、婚約発表の前夜、雷蔵が熱く語った「犯罪者タイプの現代青年」のイメージは、主人公、塩沢に重なりはしないか？

『ある殺し屋』の主だった登場人物はほかにあとふたり。塩沢の前に突然現れ、いつの間にかちゃっかり居座ってカウンターの客に愛想をふりまく不良娘の圭子（野川由美子）と、暴力団木村組の幹部、前田（成田三樹夫）である。

木村組の組長（小池朝雄）は、対立する大和田組の組長（松下達夫）の殺害を、前田を介して塩沢に依頼する。誰も手を出せなかった殺しをやすやすとやってのけた塩沢に、すっかり魅せられた前田は、木村組長の目を盗んで塩沢に儲け話を持ちかける。大和田組の残党が企む密輸の闇取引の現場を襲い、末端価格二億円相当の麻薬を横取りするという計画である。

犯行に先立って塩沢が下見に訪れた埋立地は闇取引が行われる現場であり、墓地裏のアパートの一室は、夜明けまでの半日を過ごす隠れ家となった。

夕暮れ時から翌朝まで、リアルタイムで三人の様子を映し出すスクリーンに、時折インサートされる回想シーン。ここに三人の出会いから犯行までの経緯が描かれた。

淡い花柄プリントのツーピース姿で待ち合わせのアパートにやって来た圭子が、雨でびしょ濡れになった洋服を脱いで黒いスリップ一枚になった瞬間、最初の回想シーンがインサートされる。宮川カメラマンが提案した脱色現像処理で色を抜かれた圭子のセーターがほんの数秒無彩色で映し出されると、すぐにカラーの映像に変わり、赤、黄、緑、青のモチーフ編みがひときわ鮮やかに目に飛び込んだ。

前田と塩沢が最初に出会う回想シーンに使われたのは、ベトナム戦争を扱ったドキュメンタリー映画のモノクロのポスターである。

戦場の生々しい音声が流れ、戦火に脅える母子の姿を宮川のカメラが執拗に追う。ポスターの母子が動くはずはないのだが、ざらついた画質のドキュメンタリー映画を見せられているような気分になった。

塩沢の部屋に飾られた写真立てには、特攻隊の飛行服に身を包んだ塩沢とふたりの若者の姿がある。特攻で飛び立ったまま生還することのなかった仲間、塩沢ひとりが残った。

あのモノクロームのポスターを、塩沢の心の奥にしまい込まれているであろう過去に重ねてみる。殺し屋が身にまとわせる「虚ろ」。塩沢にとっての「生」は、かつて特攻で飛び立っていった仲間たちとともにとうの昔に葬られていると確信した。

映画の公開は、敗戦から二十年余りの時が流れた一九六七年。「見事に復興を遂げた」日本の社会は、自らが体験した無惨な戦争の記憶を喪失しつつあった。

犯行に至るリアルな時間の経過にそれまでの経緯を交錯させ、そのコントラストを際立たせるという映像の面白さが、この映画の最大の魅力である。

『ある殺し屋』の撮影にあたって宮川一夫は、一九六五年十月にフジフィルムが完成させたフジのカラーネガフィルム、タイプ8514の使用を決める。宮川がそれまで撮影してきたコダック社のイーストマンカラーではなく、フジフィルムがコダック社に対抗しうる国産フィルムの開発をと研究を重ねて商品化に成功したフィルムだ。宮川は一連のフジカラー作品を検証し、「ある程度やれるという自信をもって準備に着手した」(『撮影監督　宮川一夫の世界』)。

色彩の基本はイーストマンで撮ったと同様にして、ただフジカラーの足の長さを充分計算した上で冷くドライな感じでいった方が、この物語を盛り上げるのではないかということだった。

（前掲書）

「そいつが歩いていったあとにはなにやら血の匂いのこもった風が、すっと走りぬけるような犯罪者タイプの現代青年の役を、演じてみたい。病んだ現代社会の瓦礫の中から生れでてきた青年を、どうしても演じたい」と雷蔵が願った「現代もの」にふさわしい「色を殺し、脱色現像処理されて生まれた」冷たくドライな世界が作られた。

市川雷蔵が歌舞伎界から映画の世界に移ったのは一九五四年。亡くなるまでの十数年の間に出演した百五十本を超える作品の中で、森一生監督作品は三十本にも及ぶ。『ある殺し屋』の続編として同じ年の十二月に封切られた『ある殺し屋の鍵』は、森一生が撮った最後の雷蔵映画となった。『ある殺し屋』シリーズ、第三作を作る予定はなかったのかと聞かれた森一生はこんなふうに答えている。

それはね、雷ちゃんの現代劇に反対するやつがおったんです。〔略〕馬鹿だなと思いましたね。いい企画のときに、なんでやらんのか、と。〔略〕雷ちゃんはやりたかったんですよね、これ。

（『森一生 映画旅』草思社、二〇〇三年）

ある殺し屋
塩沢

華岡青洲の妻

一九六七

華岡青洲

一九六三

一九六九

雷蔵の自在

「雲平さん、考えに考えた末に云うことですよってに、私の話をきいて頂かして」
「なんですかいな、また改まって」〔略〕
「麻沸湯の実験は私を使うてやりよし」〔略〕
「とんでもないことやしてよし。その実験には私を使うて頂こうとかねてから心にきめてましたのよし。私で試して頂かして」

（有吉佐和子『華岡青洲の妻』新潮社、二〇〇四年）

交わされる言葉が含む本当の激しさを、うす絹で覆うように語られるこのやわらかな方言を記憶にとどめたのは、私が十代中頃のことだった。

世界初の全身麻酔で乳癌の手術を成功させた江戸時代の外科医と、その周辺の人々を描いた有吉佐和子の小説『華岡青洲の妻』が発表されたのは一九六六年のこと。歴史に名を刻んだ天才外科医の偉業もさることながら、その成功を陰で支えた女たちの壮絶なたたかいの物語は、たちまちのうちにベストセラーとなった。雲平とは、のちに「華岡青洲」と名乗った華岡震《しん》の通り名である。

小説はやがて映画やドラマ、舞台にと脚色され、その先陣を切ったのが、発表の翌年の一九六七年、監督増村保造、脚本新藤兼人、撮影小林節雄で製作された大映映画『華岡青洲の妻』である。

市川雷蔵が華岡青洲を、その妻加恵を若尾文子、実母を高峰秀子がそれぞれ演じた。

雲ひとつない快晴の日、雲平は生まれた。抜けるような青空がにわかにかき曇って、真っ黒な雨雲を引き裂く稲妻と大地を揺るがす雷鳴をお供に従えた雲平が元気な産声を上げる。やがてあたりは何事もなかったかのように静まりかえり、空も晴れ渡った。華岡家が待ち望んだその子を、父は震と名付けた。空に悠々と流れる雲に因んだ呼び名は雲平。麒麟児、雲平の誕生である。

京都で蘭学を学び故郷に戻った雲平は、長い歳月を費やして夥しい数の動物を使って実験を重ねる。この動物実験により成功したかに見えた麻酔薬も、実用に至るにはさらに人体への試みが残されていた。実母は「私を実験台に」と息子に迫り、妻は「とんでもない」と姑に挑む。ひとりの男をめぐって、ふたりの美しい女の間で交わされる、しとやかな言葉の応酬である。

映画『華岡青洲の妻』のファーストシーン、モノクロームの画面いっぱいに清楚な花が咲き乱れて、夏の強い日差しを受けた花弁の白さが目を射る。

八歳の加恵は薬草畑で美しい人を見た。華岡於継《おつぎ》、雲平の母である。その日から憧れ続けた於継が、ある日加恵の実家を訪ね、加恵を雲平の妻にと望む。

月日が過ぎ、長閑な田園風景の中に、白無垢に綿帽子の花嫁姿でたったひとり華岡の家に嫁いでいく加恵の姿があった。

華岡家の倹しい暮らし向きを垣間見せる仮祝言の日。京都で修業を続ける雲平の姿はなく、花婿が座るはずの座布団には、漢方医学の聖書「本草綱目」が置かれている。

華岡の家では、不在のときも概ねすべての関心は雲平に向けられ、常に光の中心にいた。

雲平の学資を捻出するため、加恵と同じ年頃の妹ふたりはせっせと機に向かい、富裕な家に生まれて機織りなどしたことのなかった加恵も、いつしか達者な織手となって仕送りする女たちに加わった。

そんな日常で、於継は加恵のことを実の娘のように愛おしいと思い、加恵もまた実の母のように慕った。

歳月が流れたある土砂降りの日、雲平が京都から帰る。

雲平の身を気遣った於継がびしょ濡れの蓑笠《みのかさ》を脱がせると、蓬髪《ほうはつ》に無精ひげの雲平が、何ものかを見据えるように両の目を見開き、総身に自信を漲らせて現れた。

雲平を玄関で迎えて何くれとなく世話を焼いていた於継は、慎ましく隅に控えていた加恵の姿を一瞥し、さも思い出したかのように口を開く。

「雲平さん、嫁の加恵さんや。この人も待ってたんやで」

雲平は射るような鋭い目を加恵に向けると、ほんの数秒、戸惑ったような様子を見せ「おうっ」という力強い声に万感を込めた。

一九六三—一九六九

先日、映画館で『華岡青洲の妻』を観る機会に恵まれた。部屋に籠ってDVDで繰り返し観ていた作品ではあるが、久しぶりの大画面、大きなスピーカーから聞こえてきた雷蔵の声に思わず目を瞠った。自信に満ち溢れ、強い意志を感じさせる雲平の声に感動すら覚えた。

自らの声について雷蔵本人が語っている。

一カ月芝居してでもね。二十八日間、別にマイク使うわけでもないのに。声もあんまり悪くならずにやれたというのは、やっぱり芝居やっていたせいなんでしょうね。声の修練の仕方はいろいろありますから、どれが向くか人によって違うでしょうが、僕はやっぱり義太夫ですね、義太夫を習ったということと、歌舞伎時代に職業柄舞台で大きい声出しているということの両方が、プラスしてたんですね。

（座談会「いい仕事に恵まれて」／「時代映画」一九六〇年十月号）

映画界に入る前の歌舞伎役者市川雷蔵にとって大きなエポックとなったのは、武智鉄二が主宰する武智歌舞伎への参加だったと、折に触れて本人が語っている。関西歌舞伎の有望な若手を集めた武智歌舞伎のために武智が揃えた教授陣。八代目坂東三津五郎、地唄舞の四世井上八千代、義太夫の豊竹山城少掾といった当代一流の錚々《そうそう》たる顔ぶれが並ぶ。

山城少掾のCDを聴く機会があり、それまでほとんど馴染みのなかった義太夫の世界に突然引き込まれた。

物語に対する深い洞察と理解のうえに、ひとりで語る何役もの人物に、徹底した心理分析を重ねたパフォーマンスは、義太夫に不案内な私にも魅力的な表現として感じられた。つまり、伝統芸能という境界を軽々と踏み越えて聞くものに届く表現の力に魅了されたのだ。

私が強く惹かれたのは「義太夫の世界」にではなく、「山城少掾が語る義太夫という物語」だったのだと、あとになって気づかされた。

久しぶりに映画館で観た『華岡青洲の妻』。あらためて雷蔵の発声術の巧みさに驚かされた。因みに、この映画の公開に近い時期の作品を観返してみると、あきらかに声を変えて役の土台が作られている。翌年公開の『ひとり狼』にいたっては、主人公の無宿人伊三蔵のまだ闇を知らぬ無垢な若者の弾んだ声から、地の底から這い上がるような暗い沈んだ声まで見事に演じ分けている。

生来の声の良さ、人並み外れた滑舌に加え、発声術、科白術の自在を我が物とした雷蔵に、山城少掾の存在は大きかったはずである。

青洲の顔のこしらえにも衝撃を受けた。髷を結った雲平の額は、いかにも分別くさく仕上げられている。撮影に臨む雷蔵が、眉毛の按配や、首のほくろの大きさや位置など、『新・平家物語』以来、全幅の信頼をおく美粧、小林昌典を相手にあれやこれやと相談する姿を思い浮かべてしまった。

スタッフクレジットにこの人の名前を見つけた。『華岡青洲の妻』に参加した小林は、京都大学医学部に足しげく通い、乳癌やその他の腫瘍の症例、手術の様子など熱心に見学し、特殊メイクに当たる仕事も担当している。

女たちが安穏に暮らした華岡家だったが、雨の日の雲平の帰還を機に、加恵と於継、嫁姑の間に初めて冷たい火花が散る。

そもそも、この日を迎えるまで、於継は雲平をめぐって嫁と姑の間に当然起こるであろう軋轢《あつれき》を、予想していなかったように見える。

不在のまま三年という歳月が過ぎて雲平が目の前に現れてみれば、おのれの腹を痛めた雲平が自分だけのものではない現実を突きつけられる。於継の中に、にわかに湧き上がる凄まじい嫉妬だった。

有吉佐和子の『華岡青洲の妻』の映画化を強く望んだという監督の増村保造が、こんなふうに自作を語る。

ドラマになり易い妻と姑の対立を作品の中心に置かず、華岡青洲という異常な天才を描くこと

一九六三
―
一九六九

華岡青洲の妻
華岡青洲

に集中し、彼の人物像をリアルに精密に追求することにしたのです。〔略〕
何故、妻と母の戦いに目を向けず、青洲に重点を置いたか？　彼が日本の男としては異常な個性を持ち、凄まじいヴァイタリティと強烈なエゴイズムの所有者だからです。彼は手術用麻酔薬を創造するためには、何十年も家中を猫の死体だらけにし、その果ては妻を盲目にしても平然と実験をつづけ、遂に薬を完成し、乳癌の手術に成功するのです。

（アテネフランセ文化センター「増村保造特集」一九七三年十一月十五日／『映画監督　増村保造の世界』）

華岡青洲、つまり雲平の存在が大きく魅力的であればあるほど、華岡家の光と影の対比が際立つ。雲平を中心とした人々の日々の営みを執拗になぞることで、雲平という、異常な個性を内包する男の人物像を浮かび上がらせた。
そうして、有吉が小説に書いた三人のやり取り（二六四頁）が、映画ではこのように交わされる。

「雲平さん、考えた末に云うことですよって、私の話を聞いて頂かして」
「なんですか、あらたまって」
「麻酔薬の実験に私を使いよし」〔略〕
「とんでもないことやしてよし。その実験には私を使うて頂こうとかねてから心にきめておりましたのよし。私で試して頂かして」

息子の欲しいものやりたいと思うことは、ほかの誰よりもわかるという自信が於継にはある。老い先の短い身なのだから何も思い残すことはないと於継は言う。跡継ぎも産めぬ能無しの嫁、姑にそのようなことをさせては、嫁の道が立たぬと加恵は言って、互いに譲る気配はない。

「わしの薬を飲んだら死ぬとでも思うているのか。ひと殺しの薬をつくっているのやない」たまらず雲平が声を荒げて、

「よっしゃ、ふたりに飲んでもらおう。いずれは欲しい人間の体やったのや」と続けた。

「いずれは欲しい人間の体」という雲平の言葉にしばし耳を疑った。

最初に薬を飲んだのは於継である。雲平は於継と加恵のふたりに、他言せぬようにと言い含めるが、眠りから覚めた於継は加恵より先に麻酔の実験を成功させたという自負もあって、ひそかに門弟たちにもらしてしまう。於継が服用したものは、軽い眠り薬程度のものである。実験が成功したと人々に伝われば、聞きつけた患者が押し掛けることになる。そう案じた加恵は、曼陀羅華《まんだらげ》の量を増やし、毒性の強い烏頭《うず》を混ぜた麻酔薬の実験を自分にと申し出る。危険を伴う人体への実験であった。

投薬してから三日の間、ひとときも加恵のそばから離れずに妻の容態を案じ、脈拍をはかり胸に耳をあてて、脇机に広げた帳面に細かく記録している雲平の姿に、於継は前にもまして複雑な表情を見せる。

三日三晩が過ぎてようやく目覚めた加恵に、雲平は解毒の薬湯を幾度も口移しで飲ませる。あからさまな夫婦の交情を見る思いに、嫉妬で身を固くする於継。

すうーっと霧が晴れたように明るい表情になった雲平は、

「おかあはん、もうだいじょうぶですわ。あと一刻もすれば口もきけるようになりまひょ。行平でうまい粥を作り、卵の黄身を三個ほど生で飲ましたってよ。なんせ加恵は三日三晩も何も飲まず食わずやったんやよって」

「雲平さんかて、何も上がってませんよし」

「そやった。なら同じものを一緒に食べることにしますわ」

雲平は、何の屈託も感じさせぬ愛情豊かなひとりの男そのものの姿に変わっていた。

監督が考える「凄まじいヴァイタリティと強烈なエゴイズムの所有者」である青洲。数えられぬほどの犬猫を犠牲にして実験を繰り返し、非情なまでに麻酔薬の開発に没頭する稀代の外科医と、別人格にも見えてしまう愛情深い加恵の夫。スクリーンの雷蔵に目を凝らすと、頬や口元の筋肉のほんのかすかな動き、とりわけ目の動きに驚くほどのリアリティを込め演じ分けていることに驚かされる。

実の母と、妻への麻酔薬の実験を決断した瞬間、

「いずれは欲しい人間の体やったのや」そう言ってのけた男の口から、

「行平でうまい粥を作り、卵の黄身を三個ほど生で飲ましたってよ。なんせ加恵は三日三晩も何も飲まず食わずやったんやよって」

雷蔵が演じる雲平はそのいずれの科白もやすやすとしかも、聞くものに何の違和感も感じさせない自然さで口にする。雷蔵の、華岡青洲という複雑極まりない男へのアプローチに驚嘆する。

映画『華岡青洲の妻』は、一九六七年十月二十日に公開された。この作品に続くのが森一生監督

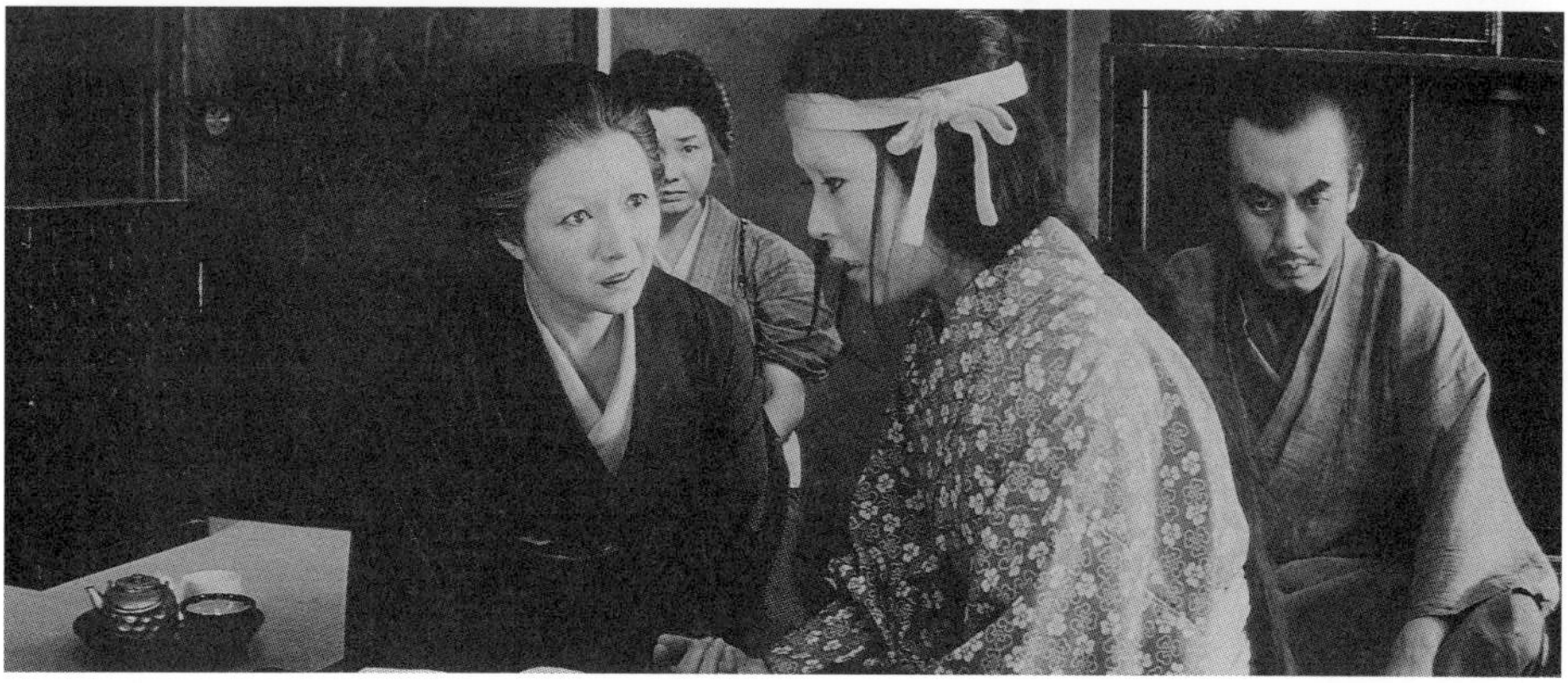

華岡青洲の妻
華岡青洲

の『ある殺し屋の鍵』で、スタッフクレジットに、構成・増村保造の名前を見つけた。
雷蔵の晩年、シリーズものと呼ばれる娯楽作品がずらりと並ぶ中に、『華岡青洲の妻』のタイトルが光る。スタッフ、キャストを含め、あらゆる要素が破綻なく十全に機能した飛び切りの作品だと思う。林光の音楽も、杉村春子の少しばかりざらつくような声のナレーションも効いていた。この物語にはこの方言しかありえないと思わせる紀州の言葉の魅力には抗しがたいものがある。悠揚迫らずおっとりと話される言葉によって、隠された残酷さが激しさを増した。

ファーストシーン、曼陀羅華の白い花に囲まれた高峰秀子の美しかったこと。

伊藤雄之助の直道は、有吉佐和子が言葉で語った於継の夫そのものだったし、とうの昔に婚期を逸したふたりの妹、小陸と於勝を演じた渡辺美佐子も原知佐子も、物陰からじっと事のなりゆきを目撃する華岡家の影の存在を好演していた。

物語の終盤、二度目の実験から目覚めた加恵の眼の異常に、自分も同じ薬を飲んだのにと、憮然《ぶぜん》と詰め寄る於継。たまらず雲平は、自らに禁じた言葉を口にする。

「おかあはんが飲んだ薬は加恵のとは比べもんにならん軽いものや。二へんとも二刻ほどで目の覚めるただの眠り薬やったんや」

自分の腹を痛めた息子、雲平から聞かされた耳を疑うような残酷なひと言によって、美しかった頃の面影をとどめぬほどに怒りと悲しみで形相を変えた於継が、よろよろと立ち上がり自室の片隅で身をよじって泣き崩れる。失意のうちに於継が逝き、次いで喉の血瘤で小陸も逝く。

物語のラスト、盲いた加恵が四十を過ぎて授かった幼い息子に手を引かれ、ファーストシーンと同じ、曼陀羅華の白い花に埋もれ消えていく。若尾文子が

演じた加恵の内省的な表情がいい。

『華岡青洲の妻』は、モノクロームで映し出される光と影のコントラストの中、むき出しの生と死が繰り返される、美しく凄惨な物語である。


この作品で雷蔵は、一九五八年『炎上』に続き六七年にキネマ旬報主演男優賞を受賞。同年のNHK映画最優秀主演男優賞、六八年には京都市民映画祭主演男優賞をそれぞれ受賞している。

『華岡青洲の妻』と同じ監督の増村保造、脚本、新藤兼人、撮影小林節雄という布陣で、一九六九年の春、川端康成原作『千羽鶴』の撮影が予定されていた。後年出版された写真集などで、共演の女優たちの衣裳選びの現場で談笑する雷蔵の姿を目にすることができる。共演は若尾文子、京マチ子。主人公菊治を演ずるはずだった雷蔵。本人も楽しみにしていたと伝えられる。演技プランもさまざまに思いめぐらしていたに違いないのだが、同年二月、体の不調を訴えて入院。やむを得ず平幹二朗を代役として撮影を開始。四月に公開された。

華岡青洲の妻
華岡青洲

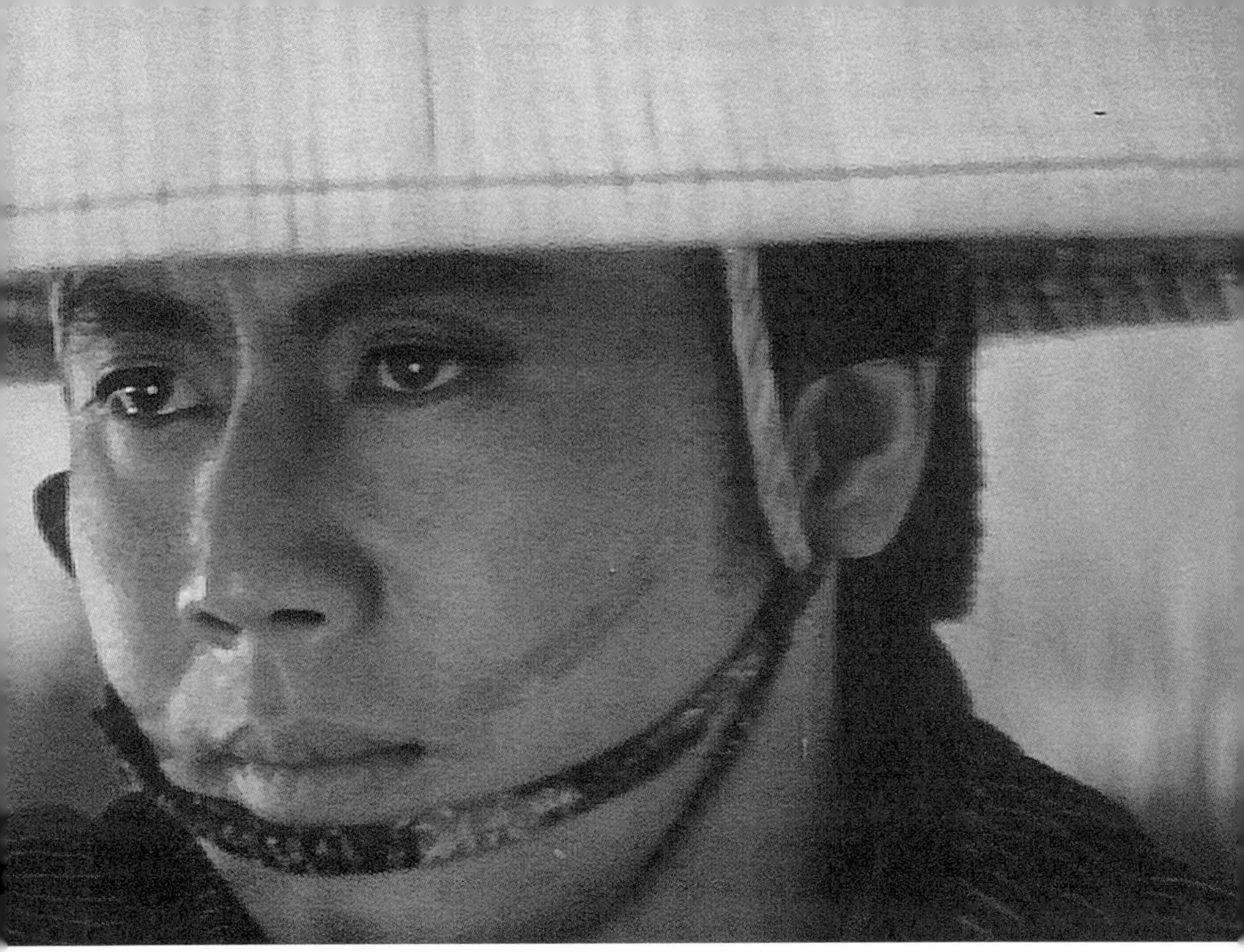

一九六八

ひとり狼

追分伊三蔵

絶望と落胆を目撃する

一九六三―一九六九

一九六九年の七月十七日、享年三十七という若さで不帰の人となった市川雷蔵。亡くなる前の年、一九六八年四月二十日に公開された映画『ひとり狼』である。

タイトルバックのラスト、「監督　池広一夫」の文字が消え、囲炉裏を囲む渡世人風の男たちの姿が映し出されると、上松の孫八（長門勇）が盃を口に運びながら、さも懐かしげな様子で語り始める。

「誰から聞きなすったんだよ、そんなこと。追分の伊三蔵、俺あようく知ってるよ。兄弟分かって、とんでもねえ。俺は同じやくざだけどなあ、いまだに半端もんだよ。伊三蔵はそんなこたあねえ。筋金入りとでも言うか、ほんもののやくざってなあ、あの男のこったろうよ。追分のって呼ぶよりも、人斬りっていう通り名がぴったりの男でなあ、ひとつ場所に三日と居たこたあねえんだよ。凶状を重ねて、いつも誰かに狙われてるって覚悟が体にぴったり染み渡ってんだなあ。親分なしの子分なし、誰もそばに寄せ付けようとはしねえんだよ。一匹狼、そのままだったなあ」

大映の看板スターという宿命から、膨大な数のプログラムピクチャーへの出演を余儀なくされた雷蔵ではあるが、自らの強い意志で実現させた作品も少なくはない。この『ひとり狼』も「新しい形の股旅もの」として会社の上層部を説得することに奔走したと伝えられ、監督には池広一夫が指名された。

脚本についていえば、当初直居欽哉からあがってきた本にどうしても雷蔵が満足できず、何度か書き直されたものの、型通りの長谷川伸的な世界は変わらない。喧嘩にめっぽう強く、惚れた女を残して旅に出る二枚目の渡世人。そんな従来の股旅ものではなく、これまでになかったような無宿者の人物像を思い描いていた雷蔵には納得できなかった。

一九一四年生まれの辻久一は、溝口健二作品のプロデューサーとして知られ、一九三一年、大映の企画部長に就任する。その一方、『新・平家物語』のスタッフクレジットに、依田義賢、成沢昌茂とともに名を連ねていることからもわかるように脚本も手掛けた。そもそもこの『ひとり狼』は、辻久一が、発表当時から映画化を強く望んだ作品である。「暗い」という会社の判断で取り上げられぬまま時間が経過し、たまたま雷蔵の目に留まってようやく具体化したといういきさつがあった。そんな辻久一自身の手によって『ひとり狼』の決定稿が書き上げられたことを、池広監督が語っている（『市川雷蔵とその時代』）。

池広監督はこの作品の前に、『沓掛時次郎』と『中山七里』という二本の股旅もので雷蔵とタッグを組んでいる。ふたつの作品の原作者は、ともに『ひとり狼』を書いた村上元三の師にあたる時代小説の大御所、長谷川伸である。『沓掛時次郎』は興行成績もよく、批評家の評判も悪くなかったとされるが、かなり立腹した様子がうかがえる村上元三の映画評が週刊誌に掲載されてしまう。映画の中で、門付となって町を流す時次郎が唄う「ほっちょせ節」。この歌が、物語の舞台となった江戸末期に唄われたものではなく、明治時代の民謡だったのだ。村上元三にしてみれば敬愛する師の作品に「よく調べもせず」と憤慨したのだろう。

そんなわけで、池広は、『ひとり狼』の製作にあたり、無宿渡世の掟や作法など入念に調べて注意深く撮影に臨む。細部にわたって時代考証を重ねた演出は、原作者を納得させただけでなく、主人公、伊三蔵の徹底したストイシズムがより立体的に描かれる結果となった。


冒頭のシーン。愛嬌ある風貌の孫八が飄々と語る「伊三蔵」の魅力に観客は抗しがたく、次第にその物語に引き込まれていく。

孫八と伊三蔵との最初の出会いは雪の信州塩尻峠。浪人とやくざ三人に囲まれた伊三蔵の、三度笠の下から覗くたとえようもなく暗い目と、地の底から響いてくるような低く沈んだ声が、孫八が語って聞かせた渡世人の姿にぴたりと重なった。

その後、孫八は旅の途中で知り合った駆け出しのやくざ、半次（長谷川明夫）を道連れに、草鞋を脱いだある親分のところで伊三蔵と再会する。

井戸端で顔を洗う男が伊三蔵であることに気づいて思わず駆け寄ろうとする孫八。その気配を察して懐に忍ばせた匕首《あいくち》に手をかけた伊三蔵が、孫八に声をかけられてそっと鞘《さや》に戻す。背筋が寒くなるような緊張が走る。

孫八と半次、それに伊三蔵という三人の渡世人の書き分けが秀逸で、例の池広監督の「苦心」が披露される。

三人はそれぞれ供された箱膳を前にして板の間に座る。「親分さん、姐さん、いただきやす」と両の拳を床につく伊三蔵と孫八。呆然と見つめる半次がそれに倣う。膳の上には、一汁一菜、山盛りの飯茶碗が置かれている。伊三蔵は、その山のふもとの一角に箸をつけたかと思うと、静かに引き寄せた櫃《ひつ》からしゃもじですくったわずかばかりの冷飯をその上にのせる。背筋を伸ばしたまま黙々と食事を済ませ、皿に残った魚の頭と骨を、懐から取り出した手ぬぐいの間に挟んだ半紙にそっと置き、また懐に戻すと居ずまいを正して、静かにその場を辞した。

一方、音を立ててみそ汁をすすり、あっという間に平らげて空っぽになった飯茶碗を山盛りにしたうえ、飯櫃を覗き込みながら「もらってきましょうか？」と尋ねる半次。「旅人は一汁一菜、飯は二杯に決まってるもんだ」呆れ返った孫八が叱る。伊三蔵がほんの少しばかりよそった冷飯の意味を観客は理解する。

気をきかせたつもりになって敷布団の上に掛布団を重ね、三人分の寝床を用意する半次に、孫八から待ったがかかる。どんなに寒く凍えるような夜であろうと薄っぺらな煎餅布団一枚を半分に折り、その間に柏餅のように挟まって寝るのが渡世人の作法なのだ。

長く続いた徳川幕府の統治の時代もそろそろ終焉に向かう天保の頃。関八州の街道筋には、無宿人たちが草鞋を脱いで一宿一飯の恩義に預かる親分衆が点在していた。無宿人とは現在の戸籍にあたる人別帳に名前すらない者の

こと。士農工商という為政者の都合で作られた社会の枠からはじき出された、最下層の人々の群れに身を置くしかない境遇の者たちを意味する。

雨露をしのぐ場所もなく、食事にありつける保証などどこにもない。だから一宿一飯の恩義を心底ありがたいと思う。映画館の暗闇でいくつかの場面を目撃している観客は、孫八をして「ほんもののやくざ」と言わしめる伊三蔵が、厳しい渡世の掟の中で正しく生きている男であることを確信する。

いつ捕縛されるかわからない恐怖と隣り合わせで、ひたすら身を縮めその日暮らしを続けるのが無宿人の宿命であり、うっかり堅気相手に揉《も》め事など起こせば、さらなる過酷が待ち受ける。それでもやむを得ず刃傷沙汰に巻き込まれれば、いかにおのれに非がなかろうと「凶状持ち」という不条理なレッテルを貼られることになる。追分の伊三蔵に負わされた罪状は、おそらくそういうものだった。


伊三蔵との出会いを重ねたある日、孫八は五十両という大金を木曽福島でわらび餅を商う新茶屋の吾六（浜村純）に届けてほしいと頼まれる。伊三蔵が体を張って博打で稼いだ大切な五十両である。映画『ひとり狼』は原作にかなり大胆な脚色がほどこされていて、登場人物の設定や筋がだいぶ変わってはいるが、この吾六という痩躯の老人が背負う闇は、原作も映画も同じく深い。

原作の中で、五十両を届けるためやって来た孫八と吾六がこんなやりとりを交わす。


「死んだかね、あの男は」

「いいえ」

「そうかい」
吾六は、暗い顔つきをして呟いた。
「死にゃあ、みんな楽になるのになあ」
（村上元三「ひとり狼」／『関八州の旅がらす　時代劇の楽しみ③』新潮文庫、一九九四年）

伊三蔵は八年前まで、木曽福島に代々続く関所同心、上田家の奉公人として暮らしていた。上田家の門前で行き倒れた博徒の倅《せがれ》、幼い伊三蔵を不憫に思った当主の母が引き取って読み書きや剣術を習わせる。賢い子供だったのだろう。その恩に報いるように伊三蔵は骨身を惜しまず人一倍まじめに働き、奉公人として主家によく仕えた。上田家には由乃（小川真由美）という跡取り娘がいて、長ずるにしたがい伊三蔵と相思の仲となり、やがて身ごもった。途方もない身分違いの許されぬ恋であることは、若いふたりにもよくわかる。周囲に気づかれれば反対もされよう。そうしてふたりは駆け落ちを決意する。

決行の日、駆け落ちの企てが周囲に知られたことに、気づかぬ伊三蔵。土砂降りの雨に打たれながら、誓い合ったふたりの将来を夢見る若者の、疑うことを知らぬ無垢な表情が切なく哀しい。

上田の家では、事実を知って「飼い犬に手を嚙まれたとはこのこと」と激怒する父（内田朝雄）から責められ、優しい母（丹阿弥谷津子）からさえも、「子供の将来を考えよ」と諭されて、泣き崩れる由乃の姿があった。

伊三蔵に追手がかかる。由乃に横恋慕する上田家の甥、平沢清市郎（小池朝雄）から犬畜生にも劣る奴と悪しざまに言われ、何人もの侍に刀や槍を向けられながら、必死に逃れて由乃のもとに辿り着いた伊三蔵を思いもかけぬ展開が待っていた。

母の説得に、生まれてくる子供の行く末を案じた由乃から告げられた「上田の家にふさわしい人になって迎えに来てほしい」というひと言が、伊三蔵を絶望の底に突き落とす。

土砂降りの雨の夜から八年の歳月が流れ、土地のやくざから出入りの加勢を頼まれた伊三蔵が木曽福島に現れる。道すがら偶然出会った粗末な身なりの母と子は、由乃と、初めて目にする息子の由乃助だった。

八年ぶりの由乃との再会。道中合羽に三度笠という伊三蔵の、まぎれもない無宿人の出で立ちを目にした由乃が見せた一瞬の戸惑いに、土砂降りの夜の「上田の家にふさわしい人になって」という由乃の言葉が甦る。残酷な現実を突きつけられた伊三蔵の両の目に底知れぬ落胆が浮かぶ。

ふたりと別れた伊三蔵は、茶屋の吾六を訪ねる。決して人を近づけようとはしない伊三蔵が、大事な五十両を届けるほど信頼を寄せる吾六という老人。吾六と伊三蔵のふたりが、かつてどんな間柄であったのかを想像する。

門前で行き倒れた博徒の倅が、土地の名士である上田家に引き取られ、奉公に励む健気な姿に、茶屋のおやじ吾六は何くれとなく親身になって面倒を

見たのだろう。その伊三蔵が、主家のひとり娘由乃と心を交わすようになれば、ふたりの行く末を案じないはずはない。武家の娘と、たとえどれほど人物が良かろうと卑しい身分の博徒の倅。所詮叶わぬ恋だった。

伊三蔵が姿を消してから八年の間、吾六に届けられた金子《きんす》は、先刻の孫八の五十両を加えると都合二百両にもなる。その間、伊三蔵が味わったであろう過酷さも、その二百両を決して受け取ろうとしない由乃の心の内も、吾六には痛いほどわかる。

だからこそ、原作の中にあった吾六の述懐「死にゃあ、みんな楽になるのになあ」が哀しいリアリティを帯びる。

吾六の小屋で一晩を過ごした伊三蔵の「人情なんて余計なものを背負っちゃ生きていけねえ」という言葉に「正気で言っているのかい。人情がなくなりゃあこの世は暗闇だ」と吾六が言う。「その闇の暗さ、恐ろしさは、自分の足で歩いてみなきゃわからねえよ」ふたりのむき出しのやり取りが胸に迫る。

伊三蔵が舞い戻ってきたと知った清市郎は、かつて由乃の心を奪われたうえ、頬に受けた刀傷に、伊三蔵への憎しみをつのらせる。

伊三蔵を存分にいたぶったうえ殺すという清市郎の企みを、伊三蔵に知らせようと吾六の茶店を訪ねた由乃が、一刻も早く逃げてほしいと伊三蔵に訴えるものの、互いに思いはありながら交わることはなく、不毛なやり取りが続く。

「俺が死のうが生きようが由乃様には関わりはねえはずだ。渡世の義理を済ませたら、言われなくてもこの土地に用はねえ。ただもう一度……」

ひとり狼
追分伊三蔵

「由乃助に会いたいとおっしゃるのですか」

「そうしてえと思ってた」

「その姿を見せて、父親と名乗りたいのですか」

「いけねえと言いなさるのか。あの子は俺の子だぜ」

「父親《ててご》は亡くなられたと聞かせてあります。来年は京にのぼらせて学問修行をさせるつもりです」

「爺さんにあずけてある金を役立ててくだせえ。死に金にしたくねえ」

「博打で作ったお金で私たち親子が幸せになれると思いますか」

「体を張って稼いだ金だで、きれいなもんだ」〔略〕

「あの子にふさわしい親になって帰って来てくださったら、どんなにか嬉しゅうございましたのに」

「なるほど俺の両の手は、切った人の血で汚れている。それを恥とも思わねえ、悔やみもしねえ」

「その手で由乃助が抱けるのですか」

「抱けるとも。ひとりの味方もねえ俺が、誰にも頼らず生きていくのは、この渡世しかなかったんだ」


やがて、凄惨なラストシーンを迎える。

全編を通して練り上げられた台本に、雷蔵が冷たい血を通わせた『ひとり狼』。前のめりにスクリーンにくぎ付けになって、時折思わず息を呑む。画面を支配するのは、「絶望」と「落胆」であり、その体現者が市川雷蔵だった。

『ひとり狼』は、疑いようもなく雷蔵が最後に遺してくれた名作である。

一九六三
—
一九六九

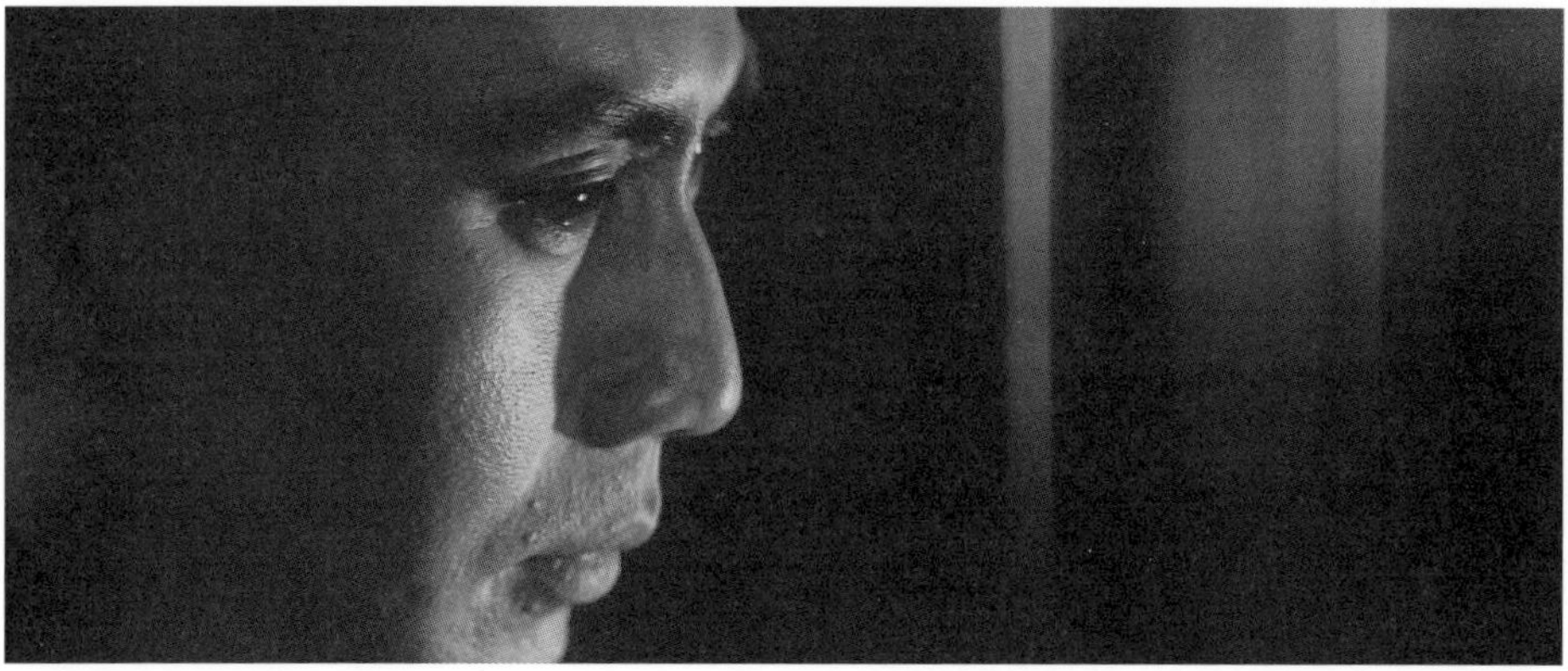

ひとり狼
追分伊三蔵

終章

一九六〇年をピークとする映画の興行収入は低迷の一途をたどり、有効な打開策を見つけられず迷走する大手映画会社は、目先の観客動員を危惧しながら相変わらず娯楽映画を量産し続けた。そんな閉塞した状況に、会社の方針や制約にとらわれることなく、独自の企画を自らのリスクで製作する、プロダクションを設立する当時の人気スターも現れた。たとえば勝新太郎。雷蔵と同じ一九三一年生まれで、同じ年に映画界に入り、ともに大映の両翼を担ったが、一九六七年に勝プロダクションを設立して映画製作に乗り出した。翌年、一九六八年に中村プロダクションを立ち上げた中村錦之助。雷蔵とはお互いに歌舞伎界出身ということもあって、弟の中村嘉葎雄とともに家族ぐるみの親しい交際を続けた仲だった。

一九五四年のデビューからほぼ十五年。年譜に並ぶ数多くの出演作品の中には、雷蔵が比類ない演技者として存在する一方で、極めて優秀なプロデューサーとしての側面をのぞかせるものがある。

プログラムピクチャーに出演し続けた雷蔵は、時折ご褒美のように自ら望む作品の映画化も実現させた。

助監督の時代から親しく付き合った池広一夫や田中徳三、あるいは少し別格な感のある三隅研次らとタグを組む作品では、単に主演俳優というポジションにとどまらない、一歩踏み込んだ映画製作への参加の姿勢を見せる。

常に新しい情報を求める雷蔵が頻繁に訪れた河原町の丸善。その洋書の棚で、ハリウッドのメイク術の本も手に入れた。メイク術に定評のあった雷蔵のこと、人知れず研究に余念はなかった。

こんなエピソードもある。丸善で建築関係の写真集を見つけた雷蔵が、スタッフルームにトレードマークの下駄の音を響かせながらやって来て、その高価な洋書を、自分が持っているよりも役に立ちそうだからと、さりげなく西岡善信に手渡した。

西岡が担当する美術部門は、普段役者と接触することが少ないのだが、演ずる「場」に雷蔵が興味を示さないわけはなく、本読みのあとなど話し合う機会も多かったという。

「何気ないディスカッションの間にも、真と偽を鑑別する鋭さは無類であったし、急所を突いたその意見は一種独特の風格を備えた批評家でもあった」と西岡が語る（西岡善信「飄逸」／『侍　市川雷蔵その人と芸』）。

当時の映画界が直面していた抜き差しならない状況の中、同期の勝や、錦之助とは異なる方法で、雷蔵は自らの可能性を探った。

「ぼくはこの頃、人間の手ではどうしようもない、ある大きなものの力、超自然の力に関心を持つようになった。それを運命と呼んでもいいいし、神と名づけてもよい。その前に立てば人間の営みなんて塵みたいなものです。人見さんもそんなことに興味を持っているようなので、旗揚げ公演はそんな風な芝居でいこうじゃないか。たとえばマクベスみたいなものがいいな」

（人見嘉久彦「『テアトロ・鏑矢』始末記」／前掲書）

「人見さん」とは、一九二七年生まれで、一九五四年から読売新聞大阪本社文化部に在籍し、映画、演劇批評など書くかたわら戯曲も手掛けた人見嘉久彦《かくひこ》のこと。一九六四年、文学座アトリエ公演の『髪』、同じ年の八月には、第十回岸田戯曲賞を受賞した『友絵の鼓』が文学座によって上演されている。

過密なスケジュールの合間を縫って、関西圏だけでなく、時折上京しては映画や芝居を熱心に見ていた雷蔵が、当時、下鴨に住んでいた人見嘉久彦に電話する。

「実は自分で新劇団をつくりたい。相談したい」ので会って欲しいという雷蔵の思いがけない言葉に、人見は指定された四条のバーに出向いた。

「ぼくはね人見さん、新劇をやってるあなたにこんなことを話すとなんだが、忌憚なく言って今の新劇には不満があるんだ。〔略〕今まで見たこともない新しい演劇をこしらえてみたい。そのための資金ならいくらでも惜しくない。〔略〕協力してくれませんか」

（前掲書）

文学座の公演で観た人見の作品に共感したのだろう、雷蔵は自らの思いを熱く語り、人見に戯曲を書いてほしいと直接交渉に及んだ。最初は戸惑いを見せていた人見が、少年のように熱く語る雷蔵の一途な様子に、新たな作品を書き下ろすことを約束する。

遺稿集『雷蔵、雷蔵を語る』の巻末に付けられた年譜には、一九六八年一月に「劇団『テアトロ鏑矢』結成」の文字がある。雷蔵が自ら名付けた「テアトロ鏑矢」。因みに、鏑矢とは、合戦を始める合図として敵の陣地に放つ矢のこと。既成の演劇に挑戦する自らの思いを込め、時代劇俳優らしくていいじゃないかとは本人の弁である。

旗揚げ公演で上演される作品は、「マクベス」と「オイディプス王」を下敷きにした新作「海の火焔樹」に決まり、完成した戯曲が二月半ば、雷蔵に手渡された。

新聞社の文化部に籍を置き、戯曲も手掛けていた人見は、演劇の現場を数多く見てきたはずである。そんな人見が、プロデューサーとしての雷蔵の卓抜した能力に驚かされる。遅すぎると思われた劇場の確保も雷蔵自ら奔走。初日は京都でという雷蔵の強い思いから、七月十二、十三、十四日、祇園祭の頃の三日間を京都会館小ホール、十七日からの五日間を東京の厚生年金小ホールという八日間の公演日程が決まった。

戯曲の完成を受けて、具体的な活動が始まり、大映の撮影所所長をはじめ、多くの人々が助っ人を買って出た。

プロデューサーとして多忙を極める雷蔵には、その一方で、大映の看板俳優の過酷なスケジュールをこなす相変わらずの日々もある。

一九六七年の秋。人見と打ち合わせを始めたのは、『華岡青洲の妻』（十月二十日公開）の撮影が終了したあたりか。そのあとには、『ある殺し屋の鍵』（十二月二日）、『若親分千両肌』（十二月三十日）、『眠狂四郎女地獄』（六八年一月十三日）、『陸軍中野学校 開戦前夜』（三月九日）、『ひとり狼』（四月二十日）、『眠狂四郎人肌蜘蛛』（五月一日）が続く。つまり昼夜にわたって、映画出演とテアトル鏑矢の旗揚げ公演の準備を掛け持ちでこなしていたことになる。

劇団といっても、雷蔵ひとり。上演するためには、出演者から製作のスタッフにいたるまで、新劇人や映画人の協力が必要になる。

文学座、俳優座、民芸、青年座、くるみ座など、各劇団は当然のことながら一年、もっと先の公演まで、スケジュールはすでに決まり劇団員はそれぞれの公演に向けてキャスティングもされている。劇団ごとにそれぞれの事情もあって、垣根を越えてほかの舞台に参加することの難しさもなくはない。ましてや、公演日まで半年をきるような頃にようやく出演交渉開始とあっては、雷蔵がいかに優れたプロデューサーであったとしても、簡単なことではなかったはずだ。

そんな中、しばしば新幹線で上京して直接交渉にあたり、どんな小さな交渉でも自分で出向く労を惜しまぬ雷蔵の情熱に、快く協力を約束する劇団関係者たちは少なくなかった。都合で参加できない役者たちも、次回の公演への参加に意気込みを見せる。


人見が旗揚げ公演に書き上げた三幕四場の戯曲「海の火焔樹」。時代は現代。東洋の南に浮かぶ架空の島国ギモア国の青い空と青い海を背景にして、ある劇団が上演する「マクベス」の愛憎劇に、演じる役者たちの実人生を絡ませながら凄惨な終焉に向かう物語である。

新劇からは、永田靖、南美江、平田守、金内喜久男。渡辺健一、毛利菊枝、北村英三。映画からは、藤村志保、長谷川明男が物語の登場人物に名を連ねた。

一九六八年の六月初め、京都、寺町の寺院の一角で「海の火焔樹」の最初の本読みが行われた。

ほぼ一か月後に迫った旗揚げ公演に臨む雷蔵は、清潔そうな白のタートルネック姿で稽古場に現れる。公演のポスターやチラシ、入場券から入場券の袋まで用意し、そのうえ、何千名かの団体鑑賞の予約まで取り付けていた雷蔵の敏腕プロデューサーぶりに、人見はあらためて舌を巻いた。

美術を担当したのは、当時金森馨らとともに文学座や青年座の舞台美術を手がけていた高田一郎である。人見嘉久彦と同じく、雷蔵が自らプロデュースする舞台にこの人をと白羽の矢を立てたのだろう。高田がデザインした衣裳もすでにでき上がっていた。


本読みがはじまった。八か月間の奔走でようやくここまで漕ぎつけた雷蔵氏の顔は作者が言うのは変だが、生き生きと輝いているようにみえた。

「難しいたんとの科白やなあ。これ、みんな暗記するの大変やな。けど、ちゃあんと覚える特別な方法があるさかい大丈夫や」

そんな軽口を叩きながら、瓢々とした口調で素よみしていった。（前掲書）

本読みを終え、打ち合わせを済ませた雷蔵は、翌日、検査のため稽古に出られないことを告げると、大したことはないから次の日は参加すると言い残して稽古場をあとにした。

この頃雷蔵は、五月一日公開を迎えた『眠狂四郎人肌蜘蛛』のあと、五月十七日から次回作の撮影に入っていた。三隅監督との十八本目の作品になるはずだった長谷川伸原作の股旅もの『関の弥太っぺ』である。撮影は順調に進んで十日余りが経った二十九日。ロケ現場から京都の撮影所に戻り、喫茶店でコーヒーを飲んでいた三隅のところにやって来た雷蔵が、珍しく体の不調を訴えた。

その日の撮影は琵琶湖東岸の野洲川河口あたり。険しい山道や渓谷の岩場で激しい立ち回りもあった。常人ならば、立っていられぬほど辛い状況であったにもかかわらず、雷蔵はひと言も弱音を吐くことなくその日の撮影を終わらせる。雷蔵の体調の変化に気づくものは誰もいなかった。

心配した三隅は、すぐにしかるべきところで精密検査を受けるよう雷蔵を促して、雷蔵の登場しないシーンを撮りながら、戻って来るのを待つことに決めた。

しかし、六月三日、検査を受けた雷蔵はそのまま入院。二か月後、八月十一日に手術を受ける。病名は「急性直腸潰瘍」とされたが、実は「直腸癌」であることが家族には告げられていたという。

主役を変えて完成するようにとの会社からの指示に、三隅は雷蔵の回復を待つわけにもいかなくなって、本郷功次郎を代役に立てて取り直す。

『関の弥太っぺ』は『二人の用心棒』とタイトルを変え、八月二十四日に封切られた。

雷蔵論を書き始めて二年が過ぎた頃、オークションサイトで「海の火焔樹」の上演台本を手に入れた。後ろのページにあった鉛筆書きのメモ。そこには本読みが六月二日、立稽古十八日、宣伝写真の撮影が十五日から十七日など、詳細な日程が記されている。

雷蔵が、八か月、いや実際はもっと前からあたため続け、何よりも楽しみにしていたはずのテアトロ鏑矢の旗揚げ公演は、自身の入院、手術で一時延期となって、その後も実現されることのないままに終わった。

「海の火焔樹」の上演台本の、ラシャ紙の表紙の青は海の色を思わせる。タイトルの激しい筆致は、泥絵の具のような真紅。表紙の裏にも鮮烈な赤が使われている。赤い扉には、『南太平洋物語』を書いた作家、J・A・ミッチェナーの『小説 人間の歴史』から抜粋した「この町にむやみに沢山の神さえなかったなら、人間の心を八方にゆさぶる怪奇な儀式さえなかったならば――」という一節が添えられた。

刷り上がったばかりの、インクの匂いのする「海の火焔樹」の台本を手にした雷蔵の歓喜と、中止のやむなきに至った旗揚げ公演の無念を思う。

本読みの初日のあと、稽古場に戻ることが叶わなかった雷蔵である。公演に参加するはずだった俳優やスタッフたちのことが気がかりだったに違いない。手術後一時回復して京都に戻った雷蔵が、真っ先に手を付けたのが、「テアトロ鏑矢」の関係者たちへのねぎらいと気遣いだったと人見が語る。

一方、京都撮影所では、復帰した雷蔵を二本の映画の撮影が待っていた。『眠狂四郎』シリーズの十二作目となる『眠狂四郎悪女狩り』(一九六九年一月十一日公開)と、『博徒一代 血祭り不動』(二月二十二日公開)である。

二作品ともに、底冷えのする極寒の季節の撮影。着流しに素足。どんなに寒くても、雷蔵は、長襦袢や肌襦袢のほかに防寒用の下着をつけることは一切なかったと、初期の頃から長年にわたり雷蔵の衣裳を手がけた萬木利昭が証言する。弱った体に寒さは過酷である。

『血祭り不動』の撮影では、吹き替えも用意された。何度も何度も繰り返し観ている雷蔵映画だが、この二本だけは痛ましくて、そんな気持ちになれそうもない。

この年、一九六九年のフィルモグラフィに記載されるはずだった川端康成原作の『千羽鶴』。雷蔵自身が映画化を強く望んでいた作品である。

気に染まぬ『博徒一代 血祭り不動』のあと予定されていたこの作品は、雷蔵にとって、例の「ご褒美」だったのだろう。

衣装合わせを済ませ、選んだ着尺を手に共演の女優たちと談笑する、雷蔵の写真が残されている。『華岡青洲の妻』と同じく監督、増村保造と脚本、新藤兼人のゴールデンコンビ。主人公の亡き父のふたりの愛人を演じる京マチ子と若尾文子との共演も雷蔵はどれほど心待ちにしていたか。

『ぼんち』の主人公喜久治を演じた雷蔵は、作品について「原作の面白み、ねちこさがなかった」（八二頁）と辛口に分析してみせたが、「ねちこさ」を演出することにかけては定評のある増村保造が監督する『千羽鶴』。代役としてキャスティングされた平幹二郎も魅力的でなかったわけではない。それでも雷蔵が演じる菊治を観たかった。

『好色一代男』『華岡青洲の妻』『千羽鶴』と、間違いなく雷蔵納得の増村作品三本となったはずである。

雷蔵が二度目の手術を受けたのは、二月十日。それから五か月後、京都では祇園祭のお囃子の音が賑やかな七月十七日、帰らぬ人となった。

市川雷蔵

いちかわ・らいぞう

本名・太田吉哉。一九三一年八月二十九日、京都市西木屋町に生まれる。生後六か月で歌舞伎俳優市川九團次の養子となり、竹内嘉男を名乗る。一九四四年、大阪の名門校大阪府立天王寺中学(現・天王寺高校)に入学。一九四六年、市川莚蔵として大阪歌舞伎座で初舞台(「中山七里」のお花役)。武智鉄二の知遇を得、関西実験劇場公演(のちの武智歌舞伎)に参加。一九五一年、関西歌舞伎の重鎮、市川壽海の養子となり、太田吉哉と改名、八代目市川雷蔵を襲名する。

一九五四年、大映入社。田坂勝彦監督作品『花の白虎隊』で映画デビュー。翌一九五五年、溝口健二監督作品『新・平家物語』の主役、平清盛に抜擢。一九五八年、市川崑監督作品『炎上』に主演し、キネマ旬報男優賞、ブルーリボン男優主演賞を受賞。

映画の世界において、十五年にも及ばない短い期間に出演した作品はゲスト出演を含めて一五九本。亡くなる前年の一九六八年一月には念願の劇団「テアトロ鏑矢」結成。旗揚げ公演の準備を精力的に進めるが同年六月、三隅研次監督による『関の与太っぺ』の撮影中に不調を訴え、入院。やむなく公演は中止となった。

一九六九年七月十七日、肝臓がんのため不帰の人となる。享年三十七。

市川雷蔵フィルモグラフィ

【略記号】*＝ゲスト出演作品／ST＝スタンダード、CS＝シネマスコープ、VV＝ビスタビジョン（すべて画面サイズ）

公開年		作品名	封切日			監督	原作	脚本	撮影	美術	共演
1954	1	花の白虎隊	8／25	白黒・ST	91分	田坂勝彦		八尋不二	牧田行正	太田誠一	花柳武始　勝新太郎
	2	銭形平次捕物控 幽霊大名	9／29	白黒・ST	90分	弘津三男	野村胡堂	八住利雄	牧田行正	上里義三	長谷川一夫　長谷川裕見子
	3	千姫	10／20	カラー・ST	95分	木村恵吾		八尋不二	杉山公平	伊藤熹朔	京マチ子　大河内傳次郎
	4	歌ごよみ お夏清十郎	11／1	白黒・ST	89分	冬島泰三	旗一兵	舟橋和郎	太田真一	川村鬼世志	美空ひばり　香川良介
	5	潮来出島 美男剣法	12／22	白黒・ST	89分	安田公義	富田常雄	八木隆一郎	竹村康和	西岡善信	瑳峨三智子　水戸光子
1955	6	次男坊鴉	1／29	白黒・ST	75分	弘津三男	坂田隆一	八尋不二	宮川一夫	中村能久	瑳峨三智子　伊井友三郎
	7	次男坊判官	3／25	白黒・ST	83分	加戸敏		衣笠貞之助	武田千吉郎	太田誠一	浅茅しのぶ　峰幸子
	8	鬼斬り若様	4／19	白黒・ST	83分	安田公義	村上元三	犬塚稔	今井ひろし	西岡善信	八潮悠子　水戸光子
	9	薔薇いくたびか	4／24	白黒・ST	135分	衣笠貞之助	小山いと子	衣笠貞之助 相良準	渡辺公夫	柴田篤二	根上淳　若尾文子
	10	踊り子行状記	6／26	白黒・ST	89分	安田公義	直木三十五	西条照太郎 犬塚稔	武田千吉郎	上里義三	勝新太郎　山本富士子
	11	綱渡り見世物侍	9／6	白黒・ST	83分	加戸敏	陣出達朗	賀集院太郎	竹村康和	太田誠一	水原真知子　清川虹子
	12	新・平家物語	9／21	カラー・ST	107分	溝口健二	吉川英治	依田義賢 成沢昌茂 辻久一	宮川一夫	水谷浩	久我美子　林成年
	13	いろは囃子	11／1	白黒・ST	80分	加戸敏	額田六福	衣笠貞之助 犬塚稔	竹村康和	太田誠一	山根寿子　峰幸子

14	怪盗と判官	12/7	白黒・ST	87分	加戸敏		小国英雄	今井ひろし	菊地修平	勝新太郎 阿井美千子
1956										
15	花の渡り鳥	1/3	白黒・ST	80分	田坂勝彦	川口松太郎	犬塚稔	牧田行正	上里義三	長谷川一夫 勝新太郎
16	又四郎喧嘩旅	1/9	白黒・ST	85分	田坂勝彦	山手樹一郎	賀集院太郎	武田千吉郎	西岡善信	瑳峨三智子 阿井美千子
17	柳生連也斎 秘伝月影抄	2/26	白黒・ST	84分	田坂勝彦	五味康祐	鈴木兵吾	杉山公平	内藤昭	勝新太郎 林成年
18	浅太郎鴉	3/28	白黒・ST	86分	三隅研次		比佐芳武	武田千吉郎	上里義三	瑳峨三智子 黒川弥太郎
19	喧嘩鴛鴦	5/25	白黒・ST	82分	田坂勝彦		小国英雄	武田千吉郎	内藤昭	瑳峨三智子 大河内傳次郎
20	花の兄弟	6/8	白黒・ST	74分	三隅研次	子母沢寛	犬塚稔	竹村康和	西岡善信	林成年 木暮実千代
21	花頭巾	7/25	白黒・ST	84分	田坂勝彦	村上元三	衣笠貞之助	武田千吉郎	太田誠一	山本富士子 勝新太郎
22	銭形平次捕物控 人肌蜘蛛	8/14	カラー・ST	82分	森一生	野村胡堂	小国英雄	杉山公平	西岡善信	長谷川一夫 山本富士子
23	弥次喜多道中	8/22	白黒・ST	79分	斎藤寅次郎		民門敏雄	今井ひろし	中村能久	林成年 花菱アチャコ
24	月形半平太	10/17	カラー・ST	108分	衣笠貞之助	行友李風	衣笠貞之助 犬塚稔	杉山公平 牧田行正	西岡善信	長谷川一夫 山本富士子
25	続花頭巾	11/7	白黒・ST	79分	田坂勝彦	村上元三	犬塚稔	武田千吉郎	福山善也	山本富士子 勝新太郎
26	あばれ鳶	12/12	白黒・ST	89分	森一生		八住利雄	本多省三	西岡善信	瑳峨三智子 林成年
27	編笠権八	12/28	白黒・ST	65分	三隅研次	川口松太郎	松村正温	相坂操一	菊地修平	近藤美恵子 三田登喜子
1957										
28	スタジオはてんやわんや＊	1/15	カラー・ST	28分	浜野信彦			本間成幹		長谷川一夫 京マチ子
29	大阪物語	3/6	白黒・ST	96分	吉村公三郎	溝口健二	依田義賢	杉山公平	水谷浩 内藤昭	中村鴈治郎 香川京子
30	朱雀門	3/20	カラー・ST	100分	森一生	川口松太郎	八尋不二	宮川一夫	西岡善信	若尾文子 山本富士子
31	源氏物語 浮舟	4/30	カラー・ST	118分	衣笠貞之助	北条秀司	八尋不二 衣笠貞之助	竹村康和	山本伸吉 太田誠一	長谷川一夫 山本富士子

公開年	作品名	封切日			監督	原作	脚本	撮影	美術	共演
1957	32 二十九人の喧嘩状	6/4	白黒・ST	91分	安田公義		八尋不二	牧田行正	上里義三	瑳峨三智子 阿井美千子
	33 弥太郎笠	7/2	カラー・ST	94分	森一生	子母沢寛	八尋不二	本多省三	太田誠一	浦路洋子 夏目俊二
	34 万五郎天狗	8/6	白黒・ST	86分	森一生	野村胡堂	土屋欣三	本多省三	太田誠一	小野道子 浦路洋子
	35 稲妻街道	9/21	白黒・ST	78分	森一生		衣笠貞之助 犬塚稔	本多省三	上里義三	品川隆二 浦路洋子
	36 鳴門秘帖	9/29	カラー・ST	101分	衣笠貞之助	吉川英治	衣笠貞之助 犬塚稔	杉山公平	西岡善信	長谷川一夫 山本富士子
	37 鬼火駕篭	11/10	白黒・ST	87分	弘津三男		八尋不二	牧田行正	西岡善信	瑳峨三智子 林成年
	38 桃太郎侍	12/15	カラー・ST	87分	三隅研次	山手樹一郎	八尋不二	杉山公平	神田孝一郎	浦路洋子 河津清三郎
1958	39 月姫系図	1/9	カラー・VV	74分	渡辺実	角田喜久雄	高岩肇	宮川一夫	内藤昭	田代百合子 浦路洋子
	40 遊侠五人男	1/15	カラー・VV	85分	加戸敏	川口松太郎	八尋不二	武田千吉郎	西岡善信	長谷川一夫 勝新太郎
	41 花太郎呪文	2/5	白黒・CS	86分	安田公義	角田喜久雄	高岩肇	相坂操一	太田誠一	林成年 近藤美恵子
	42 忠臣蔵	4/1	カラー・CS	166分	渡辺邦男		八尋不二ほか	渡辺孝	上里義三	長谷川一夫 鶴田浩二
	43 旅は気まぐれ風まかせ	4/16	白黒・CS	79分	田坂勝彦		小国英雄	武田千吉郎	内藤昭	根上淳 浦路洋子
	44 命を賭ける男	4/29	カラー・CS	102分	加戸敏		八尋不二	牧田行正	上里義三	長谷川一夫 川口浩
	45 七番目の密使	6/10	白黒・CS	74分	森一生		鈴木兵吾	杉山公平	上里義三	阿井美千子 三田登喜子
	46 女狐風呂	7/13	白黒・CS	87分	安田公義		小国英雄	竹村康和	内藤昭	瑳峨三智子 林成年
	47 人肌孔雀	8/3	カラー・CS	99分	森一生		松村正温	相坂操一	内藤昭	山本富士子 梅若正二
	48 炎上	8/19	白黒・CS	99分	市川崑	三島由紀夫	和田夏十 長谷部慶治	宮川一夫	西岡善信	仲代達矢 中村鴈治郎

49	日蓮と蒙古大襲来	10/1	カラー・CS	138分	渡辺邦男		八尋不二 渡辺邦男	渡辺孝	上里義三	長谷川一夫 勝新太郎
50	濡れ髪剣法	11/8	白黒・CS	89分	加戸敏		松村正温	武田千吉郎	太田誠一	八千草薫 中村玉緒
51	伊賀の水月	11/15	カラー・CS	99分	渡辺邦男		渡辺邦男	渡辺孝	上里義三	長谷川一夫 林成年
52	弁天小僧	11/29	カラー・CS	86分	伊藤大輔		八尋不二	宮川一夫	西岡善信	勝新太郎 青山京子
53	化け猫御用だ＊	12/21	白黒・CS	59分	田中徳三	香住春吾	民門敏雄	武田千吉郎	菊地修平	梅若正二 近藤美恵子
1959										
54	人肌牡丹	1/3	カラー・CS	84分	森一生		松村正温	相坂操一	内藤昭	山本富士子 梅若正二
55	遊太郎巷談	1/14	白黒・CS	83分	田坂勝彦	柴田錬三郎	八尋不二	杉山公平	西岡善信	浦路洋子 金田一敦子
56	蛇姫様	2/25	カラー・CS	96分	渡辺邦男	川口松太郎	渡辺邦男	渡辺孝	上里義三	瑳峨三智子 近藤美恵子
57	若き日の信長	3/17	白黒・CS	97分	森一生	大仏次郎	八尋不二	相坂操一	内藤昭	金田一敦子 青山京子
58	お嬢吉三	4/21	カラー・CS	81分	田中徳三		犬塚稔	今井ひろし	西岡善信	島田竜三 北原義郎
59	山田長政 王者の剣	5/1	カラー・CS	114分	加戸敏	村松梢風	小国英雄	牧田行正	上里義三	長谷川一夫 中田康子
60	千羽鶴秘帖	5/20	白黒・CS	87分	三隅研次		八尋不二	武田千吉郎	太田誠一	鶴見丈二 左幸子
61	次郎長富士	6/3	カラー・CS	105分	森一生		八尋不二	本多省三	内藤昭	長谷川一夫 京マチ子
62	ジャン・有馬の襲撃	7/12	白黒・CS	114分	伊藤大輔		伊藤大輔	今井ひろし	西岡善信	叶順子 根上淳
63	濡れ髪三度笠	8/1	カラー・CS	98分	田中徳三		八尋不二	武田千吉郎	内藤昭	本郷功次郎 淡路恵子
64	かげろう絵図	9/27	カラー・CS	118分	衣笠貞之助	松本清張	衣笠貞之助 犬塚稔	渡辺公夫	西岡善信	山本富士子 滝沢修
65	薄桜記	11/22	カラー・CS	110分	森一生	五味康祐	伊藤大輔	本多省三	太田誠一	勝新太郎 真城千都世
66	浮かれ三度笠	12/6	カラー・CS	99分	田中徳三		松村正温	武田千吉郎	西岡善信	本郷功次郎 中村玉緒

公開年		作品名	封切日			監督	原作	脚本	撮影	美術	共演
1959	67	初春狸御殿	12/27	カラー・CS	95分	木村恵吾		木村恵吾	今井ひろし	上里義三 西岡善信	若尾文子 勝新太郎
1960	68	二人の武蔵	1/3	カラー・CS	92分	渡辺邦男	五味康祐	渡辺邦男 吉田哲郎	渡辺孝	上里義三	長谷川一夫 勝新太郎
	69	濡れ髪喧嘩旅	2/17	カラー・CS	99分	森一生		八尋不二	本多省三	太田誠一	川崎敬三 浦路洋子
	70	幽霊小判＊	4/6	白黒・CS	76分	井上昭		松村正温	本田平三	上里義三	丹波又三郎 島田竜三
	71	ぼんち	4/13	カラー・CS	105分	市川崑	山崎豊子	和田夏十 市川崑	宮川一夫	西岡善信	若尾文子 草笛光子
	72	大江山酒天童子	4/27	カラー・CS	114分	田中徳三	川口松太郎	八尋不二	今井ひろし	内藤昭	長谷川一夫 山本富士子
	73	歌行燈	5/18	カラー・CS	114分	衣笠貞之助	泉鏡花	衣笠貞之助 相良準	渡辺公夫	下河原友雄	山本富士子 柳永二郎
	74	続次郎長富士	6/1	カラー・CS	108分	森一生		八尋不二	牧田行正	上里義三	長谷川一夫 勝新太郎
	75	切られ与三郎	7/10	カラー・CS	95分	伊藤大輔		伊藤大輔	宮川一夫	西岡善信	淡路恵子 冨士眞奈美
	76	安珍と清姫	8/9	カラー・CS	85分	島耕二		小国英雄	小原譲治	西岡善信	若尾文子 浦路洋子
	77	大菩薩峠	10/18	カラー・CS	106分	三隅研次	中里介山	衣笠貞之助	今井ひろし	内藤昭	中村玉緒 本郷功次郎
	78	忠直卿行状記	11/22	白黒・CS	94分	森一生	菊池寛	八尋不二	相坂操一	西岡善信	小林勝彦 水谷八重子
	79	薔薇大名＊	12/7	白黒・CS	68分	池広一夫	陣出達朗	淀川新八	本田平三	西岡善信	小林勝彦 浦路洋子
	80	大菩薩峠 竜神の巻	12/27	カラー・CS	90分	三隅研次	中里介山	衣笠貞之助	今井ひろし	内藤昭	本郷功次郎 中村玉緒
1961	81	花くらべ狸道中	1/3	カラー・CS	80分	田中徳三		八尋不二	本多省三	内藤昭	若尾文子 小林勝彦
	82	濡れ髪牡丹	2/8	カラー・CS	90分	田中徳三		八尋不二	相坂操一	内藤昭	京マチ子 小林勝彦

83	好色一代男	3/21	カラー・CS	92分	増村保造	井原西鶴	白坂依志夫	村井博	西岡善信	若尾文子　中村玉緒
84	おけさ唄えば	4/5	カラー・CS	83分	森一生		笠原良三	本多省三	太田誠一	橋幸夫　水谷良重
85	おてもやん＊	5/3	白黒・CS	70分	土井茂		高岩肇	相坂操一	西岡善信	三田村元　三木裕子
86	大菩薩峠 完結篇	5/17	カラー・CS	98分	森一生	中里介山	衣笠貞之助	本多省三	西岡善信	本郷功次郎　中村玉緒
87	沓掛時次郎	6/14	カラー・CS	87分	池広一夫	長谷川伸	宇野正男 松村正温	宮川一夫	西岡善信	新珠三千代　杉村春子
88	水戸黄門海を渡る	7/12	カラー・CS	90分	渡辺邦男	川内康範	川内康範 杜松吉	渡辺孝	上里義三	長谷川一夫　勝新太郎
89	鯉名の銀平	8/27	白黒・CS	80分	田中徳三	長谷川伸	犬塚稔	武田千吉郎	太田誠一	中村玉緒　成田純一郎
90	新源氏物語	10/14	カラー・CS	102分	森一生	川口松太郎	八尋不二	本多省三	西岡善信	寿美花代　中村玉緒
91	釈迦	11/1	カラー・70ミリ	156分	三隅研次		八尋不二	今井ひろし	伊藤熹朔	本郷功次郎　勝新太郎
92	かげろう侍	11/19	カラー・CS	89分	池広一夫	伊藤大輔	松村正温	武田千吉郎	太田誠一	中村玉緒　浦路洋子
93	花の兄弟	12/27	カラー・CS	86分	池広一夫		笠原良三	本田平三	加藤茂	橋幸夫　姿美千子
1962										
94	女と三悪人	1/3	カラー・CS	102分	井上梅次		井上梅次	今井ひろし	西岡善信	山本富士子　勝新太郎
95	婦系図	2/21	カラー・CS	99分	三隅研次	泉鏡花	依田義賢	武田千吉郎	内藤昭	万里昌代　船越英二
96	破戒	4/6	白黒・CS	119分	市川崑	島崎藤村	和田夏十	宮川一夫	西岡善信	藤村志保　岸田今日子
97	仲良し音頭 日本一だよ＊	5/12	カラー・CS	89分	井上芳夫		逸見多十	石田博	山口熙	本郷功次郎　中村鴈治郎
98	中山七里	5/27	白黒・CS	87分	池広一夫	長谷川伸	宇野正男 松村正温	武田千吉郎	太田誠一	中村玉緒　大瀬康一
99	斬る	7/1	カラー・CS	71分	三隅研次	柴田錬三郎	新藤兼人	本多省三	内藤昭	藤村志保　柳永二郎
100	江戸へ百七十里	7/29	カラー・CS	83分	森一生	山手樹一郎	笠原良三	今井ひろし	西岡善信	瑳峨三智子　中村鴈治郎

公開年	作品名	封切日			監督	原作	脚本	撮影	美術	共演
1962	101 長脇差忠臣蔵	8/12	カラー・CS	97分	渡辺邦男		八尋不二 渡辺邦男	渡辺孝	太田誠一	本郷功次郎 勝新太郎
	102 剣に賭ける	9/16	カラー・CS	73分	田中徳三		八尋不二 浅井昭三郎	武田千吉郎	西岡善信	高千穂ひづる 高野通子
	103 殺陣師段平	9/30	カラー・CS	86分	瑞穂春海	長谷川幸延	黒澤明	今井ひろし	加藤茂	中村鴈治郎 高田美和
	104 秦・始皇帝	11/1	カラー・70ミリ	165分	田中重雄		八尋不二	高橋通夫	柴田篤二	勝新太郎 本郷功次郎
	105 忍びの者	12/1	白黒・CS	105分	山本薩夫	村山知義	高岩肇	竹村康和	内藤昭	藤村志保 伊藤雄之助
	106 陽気な殿様	12/15	カラー・CS	91分	森一生	五味康祐	笠原良三	今井ひろし	下河原友雄	坪内ミキ子 高田美和
1963	107 新選組始末記	1/3	カラー・CS	93分	三隅研次	子母沢寛	星川清司	本多省三	太田誠一	城健三朗(=若山富三郎) 松本錦四郎
	108 雪之丞変化	1/13	カラー・CS	114分	市川崑	三上於菟吉	伊藤大輔 衣笠貞之助 市川崑	小林節雄	西岡善信	長谷川一夫 山本富士子
	109 影を斬る	3/1	カラー・CS	82分	池広一夫		小国英雄	武田千吉郎	西岡善信	瑳峨三智子 坪内ミキ子
	110 第三の影武者	4/21	白黒・CS	104分	井上梅次	南条範夫	星川清司	本多省三	西岡善信	高千穂ひづる 万里昌代
	111 手討	5/29	カラー・CS	85分	田中徳三	岡本綺堂	八尋不二	牧浦地志	西岡善信	藤由紀子 城健三朗
	112 てんやわんや次郎長道中	6/30	カラー・CS	74分	森一生		八尋不二	今井ひろし	西岡善信	坪内ミキ子 南都雄二
	113 続忍びの者	8/10	白黒・CS	93分	山本薩夫	村山知義	高岩肇	武田千吉郎	内藤昭	藤村志保 坪内ミキ子
	114 妖僧	10/5	白黒・CS	98分	衣笠貞之助		衣笠貞之助 相良準	今井ひろし	柴田篤二	藤由紀子 万里昌代
	115 眠狂四郎殺法帖	11/2	カラー・CS	82分	田中徳三	柴田錬三郎	星川清司	牧浦地志	内藤昭	中村玉緒 城健三朗

1964	116	新忍びの者	12/28	白黒・CS	86分	森一生	村山知義	高岩肇	今井ひろし	太田誠一	若尾文子　成田純一郎
	117	眠狂四郎勝負	1/9	カラー・CS	83分	三隅研次	柴田錬三郎	星川清司	牧浦地志	内藤昭	藤村志保　加藤嘉
	118	剣	3/14	白黒・CS	95分	三隅研次	三島由紀夫	舟橋和郎	牧浦地志	内藤昭	川津祐介　長谷川明男
	119	昨日消えた男	4/18	カラー・CS	83分	森一生		小国英雄	本多省三	太田誠一	高田美和　藤村志保
	120	眠狂四郎円月斬り	5/23	カラー・CS	85分	安田公義	柴田錬三郎	星川清司	牧浦地志	加藤茂	浜田ゆう子　東京子
	121	忍びの者 霧隠才蔵	7/11	白黒・CS	87分	田中徳三		高岩肇	武田千吉郎	内藤昭	磯村みどり　城健三朗
	122	無宿者	8/8	カラー・CS	89分	三隅研次		星川清司	牧浦地志	内藤昭	滝瑛子　坪内ミキ子
	123	眠狂四郎女妖剣	10/17	カラー・CS	81分	池広一夫	柴田錬三郎	星川清司	竹村康和	西岡善信	藤村志保　久保菜穂子
	124	博徒ざむらい	11/14	白黒・CS	93分	森一生	久保栄	高岩肇　武田敦	今井ひろし	太田誠一	本郷功次郎　坪内ミキ子
	125	忍びの者 続霧隠才蔵	12/30	白黒・CS	92分	池広一夫		高岩肇	牧浦地志	西岡善信	藤由紀子　藤村志保
1965	126	眠狂四郎炎情剣	1/13	カラー・CS	83分	三隅研次	柴田錬三郎	星川清司	森田富士郎	内藤昭	中村玉緒　姿美千子
	127	赤い手裏剣	2/20	カラー・CS	87分	田中徳三	大藪春彦	高岩肇　野上竜雄	宮川一夫	西岡善信	小林千登勢　春川ますみ
	128	若親分	3/13	カラー・CS	86分	池広一夫		高岩肇　浅井昭三郎	武田千吉郎	加藤茂	朝丘雪路　藤村志保
	129	眠狂四郎魔性剣	5/1	カラー・CS	75分	安田公義	柴田錬三郎	星川清司	竹村康和	加藤茂	瑳峨三智子　長谷川待子
	130	忍びの者 伊賀屋敷	6/12	白黒・CS	89分	森一生		直居欽哉　服部佳	今井ひろし	太田誠一	八千草薫　山形勲
	131	若親分出獄	8/14	カラー・CS	87分	池広一夫		浅井昭三郎　篠原吉之助	本多省三	西岡善信	朝丘雪路　坪内ミキ子

公開年		作品名	封切日			監督	原作	脚本	撮影	美術	共演
1965	132	新鞍馬天狗	9/18	カラー・CS	78分	安田公義	大仏次郎	相良準三 浅井昭三郎	森田富士郎	加藤茂	中村玉緒 藤巻潤
	133	剣鬼	10/16	カラー・CS	83分	三隅研次	柴田錬三郎	星川清司	牧浦地志	下石坂成典	姿美千子 佐藤慶
	134	新鞍馬天狗 五條坂の決闘	11/27	カラー・CS	75分	黒田義之	大仏次郎	八尋不二	武田千吉郎	西岡善信	万里昌代 山本学
1966	135	若親分喧嘩状	1/3	カラー・CS	83分	池広一夫		高岩肇	森田富士郎	加藤茂	高田美和 江波杏子
	136	忍びの者 新・霧隠才蔵	2/12	白黒・CS	87分	森一生		高岩肇	今井ひろし	太田誠一	藤村志保 楠侑子
	137	眠狂四郎多情剣	3/12	カラー・CS	84分	井上昭	柴田錬三郎	星川清司	竹村康和	上里忠男	水谷良重 中谷一郎
	138	若親分乗り込む	5/3	カラー・CS	83分	井上昭		浅井昭三郎	今井ひろし	上里忠男	本郷功次郎 藤村志保
	139	陸軍中野学校	6/4	白黒・CS	96分	増村保造		星川清司	小林節雄	下河原友雄	小川真由美 加東大介
	140	大殺陣 雄呂血	7/2	白黒・CS	87分	田中徳三	寿々喜多呂九平	星川清司 中村努	牧浦地志	西岡善信	八千草薫 藤村志保
	141	若親分あばれ飛車	9/3	カラー・CS	84分	田中重雄		高岩肇	高橋通夫	柴田篤二	瑳峨三智子 藤巻潤
	142	陸軍中野学校 雲一号指令	9/17	白黒・CS	81分	森一生		長谷川公之	今井ひろし	太田誠一	村松英子 加東大介
	143	眠狂四郎無頼剣	11/9	カラー・CS	79分	三隅研次	柴田錬三郎	伊藤大輔	牧浦地志	下石坂成典	天知茂 藤村志保
	144	新書 忍びの者	12/10	白黒・CS	92分	池広一夫		高岩肇	田中省三	太田誠一	安田道代 冨士眞奈美
1967	145	陸軍中野学校 竜三号指令	1/3	白黒・CS	88分	田中徳三		長谷川公之	牧浦地志	内藤昭	安田道代 松尾嘉代
	146	若親分を消せ	2/11	カラー・CS	80分	中西忠三		浅井昭三郎	今井ひろし	太田誠一	藤村志保 柴田美保子
	147	ある殺し屋	4/29	カラー・CS	82分	森一生	藤原審爾	増村保造 石松愛弘	宮川一夫	太田誠一	野川由美子 成田三樹夫
	148	陸軍中野学校 密命	6/17	白黒・CS	88分	井上昭		舟橋和郎	今井ひろし	西岡善信	高田美和 野際陽子

149	眠狂四郎無頼控 魔性の肌	7/15	カラー・CS	88分	池広一夫	柴田錬三郎	高岩肇	竹村康和	下石坂成典	鰐淵晴子 成田三樹夫
150	若親分兇状旅	8/12	カラー・CS	84分	森一生		高岩肇	今井ひろし	太田誠一	江波杏子 葉山葉子
151	華岡青洲の妻	10/20	白黒・CS	99分	増村保造	有吉佐和子	新藤兼人	小林節雄	西岡善信	若尾文子 高峰秀子
152	ある殺し屋の鍵	12/2	カラー・CS	80分	森一生	藤原審爾	小滝光郎	宮川一夫	西岡善信	西村晃 佐藤友美
153	若親分千両肌	12/30	カラー・CS	83分	池広一夫		直居欽哉	武田千吉郎	西岡善信	藤村志保 長門勇
1968										
154	眠狂四郎女地獄	1/13	カラー・CS	82分	田中徳三	柴田錬三郎	高岩肇	森田富士郎	内藤昭	高田美和 田村高廣
155	陸軍中野学校 開戦前夜	3/9	白黒・CS	89分	井上昭		長谷川公之	武田千吉郎	上里忠男	小山明子 船越英二
156	ひとり狼	4/20	カラー・CS	84分	池広一夫	村上元三	直居欽哉	今井ひろし	太田誠一	小川真由美 長門勇
157	眠狂四郎人肌蜘蛛	5/1	カラー・CS	81分	安田公義	柴田錬三郎	星川清司	武田千吉郎	上里忠男	緑魔子 三条魔子
1969										
158	眠狂四郎悪女狩り	1/11	カラー・CS	81分	池広一夫	柴田錬三郎	高岩肇 宮川一郎	武田千吉郎	下石坂成典	藤村志保 久保菜穂子
159	博徒一代 血祭り不動	2/22	カラー・CS	90分	安田公義		高田宏治	今井ひろし	加藤茂	近衛十四郎 亀井光代

参考文献

全般

・市川雷蔵『雷蔵、雷蔵を語る』飛鳥新社／一九九五年
・『侍 市川雷蔵その人と芸』ノーベル書房／一九七〇年
・室岡まさる『市川雷蔵とその時代』徳間書店／一九九三年
・『完本 市川雷蔵』山根貞男編／ワイズ出版／一九九九年
・野沢一馬『剣 三隅研次の妖艶なる映像美』四谷ラウンド／一九九八年
・増村保造『増村保造の世界《映像のマエストロ》映画との格闘の記録 1947-1986』藤井浩明監修／ワイズ出版／一九九九年
・『市川雷蔵』朗雷会 石川よし子編／三一書房／一九九五年
・石川よし子『わたしの雷蔵』国書刊行会／二〇〇八年
・村松友視『雷蔵好み』ホーム社／二〇〇二年
・村松友視『雷蔵の色』河出書房新社／二〇〇九年
・八尋不二『時代映画と五十年』学藝書林／一九七四年
・塩田明彦『映画術』イースト・プレス／二〇一四年
・『映画で見る日本文学史』日本映画テレビプロデューサー協会・岩波ホール編／岩波ホール／一九七九年
・佐藤忠男『現代日本映画』評論社／一九六九年
・佐藤忠男『日本映画史』全四巻／岩波書店／一九九五年
・『日本映画史110年』四方田犬彦／集英社新書／二〇一四年
・『時代小説作家ベスト101』向井敏編／新書館／二〇〇二年
・『十一人の剣豪 大映チャンバラ黄金時代』石割平編著・円尾敏郎編／ワイズ出版／二〇〇一年
・『大雷蔵祭』劇場用プログラム／角川映画／二〇〇九年
・『雷蔵祭 初恋』劇場用プログラム／KADOKAWA／二〇一四年
・「サンデー毎日別冊 市川雷蔵」一九九〇年
・「季刊FLIX RAIZO 市川雷蔵」一九九二年
・「時代映画」（特集 市川雷蔵研究）一九六〇年十月号
・「眠狂四郎DVD-BOX」角川映画／二〇一〇年
九「眠狂四郎魔性の肌」特典映像「証言 衣裳・萬木利昭」
拾弐『眠狂四郎悪女狩り』特典映像「証言 美粧・小林昌典」

序章

・木下利玄『李青集』東京福永書店／一九二五年
・『ATG映画を読む 60年代に始まった名作のアーカイブ』佐藤忠男編／フィルムアート社／一九九一年
・葛井欣士郎『遺言 アートシアター新宿文化』聞き手 平沢剛／河出書房新社／二〇〇八年

一九五四―一九五九

・溝口健二『溝口健二著作集』有限会社オムロ／二〇一三年
・津村秀夫『溝口健二というおのこ』芳賀書店／一九七七年
・『和田夏十の本』谷川俊太郎編／晶文社／二〇〇〇年
・吉川英治『吉川英治歴史時代文庫47 新・平家物語（一）』講談社／一九八九年
・森彰英『武智鉄二という藝術』水曜社／二〇一〇年

・岡本章『武智鉄二 伝統と前衛』作品社／二〇一一年
・八代目坂東三津五郎、武智鉄二『芸十夜』（復刻版）雄山閣／二〇一〇年
・松井今朝子『師父の遺言』NHK出版／二〇一四年
・水落潔『上方歌舞伎』東京書籍／一九九〇年
・『額田六福戯曲集』渡辺やゑ子編／青蛙房／一九六九年
・五味康祐『柳生連也斎』廣済堂出版／一九九一年
・高橋敏『国定忠治』岩波新書／二〇〇〇年
・長谷川一夫『舞台・銀幕六十年』日本経済新聞社／一九七三年
・三島由紀夫『金閣寺』新潮社／一九五六年
・水上勉『金閣炎上』新潮社／一九七九年
・五味康祐『薄桜記』新潮文庫 改版／二〇〇七年
・『伊藤大輔シナリオ集Ⅲ』伊藤朝子編／淡交社／一九八五年
・「時代映画」一九五五年五月号、一九五七年十一月号
・「キネマ旬報」二〇一五年一月上旬号
・「別冊近代映画」（特集 源氏物語 浮舟）一九五七年六月号

一九六〇―一九六二

・山崎豊子『ぼんち』上下／新潮社／一九五九、一九六〇年
・『シネアルバム103 市川雷蔵』朗雷会編／芳賀書店／一九八三年
・泉鏡花『歌行燈・高野聖』新潮文庫／一九五〇年
・里見弴『羽左衛門傳説』毎日新聞社／一九五五年
・『海士』観世流謡本／檜書店／二〇〇九年
・中里介山『大菩薩峠 一』筑摩書房／一九七六年
・安岡章太郎『果てもない道中記』上／講談社／一九九五年
・堀田善衛『〝大菩薩峠〟とその周辺』新潮社／一九五九年
・内藤昭『映像美術の情念』聞き手 東陽一／リトル・モア／一九九二年
・半藤一利『幕末史』新潮社／二〇〇八年
・『現代語訳・西鶴 好色一代男』暉峻康隆訳注／小学館ライブラリー／一九九二年
・井原西鶴『好色一代男』横山重校訂／岩波文庫／一九五五年
・『好色一代男』吉行淳之介訳／中公文庫／一九八四年
・長谷川伸『瞼の母・沓掛時次郎』ちくま文庫／一九九四年
・島崎藤村『藤村文庫第十篇 破戒』新潮社／一九三九年
・落合弘樹『秩禄処分 明治維新と武家の解体』講談社学術文庫／二〇一五年
・柴田錬三郎『梅一枝 新編 剣豪小説集』集英社文庫／二〇〇八年
・黒澤明『全集 黒澤明』第三巻／岩波書店／一九八八年
・中村鴈治郎『鴈治郎の歳月』文化出版局／一九七二年
・中村鴈治郎『役者馬鹿』日本経済新聞社／一九七四年
・樋口十一『風雲児 沢田正二郎』青英舎／一九八四年
・竹田敏彦『新国劇沢田正二郎 舞台の面影』かがみ社／一九二九年
・澤田正二郎『苦闘の跡』柳蛙書房／一九二四年
・村山知義『忍びの者』1、2／理論社／一九七七年
・『武家名目抄』第一（職名部 上）・第二（職名部 下）吉川弘文館／一九二八年
・アビラ・ヒロン、ルイス・フロイス『日本王国記 日欧文化比較 大航海時代叢書 第11』岩波書店／一九六五年
・『村山知義 劇的尖端』岩本憲児編／森話社／二〇一二年
・清水昇『戦国忍者列伝 80人の履歴書』河出書房新社／二〇〇八年
・清水昇『戦国忍者は歴史をどう動かしたのか？』ベスト新書／二〇〇九年
・磯田道史『歴史の愉しみ方 忍者・合戦・幕末史に学ぶ』中公新書／

二〇一二年
・「時代映画」一九六〇年四月号
・「映画評論」(『続忍びの者』シナリオ)一九六三年九月号
・「シナリオ」(特集 新藤兼人)一九八四年二月号
・「シナリオ」二〇〇八年六月号別冊「脚本家 白坂依志夫の世界」

一九六三—一九六九

・大橋幸泰『潜伏キリシタン 江戸時代の禁教政策と民衆』講談社選書メチエ/二〇一四年
・星川清司『カツドウヤ繁昌記 大映京都撮影所』日本経済新聞社/一九九七年
・橋本治『「三島由紀夫」とはなにものだったのか』新潮社/二〇〇二年
・三島由紀夫『剣』講談社/一九六三年
・三島由紀夫『獣の戯れ』新潮社/一九六一年
・『遊侠一匹 加藤泰の世界』山根貞男編/幻燈社/一九七〇年
・宮崎学『ヤクザと日本 近代の無頼』ちくま新書/二〇〇八年
・加藤陽子『満州事変から日中戦争へ シリーズ日本近現代史⑤』岩波新書/二〇〇七年
・『陸軍中野学校』製作準備稿/大映株式会社・東京撮影所/一九六六年
・畠山清行『陸軍中野学校』産経新聞出版局/一九六六年
・畠山清行『秘録・陸軍中野学校』保阪正康編/新潮文庫/二〇〇三年
・小川順子『「殺陣」という文化 チャンバラ時代劇映画を探る』世界思想社/二〇〇七年
・田中徳三『映画が幸福だった頃[田中徳三映画術] 異色の映画会社大映を駆けぬけた映画監督』綾羽一紀編/JDC/一九九四年
・『RESPECT田中徳三 プログラム・ピクチャーの黄金期を駆け抜けた映画監督』シネ・ヌーヴォ/二〇〇六年
・森一生、山田宏一、山根貞男『森一生 映画旅』草思社/一九八九年
・藤原審爾『よるべなき男の仕事・殺し』角川文庫/一九七九年
・『撮影監督 宮川一夫の世界 光と影の映画史』キネマ旬報社/二〇〇〇年
・渡辺浩『宮川一夫の世界 映像を彫る』ヘラルド出版/一九八四年
・有吉佐和子『華岡青洲の妻』新潮社/一九六七年
・『関八洲の旅がらす 時代劇の楽しみ③』縄田一男編/新潮文庫/一九九四年
・田原八郎『渡世民俗の精神 遊女・歌舞伎・医師・任侠・相撲渡世の近現代史』燃焼社/二〇〇二年
・『日本を知る小辞典』全六巻/大島建彦ほか編/現代教養文庫/一九七九年
・猪野健治『やくざと日本人』ちくま文庫/一九九九年
・「歴史読本」一九九四年十一月特別増刊号「RAIZO『眠狂四郎』の世界」

終章

・人見嘉久彦『海の火焔樹』テアトロ鏑矢上演用台本/一九六八年
・人見嘉久彦『友絵の鼓 人見嘉久彦戯曲集』一九八六年
・「文藝春秋」二〇〇九年五月特別号

エンドロールにかえて

市川雷蔵の映画デビュー六十周年を記念した雷蔵祭のプログラムの最後に掲載されていた雷蔵夫人のエッセイに、ご子息が営まれているという喫茶店に触れた一節を見つけた。雷蔵に因んで、雷鳴を意味するフランス語トネール（tonnerre）を店名にした「カフェ・ドゥ・トネール」は、護国寺にほど近い閑静な住宅地の一角にあった。

師走の冷たい風を避け、コートに大きなストールを重ねるような寒い日、初めてカフェ・ドゥ・トネールの扉を開けた。その日から、翌二〇一五年の暮れにお店をクローズするまでのほぼ一年。ご子息の太田光紀さんと三保子さん夫妻が営む喫茶店に週一度通うのがひそかな楽しみだった。

しばらくしておふたりと言葉を交わすようになったが、お父さま、市川雷蔵のことを話題にすることはなく、私のオーダーは、決まってトマトとモッツァレラのパスタと食後のチーズケーキ。ヘレンドのカップにたっぷり注がれたロイヤルミルクティーをいただきながら、窓辺の席で原作本や参考資料を読みふけった。そんな時間を重ねているうちに、ふっと雷蔵の気配を感じるような不思議な瞬間が時折訪れた。

「雷蔵の本を書く」と親しい人たちに宣言したのは三年前のこと。今回もたくさんの方々からお力をいただいた。

猛暑が続いた二〇一四年の八月二十一日。「映画って、市川雷蔵ですか？」そんなメールをくださったのは、花人の川瀬敏郎さんである。たまたまお送りしたメールの最後「明日、新宿で映画のはしごをいたします」と添えた一文に、驚かれた様子の返信をいただいた。

ちょうどその頃、川瀬さんは、連日、新宿で開催中の雷蔵映画祭に通っていて、「清野も雷蔵映画を？」とびっくりされたらしい。

川瀬さんから頂戴した思いがけないメールが、この旅の始まりとなった。

今回の本づくりにあたって結成した「雷蔵本チーム」。デザイナーに限りなく近い編集者である南部麻子さんとはずいぶん長く二人三脚を続けている。校閲の山崎淳子さん。書き終えた原稿にこの方が目を通してくださることがどれほど心強いかしれない。加えて新メンバーの金原由佳さんは映画ジャーナリストという仕事柄、注釈の用語解説や、写真の借用に関するKADOKAWAの方たちとのやりとり、宣伝戦略など、辣腕ぶりを発揮してくれている。しかもこのトリオ、皆それぞれに年季の入ったかなりディープな雷蔵ファンなのだ。肝腎の書き手である私が一番の新参者だったという衝撃的な事実に愕然とした。

初めての長い書き下ろしにかなりのプレッシャーを感じながら、毎日手探りの状態が続いた。そんな中、優れた文章を書かれる文芸評論家でもある俳人、仁平勝さんから貴重なアドバイスを頂戴してありがたかった。

デザイナーの鈴木成一さんには、かなり前から原稿の一部と雷蔵のDVD数本をお渡しして観ていただいていた。そろそろスケジュールのことなど打ち合わせようと、雑誌「メイプル」の副編集長時代からずっとお世話になっている集英社インターナショナルの清水智津子さんをまじえ、鈴木成一デザイン室に集まったときのことだった。鈴木さんから「カバーに飛び切り美しい雷蔵のポートレート、前後の見返しに墨牡丹を」という迷いのない装丁案が告げられる。同席していた全員が一様に大きく頷いた。その後、デザイナーの岩田和美さんからデザインプランが届くたび、それぞれの作業場で歓声が上がっていたと思う。

全編を通じて贅沢に掲載された写真はかなり見応えがある。映画本編からキャプチャーした画像を借用したいという我々のいささか厚かましいお願いに、KADOKAWAの映像事業局の雷蔵博士、五影雅和さんがお骨折りくださった成果である。雷蔵祭を含め、さまざまな映画祭を企画なさっている原田就さんとも相互乗り入れのような形で情報を共有し合うことになった。

鈴木さんのアイデアで、雷蔵への供花として前後の見返しに美しい姿を見せる速水御舟の「牡丹花（墨牡丹）」は、山種美術館の学芸部広報課の野田ゆりえさんが窓口となって画像の借用が快諾された。

十二年前、拙著『きもの熱』のあとがきの最後にこんなことを書いた。

「ここにお名前をあげることができない多くの方々のお力添えをいただきました。今の私は、暗い試写室で映画の余韻にひたりながら、エンドロールに並ぶスタッフの名前を一つひとつなぞっている、そんな気持ちで、もうじき出来上がる真新しい本が届くのを、待っています」

時間の経過があったが、気持ちはあのときと少しも変わらない。

一冊の本を世に送り出すということが、年々厳しい状況になっていることを実感している。そんな状況でも、わがままな私の思い通りの本づくりが許される環境を支えてくれるエグゼクティブプロデューサー、かけがえのない我がパートナーに心から感謝したい。

二〇一七年十月

清野恵里子

写真リスト

写真提供 KADOKAWA

12-21頁 『新・平家物語』溝口健二監督／一九五五年
24頁 『いろは囃子』加戸敏監督／一九五五年
28-33頁 『柳生連也斎 秘伝月影抄』田坂勝彦監督／一九五六年
34-39頁 『浅太郎鴉』三隅研次監督／一九五六年
40-44頁 『大阪物語』吉村公三郎監督／一九五七年
46-49頁 『源氏物語 浮舟』衣笠貞之助監督／一九五七年
50-61頁 『炎上』市川崑監督／一九五八年
64-68頁 『薄桜記』森一生監督／一九五九年
74-83頁 『ぼんち』市川崑監督／一九六〇年
84-92頁 『歌行燈』衣笠貞之助監督／一九六〇年
94-102頁 『切られ与三郎』伊藤大輔監督／一九六〇年
104-115頁 『大菩薩峠』三隅研次監督／一九六〇年
116-121頁 『濡れ髪牡丹』田中徳三監督／一九六一年
122-132頁 『好色一代男』増村保造監督／一九六一年
134-142頁 『沓掛時次郎』池広一夫監督／一九六一年
144頁 『女と三悪人』井上梅次監督／一九六二年
148-160頁 『破戒』市川崑監督／一九六二年
162-169頁 『斬る』三隅研次監督／一九六二年
172-178頁 『殺陣師段平』瑞穂春海監督／一九六二年
180-184・189頁 『忍びの者』山本薩夫監督／一九六二年
186・190頁 『続忍びの者』山本薩夫監督／一九六三年
194-195・204頁 『眠狂四郎勝負』三隅研次監督／一九六四年
201頁 『眠狂四郎多情剣』井上昭監督／一九六六年
208-219頁 『剣』三隅研次監督／一九六四年
220-226頁 『若親分』池広一夫監督／一九六五年
228-239頁 『陸軍中野学校』増村保造監督／一九六六年
240-248頁 『大殺陣 雄呂血』田中徳三監督／一九六六年
250-261頁 『ある殺し屋』森一生監督／一九六七年
262-275頁 『華岡青洲の妻』増村保造監督／一九六七年
276-289頁 『ひとり狼』池広一夫監督／一九六八年

おことわり

本文と引用文中には、今日の人権意識に照らして部落差別や障害者差別、職業差別にかかわる表現や内容が含まれていますが、本稿が対象とする映画とその原作が書かれた時代背景および作品価値に鑑み、そのままといたしました。もとより、本書はこれら差別や侮蔑の助長や温存を意図するものではないことをご理解ください。

清野恵里子　せいの・えりこ

文筆家。一九五〇年、群馬県生まれ。三歳から日本舞踊、その後、父とともに謡や仕舞の稽古に通う。学生時代から映画三昧の日々を送り、身体表現としての能や歌舞伎など伝統芸能も含め、舞台芸術全般に関心を寄せる。五十代を目前にして文筆家としてデビュー。独自の美意識に貫かれた「取り合わせ」は、デビューのきっかけとなった「きもの」にとどまることなく、古美術や工藝の世界にも及ぶ。好奇心の赴くまま、ジャンルを越えて活動の場を広げている。究極の目標は「自在」であること。主な著書に『樋口可南子のきものまわり』『きもの熱』『樋口可南子のいいものを、すこし。』『清野恵里子のきものの愉しみ　帯あそび』『カメオのピアスと桜えび』(以上集英社)、『折にふれて　きものの四季』(文化出版局)、『子犬のカイがやって来て』(幻冬舎)など。

咲《さ》き定《さだ》まりて　市川雷蔵《いちかわらいぞう》を旅《たび》する

二〇一七年一二月一〇日　第一刷発行

著者　清野恵里子《せいのえりこ》
発行者　手島裕明
発行所　株式会社　集英社インターナショナル
〒一〇一-〇〇六四　東京都千代田区猿楽町一-五-一八
電話〇三-五二一一-二六三二
発売所　株式会社　集英社
〒一〇一-八〇五〇　東京都千代田区一ツ橋二-五-一〇
電話　読者係〇三-三二三〇-六〇八〇
販売部〇三-三二三〇-六三九三(書店専用)
製版・印刷所　日本写真印刷コミュニケーションズ株式会社
製本所　加藤製本株式会社

ISBN978-4-7976-7348-7 C0095
JASRAC 出 1712794-701